Les nouveaux maîtres du monde

Jean Ziegler

Les nouveaux maîtres du monde

Et ceux qui leur résistent

ÉDITION AUGMENTÉE D'UNE PRÉFACE

Fayard

ISBN 978-2-7578-5414-3
(ISBN 978-2-213-61348-2, 1re publication)

Ce livre est dédié à la mémoire de :

Carlo Giuliani, de Gênes, étudiant en lettres âgé de vingt ans, abattu d'une balle dans la tête par un carabinier italien sur la place Gaetano-Alimonda, à 17 h 30, le samedi 21 juillet 2001, alors qu'il manifestait dans sa ville contre le Sommet du G-8.

Pierre Bourdieu, théoricien trop tôt disparu de la nouvelle société civile planétaire.

J'ai appris une chose et je sais en mourant
Qu'elle vaut pour chacun :
Vos bons sentiments, que signifient-ils
Si rien n'en paraît en dehors ?
Et votre savoir, qu'en est-il
S'il reste sans conséquences ?
[…]
Je vous le dis :
Souciez-vous, en quittant ce monde,
Non d'avoir été bon, cela ne suffit pas,
Mais de quitter un monde bon !

Bertolt Brecht,
Sainte Jeanne des abattoirs

Préface

La jungle avance sur l'Europe

Le soleil du matin s'abat sur Madrid. En ce mois de juin 2012, l'air tremble dans la chaleur qui baigne la Gran Via.

Dans leurs uniformes verts, sous leurs casques noirs, les policiers de la Guardia Civil suent à grosses gouttes. Au pied de l'escalier monumental qui mène aux colonnes de marbre et au portail d'entrée de la Chambre des députés, des véhicules blindés sont alignés. La peur des *desperados* basques provoque des comportements absurdes. Sous les colonnes, les policiers fouillent minutieusement ma serviette, mes poches, mes chaussures. Les *Cortes* espagnols s'abritent dans un immeuble impressionnant de huit étages, massif, où se distribuent l'administration, les salles de séance et les bureaux des députés. L'ascenseur s'arrête à chaque étage. Et à chaque étage, la fouille recommence.

Cayo Lara m'attend au sixième. La soixantaine énergique, cheveux gris coupés court, regard lumineux, ce modeste paysan de Castille est aujourd'hui secrétaire général de la *Isquierda Unida*.

Ensemble, nous devons donner une conférence de presse

dans une salle sombre ornée de boiseries. Mon nouveau livre *Destrucción masiva, geopolítica del hambre,* vient de paraître aux Ediciones Península[1].

Se fondant sur les principaux arguments et les chiffres contenus dans mon livre, *Isquierda Unida* vient de déposer sur la table des Cortes un *proyeto-ley*, une proposition de loi visant à interdire avec effet immédiat, (pour l'ensemble des groupes financiers domiciliés en Espagne et travaillant sur quelque bourse que ce soit), la spéculation sur les denrées alimentaires de base - le maïs, le blé et le riz.

En Espagne, une famille de quatre personnes dont le revenu annuel est inférieur à 11 000 € est considérée comme souffrant de pauvreté extrême. Jusqu'ici l'État attribuait à chacune de ces familles – qui forment 13,8 % de la population – des aides variées et modestes. Exemples : un chèque-bébé de 2 500 € lors de la naissance ou de l'adoption d'un enfant, un subside payé par la Sécurité sociale de 500 € par an, etc.

Sous la contrainte de la Banque centrale européenne et de la chancelière allemande, Angela Merkel, le gouvernement conservateur de Mariano Rajoy a supprimé l'ensemble des subsides et réduit très fortement les programmes de réinsertion des chômeurs. En Espagne, en 2012, près de la moitié des jeunes hommes et femmes de moins de 25 ans sont au chômage. Tous âges confondus, c'est un travailleur ou une travailleuse sur quatre qui se trouve sans emploi.

Du fait de la flambée des prix sur le marché mondial, 41 % des ménages espagnols ont dû, dès 2011, restreindre leur budget alimentaire[2].

---

1. En français : *Destruction massive. Géopolitique de la faim,* Éditions du Seuil, 2011, Éditions Points, 2012.
2. *El Pais*, 22 mai 2012.

En mai 2012, l'UNICEF a publié son rapport intitulé *El impacto de la crisis en los niños*[1]. Conclusion de l'enquête : en Espagne, 2,2 millions d'enfants sont aujourd'hui gravement et en permanence sous-alimentés. Le fléau frappe 26 % des mineurs en dessous de 18 ans et 13,6 % des enfants de moins de 5 ans[2].

En Grande-Bretagne, la situation est similaire. En juin 2012, *The Guardian* a conduit une enquête auprès de 591 instituteurs du degré primaire, choisis dans l'ensemble du pays selon des critères scientifiques parmi des dizaines de milliers d'enseignants appartenant au *Guardian Teachers Network*[3].

La question posée était la suivante : quelle est la situation alimentaire de vos élèves, et, en cas de sous-alimentation, quelles en sont les conséquences du point de vue de l'enseignement ?

55 % des enseignants ont indiqué que le quart de leurs élèves arrivaient chaque jour à l'école en état de sous-alimentation ; dans 28 % des écoles la moitié des enfants avaient faim et manifestaient des symptômes de sous-alimentation ; selon 8 % des instituteurs, c'étaient les trois-quarts des élèves qui n'avaient pas du tout ou pas suffisamment mangé ; enfin pour 2 % des enseignants, la totalité des élèves souffraient de carences alimentaires.

Quant aux conséquences de la sous-alimentation aiguë sur les élèves, Steve Iredale, président de l'Association des maîtres principaux, représentant 28 000 directeurs d'écoles et leurs adjoints, a répondu : « Un enfant affamé

---

1. UNICEF-Espagne, *El impacto de la crisis en los niños*, de 2011.

2. Ces chiffres sont pratiquement identiques à ceux constatés en Roumanie et en Bulgarie.

3. *The Guardian*, «Half of teachers forced to feed pupils going hungry at home», 19 juin 2012.

et fatigué ne peut pas apprendre. De nombreux enfants sont régulièrement pris de malaises. »

Une autre enquête d'Oxfam, cette fois-ci, révèle que les écoliers sous-alimentés proviennent en nombre égal de familles où une ou plusieurs personnes travaillent, mais pour un salaire insuffisant, et de ménages où le père et la mère, ou les deux à la fois, sont au chômage. La politique du gouvernement conservateur de David Cameron a conduit à des réductions dramatiques des salaires et des prestations sociales.

Le nombre des *working poor* ne cesse d'augmenter[1].

La majorité des enseignants interrogés par *The Guardian* indiquent qu'ils apportent eux-mêmes de la nourriture à l'école afin de permettre à leurs élèves de manger au moins une fois par jour à leur faim, afin de permettre un déroulement normal de l'enseignement.

Alarmés par une situation qui empire rapidement, trois groupes de personnes, témoins immédiats et quotidiens du désastre – les membres du *Royal College of General Practionners*, du *Royal College of Pediatrics and Child Health* et de la *National Association of Headteachers* – ont joint leurs efforts pour faire reculer la sous-alimentation des écoliers.

Depuis l'immédiat après-guerre, le gouvernement britannique avait entrepris de servir à des millions d'enfants issus de familles démunies un repas de midi à l'école. Du fait des coupes budgétaires auxquelles a procédé le gouvernement Cameron, 1,3 million d'écoliers seulement bénéficient encore de ce service. Le *Child Poverty Action Group* exige que 700 000 écoliers supplémentaires puissent immédiatement bénéficier de ces repas scolaires.

Faisant allusion à l'enfant affamé du Londres du

1. *Poverty in the UK*, Oxfam, *Rapport Policy and Practice*, Londres, juin 2012.

XIXe siècle, décrit dans le célèbre roman de Charles Dickens, un des instituteurs interrogé par *The Guardian* constate sobrement : « Oliver Twist est de retour. »

Je me souviens d'une matinée grise de décembre 2010 à Berlin. Avec un ami journaliste à *Die Tageszeitung*, je suis attablé dans un petit café du Prenzlauer Berg. Depuis que le chancelier Schröder a supprimé la plupart des prestations permettant aux plus pauvres de mener une existence relativement digne, la majorité des habitants de ce quartier vivent des subsides, totalement insuffisants, du programme dit « *Hartz IV* ».

L'épouse de mon ami dirige une école maternelle du quartier. Il me raconte : « Nombre des petits arrivent à l'école le matin… blêmes, le ventre vide… Peu d'entre eux ont eu droit à un petit déjeuner. L'anémie les guette… Ils ne peuvent rester attentifs plus de quelques minutes… Dans ces circonstances, l'enseignement devient difficile. »

Je lui demande : « Que fait ta femme ? »

Sa réponse : « Avec des amies du quartier et quelques membres de sa famille plus fortunés, elle distribue à l'école, chaque matin, des biscuits vitaminés et quelques thermos remplis de lait qu'elle a apporté elle-même. »

Les Nouveaux Maîtres du monde a paru pour la première fois en 2002. Le livre a connu plusieurs éditions en français et des traductions dans quatorze langues. Son ambition est d'aider à débusquer le code génétique de l'actuel ordre du monde.

En vue de la présente réédition, je n'ai rien changé au texte original, ni actualisé les chiffres ; ces derniers ont, certes, évolué durant les dix années écoulées, presque toujours dans le sens de l'aggravation. Mais ceux qu'on lira ici indiquent une tendance dont il faut prendre conscience pour comprendre la situation d'aujourd'hui.

Un seul changement majeur est intervenu entre 2002

et 2012. La première version du livre était conçue dans une perspective Nord-Sud. Plus précisément : je m'attachais d'abord à décrire les souffrances, les humiliations, les combats et les résistances des peuples du Sud, agressés par les oligarchies financières transcontinentales issues des sociétés du Nord.

La situation aujourd'hui a évolué. Tandis que l'asservissement de nombreux peuples du Sud s'aggrave, la jungle gagne du terrain en Europe. La Grande-Bretagne est la 6e économie du monde. Or un Anglais sur cinq vit en dessous du minimum vital[1].

Avec 420 millions de producteurs et de consommateurs, les 27 pays de l'Union européenne abritent la puissance économique la plus considérable de la planète.

Or celle-ci fragilise chaque année des millions de familles, jette dans l'angoisse et la misère des millions d'enfants, prive d'accès aux soins, de scolarisation, de sûreté personnelle, de travail, de dignité des millions de citoyens habitant sur son sol.

Aujourd'hui l'Union européenne compte un peu plus de 31 millions de chômeurs dits « structurels ».

Angela Merkel parle de « *Sockel-Arbeitslosigkeit* ».

L'expression est difficile à traduire. Au sens littéral, elle signifie : « le chômage qui est au fondement (du système) ». Ses victimes sont les dizaines de millions d'êtres – souvent jeunes – qui ne trouveront ou ne retrouveront plus jamais un travail régulier.

La misère sociale et physique, la panique du lendemain, la perte du respect de soi, l'humiliation quotidienne, le désespoir sont leur lot.

Ils constituent le « socle », le fondement de l'ordre néolibéral.

---

1. *Poverty in the UK*, Oxfam, *op. cit.*

La précarité croissante des emplois, la multiplication des CDD, la pression constante sur les salaires, la discrimination salariale entre les femmes et les hommes, la fiscalité organisée au profit des possédants, la disparité révoltante des revenus, les boni indécents des banquiers, la socialisation des pertes abyssales occasionnées par les prédateurs de la bourse, le luxe insultant et l'arrogance tranquille des super-riches sont silencieusement tolérés par le reste des Européens.

L'impératif moral est au fondement de chacun de nous. Il emprunte sa formulation précise à la philosophie des Lumières telle qu'elle a été codifiée dans la Déclaration universelle des droits de l'homme, aujourd'hui ratifiée, par tous les 195 États membres de l'ONU :

« Tous les êtres humains naissent libres et égaux en dignité et en droits. Ils sont doués de raison et de conscience et doivent agir les uns envers les autres dans un esprit de fraternité [...]. Tout individu a droit à la vie, la liberté et à la sureté de sa personne[1]. »

Ces droits font horreur aux nouveaux maîtres du monde. Ils les craignent comme le diable l'eau bénite.

Pour les résistants, les révolutionnaires, en revanche, ils constituent l'horizon de leur combat.

Genève, janvier 2013.

1. Articles 1 et 3 de la Déclaration universelle des droits de l'homme du 10 décembre 1948.

AVANT-PROPOS

L'histoire mondiale de mon âme

La journée s'annonçait splendide. C'était un 3 août, à 6 h 15. Sur l'aéroport de Bruxelles-Zaventem, un soleil rouge montait dans le ciel. Le Boeing 747 de la Sabena atterrit à l'heure. Tandis que les passagers, les yeux encore pleins de sommeil, descendaient l'escalier pour rejoindre les deux bus, un contrôleur en survêtement blanc fit le tour de l'appareil.

Du caisson du train d'atterrissage gauche sortaient trois doigts d'une main, cramponnés au bord de la cloison. Le contrôleur s'approcha de plus près. Dans le train d'atterrissage, il découvrit deux corps d'adolescents, noirs et frêles, recroquevillés, les traits du visage figés dans l'effroi. C'étaient ceux de Fodé Touré Keita et Alacine Keita, deux Guinéens de 15 et 14 ans, vêtus d'un simple short, de sandales et d'une chemisette.

La trappe principale du train d'atterrissage d'un Boeing 747 abrite seize grosses roues. Le compartiment est vaste, haut de deux mètres. La trappe ne s'ouvre que depuis la cabine de pilotage. Mais lorsque l'avion est sur la piste, n'importe qui – s'il arrive à se faufiler parmi le personnel de maintenance – peut grimper dans la trappe.

En vitesse de croisière, un Boeing 747 vole à environ 11 000 mètres, et à cette altitude-là, la température extérieure est de moins 50 °C.

Les deux adolescents avaient probablement grimpé dans la trappe à l'escale de Conakry.

Dans la poche de la chemisette de Fodé, le contrôleur trouva une feuille soigneusement pliée, couverte d'une écriture maladroite : « Donc si vous voyez que nous nous sacrifions et exposons notre vie, c'est parce qu'on souffre trop en Afrique et qu'on a besoin de vous pour lutter contre la pauvreté et pour mettre fin à la guerre en Afrique. Néanmoins, nous voulons étudier et nous vous demandons de nous aider à étudier pour être comme vous, en Afrique…

« Enfin nous vous supplions de nous excuser très fort d'oser vous écrire cette lettre en tant que vous, les grands personnages à qui nous devons beaucoup de respect. Et n'oubliez pas que c'est à vous que nous devons nous plaindre de la faiblesse de notre force en Afrique[1]. »

En ce début de millénaire, les oligarchies capitalistes transcontinentales règnent sur l'univers. Leur pratique quotidienne et leur discours de légitimation sont radicalement contraires aux intérêts de l'immense majorité des habitants de la terre.

La mondialisation réalise la fusion progressive et forcée des économies nationales dans un marché capitaliste mondial et un cyberspace unifié. Ce processus provoque une formidable croissance des forces productives. D'immenses richesses sont créées à chaque instant. Le

1. L'Office européen des Nations unies a publié le fac-similé de cette lettre, cf. E/CN.4/2000/52, Genève, 2000. La tragédie a eu lieu en 1999.

mode de production et d'accumulation capitaliste témoigne d'une créativité, d'une vitalité et d'une puissance absolument stupéfiantes et, à coup sûr, admirables.

En un peu moins d'une décennie, le produit mondial brut a doublé et le volume du commerce mondial a été multiplié par trois. Quant à la consommation d'énergie, elle double en moyenne tous les quatre ans.

Pour la première fois de son histoire, l'humanité jouit d'une abondance de biens. La planète croule sous les richesses. Les biens disponibles dépassent de plusieurs milliers de fois les besoins incompressibles des êtres humains.

Mais les charniers aussi gagnent du terrain.

Les Quatre Cavaliers de l'Apocalypse du sous-développement sont la faim, la soif, les épidémies et la guerre. Ils détruisent chaque année plus d'hommes, de femmes et d'enfants que la boucherie de la Seconde Guerre mondiale pendant six ans. Pour les peuples du tiers-monde, la « Troisième Guerre mondiale » est en cours.

Chaque jour, sur la planète, environ 100 000 personnes meurent de faim ou des suites immédiates de la faim[1]. 826 millions de personnes sont actuellement chroniquement et gravement sous-alimentées ; 34 millions d'entre elles vivent dans les pays économiquement développés du Nord ; le plus grand nombre, 515 millions, vivent en Asie où elles représentent 24 % de la population totale. Mais si l'on considère la proportion des victimes, c'est l'Afrique subsaharienne qui paie le plus lourd tribut : 186 millions d'êtres humains y sont en permanence gravement sous-alimentés, soit 34 % de la population totale de la région. La plupart d'entre eux

1. Organisation des Nations unies pour l'alimentation et l'agriculture (FAO), *World Food Report 2000*, Rome, 2001.

souffrent de ce que la FAO appelle la « faim extrême », leur ration journalière se situant en moyenne à 300 calories au-dessous du régime de la survie dans des conditions supportables. Les pays les plus gravement atteints par la faim extrême sont situés en Afrique subsaharienne (dix-huit pays), aux Caraïbes (Haïti) et en Asie (Afghanistan, Bangladesh, Corée du Nord et Mongolie).

Toutes les sept secondes, sur la terre, un enfant au-dessous de 10 ans meurt de faim.

Un enfant manquant d'aliments adéquats en quantité suffisante, de sa naissance à l'âge de 5 ans, en supportera les séquelles à vie. Au moyen de thérapies délicates pratiquées sous surveillance médicale, on peut faire revenir à une existence normale un adulte qui a été temporairement sous-alimenté. Mais un enfant de moins de 5 ans, c'est impossible. Privées de nourriture, ses cellules cérébrales auront subi des dommages irréparables. Régis Debray nomme ces petits des « crucifiés de naissance[1] ».

La faim et la malnutrition chronique constituent une malédiction héréditaire : chaque année, des dizaines de millions de mères gravement sous-alimentées mettent au monde des dizaines de millions d'enfants irrémédiablement atteints. Toutes ces mères sous-alimentées et qui, pourtant, donnent la vie rappellent ces femmes damnées de Samuel Beckett, qui « accouchent à cheval sur une tombe... Le jour brille un instant, puis c'est la nuit à nouveau[2] ».

Une dimension de la souffrance humaine est absente de cette description : celle de l'angoisse lancinante et

---

1. Régis Debray et Jean Ziegler, *Il s'agit de ne pas se rendre*, Paris, Arléa, 1994.

2. Samuel Beckett, *En attendant Godot*, Paris, Éditions de Minuit, 1953 (la réplique est celle de Pozzo).

intolérable qui torture tout être affamé dès son réveil. Comment, au cours de la journée qui commence, va-t-il pouvoir assurer la subsistance des siens, s'alimenter lui-même ? Vivre dans cette angoisse est peut-être plus terrible encore qu'endurer les multiples maladies et douleurs physiques affectant ce corps sous-alimenté.

La destruction de millions d'êtres humains par la faim s'effectue dans une sorte de normalité glacée, tous les jours, et sur une planète débordant de richesses.

Au stade atteint par ses moyens de production agricoles, la terre pourrait nourrir normalement 12 milliards d'êtres humains, autrement dit fournir à chaque individu une ration équivalant à 2 700 calories par jour[1]. Or, nous ne sommes qu'un peu plus de 6 milliards d'individus sur terre, et chaque année 826 millions souffrent de sous-alimentation chronique et mutilante.

L'équation est simple : quiconque a de l'argent mange et vit. Qui n'en a pas souffre, devient invalide ou meurt.

La faim persistante et la sous-alimentation chronique sont faites de main d'homme. Elles sont dues à l'ordre meurtrier du monde. Quiconque meurt de faim est victime d'un assassinat.

Plus de 2 milliards d'êtres humains vivent dans ce que le Programme des Nations unies pour le développement (PNUD) appelle la « misère absolue », sans revenu fixe, sans travail régulier, sans logement adéquat, sans soins médicaux, sans nourriture suffisante, sans accès à l'eau propre, sans école.

Sur ces milliards de personnes, les seigneurs du capital mondialisé exercent un droit de vie et de mort. Par leurs stratégies d'investissement, par leurs spéculations monétaires, par les alliances politiques qu'ils concluent, ils déci-

1. FAO, *World Food Report 2000, op. cit.*

dent chaque jour de qui a le droit de vivre sur cette planète et de qui est condamné à mourir.

L'appareil de domination et d'exploitation mondiales érigé par les oligarchies depuis le début des années quatre-vingt-dix est marqué par un pragmatisme extrême. Il est fortement segmenté et n'a que peu de cohérence structurelle. Aussi est-il d'une extraordinaire complexité et connaît-il de nombreuses contradictions internes. En son sein, des fractions opposées se combattent. La concurrence la plus féroce traverse tout le système. Entre eux, les maîtres se livrent constamment des batailles homériques.

Leurs armes sont les fusions forcées, les offres publiques d'achat hostiles, l'établissement d'oligopoles, la destruction de l'adversaire par le dumping ou des campagnes de calomnies *ad hominem*. L'assassinat est plus rare, mais les maîtres n'hésitent pas à y recourir le cas échéant.

Mais dès que le système dans son ensemble, ou dans un de ses segments essentiels, est menacé ou simplement contesté – comme lors du Sommet du G-8 à Gênes en juin 2001 ou du Forum social mondial de janvier 2002 à Porto Alegre –, les oligarques et leurs mercenaires font bloc. Mus par une volonté de puissance, une cupidité et une ivresse de commandement sans limites, ils défendent alors bec et ongles la privatisation du monde. Celle-ci leur confère d'extravagants privilèges, des prébendes sans nombre et des fortunes personnelles astronomiques.

Aux destructions et aux souffrances infligées aux peuples par les oligarchies du capital mondialisé, de son empire militaire et de ses organisations commerciales et financières mercenaires, viennent s'ajouter celles que provoquent la corruption et la prévarication, courantes à grande échelle dans nombre de gouvernements, notamment du tiers-monde. Car l'ordre mondial du capital financier ne peut fonctionner sans l'active complicité et la corruption des gouvernements en place. Walter Hollenweger, théologien réputé de l'Université de Zurich, résume bien la situation : « La cupidité obsessionnelle et sans limites des riches de chez nous, alliée à la corruption pratiquée par les élites des pays dits en voie de développement, constitue un gigantesque complot de meurtre… Partout dans le monde et chaque jour se reproduit le massacre des innocents de Bethléem[1]. »

Comment définir le pouvoir des oligarques ? Quelle est sa structure ? Sa visée historique ? Quelles sont ses stratégies ? Ses tactiques ?

Comment les maîtres de l'univers parviennent-ils à se maintenir, alors que l'immoralité qui les guide et le cynisme qui les inspire ne font de doute pour personne ? Où réside le secret de leur séduction et de leur pouvoir ?

Comment est-il possible que, sur une planète abondamment pourvue de richesses, chaque année, des centaines de millions d'êtres humains soient livrés à la misère extrême, à la mort violente, au désespoir ?

À toutes ces questions, le présent livre tente d'apporter des réponses.

Mais cet ouvrage a un second objectif.

Le 25 juin 1793, devant la Convention de Paris, le prêtre Jacques Roux lut son manifeste des Enragés. Il demandait qu'on engageât une révolution économique et sociale contre le commerce et la propriété privée lorsque

1. Walter Hollenweg, *Das Kindermorden von Bethlehem geht weiter* (« Le massacre des innocents de Bethléem continue »), *Der Blick*, Zurich, 21 décembre 2001.

ceux-ci « consistent à faire mourir de misère et d'inanité ses semblables[1] ».

Aujourd'hui, une nouvelle fois, les rumeurs de révolution sourdent aux quatre coins du monde. Une nouvelle société civile est en train de naître. Dans la confusion et les difficultés extrêmes. Contre les seigneurs, elle tente d'organiser la résistance. Au nom des opprimés, elle cherche un chemin, incarne l'espoir. Notre analyse doit fournir des armes pour le combat de la communauté qui advient.

Aminata Traore rapporte une coutume magnifique des Bambara du bord du fleuve Niger, au Mali. Lors des fêtes de la Tabaski et du Ramadan, les parents, les alliés et les voisins se rendent mutuellement visite en échangeant des vœux. En franchissant le seuil de la maison, le visiteur prononce une certaine formule, qui n'a pas changé depuis la nuit des temps : « Vœux d'ennemis, vœux d'amis… Que tes propres vœux soient exaucés[2]. » Je n'ai jamais lu de définition plus belle, plus précise de l'idée démocratique. L'être humain est seul à pouvoir connaître ce qu'au plus intime de lui-même il souhaite réellement pour lui, pour ses proches et pour ses semblables.

La démocratie n'existe vraiment que lorsque tous les êtres qui composent la communauté peuvent exprimer leurs vœux intimes, librement et collectivement, dans l'autonomie de leurs désirs personnels et la solidarité de leur coexistence avec les autres, et qu'ils parviennent à transformer en institutions et en lois ce qu'ils perçoivent comme étant le sens individuel et collectif de leur existence.

---

1. Albert Soboul, *Histoire de la Révolution française. De la Bastille à la Gironde*, Paris, Gallimard, vol. I., coll. « Idées », 1962, p. 345 *sq*.
2. Aminata Traore, *L'Étau*, Arles, Actes Sud, 1999, p. 11.

Franz Kafka écrit cette phrase énigmatique : « Loin, loin de toi se déroule l'histoire mondiale, l'histoire mondiale de ton âme[1]. »

Je suis l'Autre, l'Autre est Moi. Il est le miroir qui permet au Moi de se reconnaître. Sa destruction détruit l'humanité en moi. Sa souffrance, même si je m'en défends, me fait souffrir.

Aujourd'hui, la misère des humbles augmente. L'arrogance des puissants devient insupportable. L'histoire mondiale de mon âme vire au cauchemar. Mais, sur des ailes de colombe, la révolution approche. En écrivant, je veux contribuer à délégitimer la doxa des seigneurs.

Ce livre comporte quatre parties. La première explore l'histoire de la mondialisation, le rôle joué par l'empire américain et par l'idéologie des maîtres.

Le prédateur est la figure centrale du marché capitaliste globalisé, son avidité en est le moteur. Il accumule l'argent, détruit l'État, dévaste la nature et les êtres humains, et pourrit par la corruption les agents dont il s'assure les services au sein des peuples qu'il domine. Il entretient sur la planète des paradis fiscaux réservés à son seul usage. Les agissements des prédateurs forment l'objet de la deuxième partie.

Des mercenaires dévoués et efficaces servent l'ordre des prédateurs. Ce sont les pompiers pyromanes du Fonds monétaire international, les séides de la Banque mondiale et ceux de l'Organisation mondiale du commerce. La troisième partie est consacrée à l'analyse de leur activité.

Une nouvelle société civile planétaire, reliée par une mystérieuse fraternité de la nuit, surgit des décombres de

1. Cité par Marthe Robert, d'après une note éparse de Kafka, in *Kafka*, Paris, Gallimard, 1960, p. 154.

l'État-nation. Elle conteste radicalement l'empire des prédateurs. Elle organise la résistance. Une multitude de fronts du refus la compose. Ces combats font naître une immense espérance. La quatrième partie les analyse.

José Martí écrit : « *Es la hora de los hornos / Y solo hay que ver la luz* » (C'est l'heure des brasiers / et nous ne devons regarder que leur lumière).

Remerciements

Les versions successives du manuscrit ont été relues, corrigées et annotées avec une attention patiente et une précision exemplaire par Erica Deuber Ziegler et Dominique Ziegler. Leurs conseils m'ont été indispensables.

Arlette Sallin a saisi et mis au net ces versions successives avec une compétence et une disponibilité constantes.

Mes collaborateurs et collaboratrices, collègues et amis, Sally-Anne Way, Christophe Golay, Raoul Ouédraogo et Jean Rossiaud, m'ont fait des suggestions utiles.

Sans le dialogue personnel entretenu avec nombre de dirigeants des nouveaux mouvements sociaux et de certains gouvernements, qui mènent aujourd'hui la résistance contre la dictature des oligarchies du capital financier globalisé et ses mercenaires, ce livre n'aurait pas pu voir le jour. Les critiques informées de Jão-Pedro Stedile, Maïdanda Amadou Saïdou Djermakoye, Emir Sader, Hugo Chavez Frias, Ahmed Ben Bella, Halidou Ouédraogo, Hama Arba Diallo, Mohamed Salah Dembri, Rubens Ricupero, Posser da Costa, Adamou Saïdou m'ont été précieuses.

Sabine Ibach et Mary Kling ont accompagné de leurs encouragements l'élaboration de ce livre.

La détermination et le courage de tant de femmes et d'hommes anonymes, appartenant aux fronts de résistance les plus divers, rencontrés en Europe, en Amérique latine, en Afrique, en Asie, m'ont impressionné.

Olivier Bétourné a effectué sur la version finale du manuscrit un travail éditorial remarquable. Pour l'édition « Points Essais », l'éditeur Hugues Jallon et Cécile Videcoq m'ont fait bénéficier d'une assistance irremplaçable.

À toutes et tous, je dis ma profonde gratitude.

PREMIÈRE PARTIE

La mondialisation
Histoire et concepts

I

Une économie d'archipel

Brusquement, à dix ans de l'an 2000, le monde a changé. L'événement s'est produit avec l'imprévisibilité d'un tremblement de terre, que les spécialistes attendent sans connaître d'avance ni son amplitude, ni les circonstances et le moment exacts où il surviendra. Le XXe siècle, celui de la Société des nations et de l'Organisation des Nations unies, a été flétri par un nombre incalculable de guerres : deux atroces guerres mondiales mettant aux prises des États-nations pour l'affirmation de leur suprématie et la conquête des marchés ; un plus grand nombre de conflits entre les maîtres des empires coloniaux et postcoloniaux, d'un côté, et les combattants des libérations nationales, de l'autre ; des totalitarismes, des génocides abominables, de meurtrières rivalités interethniques.

En même temps, le siècle écoulé a été ennobli par le souffle de la création et des découvertes scientifiques, les progrès démocratiques et sociaux, les initiatives de paix, les avancées des droits humains. Certes, les utopies globales qu'il a voulu construire ont débouché sur l'échec. Mais le colonialisme a été vaincu, et les discriminations fondées sur la « race » et l'« ethnicité » ont été disqualifiées comme étant dénuées de tout fondement biologique. Les relations entre les sexes, encore partout inégalitaires, sont désormais l'objet de combats et de débats fondamentaux pour l'avenir des sociétés et des grandes cosmogonies de la planète. Les relations entre les cultures, également inégalitaires, sont sur le chemin d'une reconnaissance mutuelle. Et voici qu'à la fin de cet « âge des extrêmes[1] » est survenue, comme un bouleversement, la « globalisation » ou « mondialisation ». Sur la surface du globe, le séisme n'a laissé personne indifférent.

En vérité, depuis la découverte de l'Afrique australe, de l'Australie, de l'Océanie et de l'Amérique par les Européens aux XVe-XVIe siècles ont existé des formes variées de mondialisation, autrement dit d'européanisation du monde. Fernand Braudel a forgé pour penser cette période le concept d'économie-monde, tout en montrant ses limites en raison du contraste existant entre le développement du commerce lointain, organisé à partir de cités qui, à tour de rôle, dominaient l'expansion commerciale et les flux financiers, et les arrière-pays, où s'étendaient les vastes territoires de l'autoproduction paysanne[2]. Immanuel Wallerstein a caractérisé l'économie-monde capitaliste européenne par le morcellement politique, cette mosaïque d'États, et analysé comment, au XXe siècle, sous l'empire des États-Unis, héritiers de l'Europe, et à travers le choc des deux guerres mondiales, cette économie s'est réellement mondialisée[3].

---

1. Eric J. Hobsbawm, *L'Âge des extrêmes. Histoire du court XXe siècle*, Bruxelles, Complexe, 1999, et *Le Monde diplomatique*, 1999.

2. Fernand Braudel, *La Dynamique du capitalisme*, Paris, Arthaud, 1985.

3. Immanuel Wallerstein, *Le Système du monde du XVe siècle à nos jours*, 2 vol., Paris, Flammarion, 1980. Sur cette analyse, voir aussi Erica Deuber Ziegler, avec la collaboration de Geneviève Perret, « Mondialisation, appartenances multiples : l'urgence de nouveaux instruments d'analyse et d'intervention », in *Le Monde et son double*, sous la direction de Laurent Aubert, Paris, éditions Adam Biro, et Musée d'ethnographie de Genève, 2000, p. 158 *sq*.

Avec quelles conséquences pour les pays les plus faibles ? En sa qualité de secrétaire général de la CNUCED (Conférence des Nations unies pour le commerce et le développement), Rubens Ricupero a été le maître d'œuvre de la Conférence mondiale des pays les moins avancés (PMA), qui s'est tenue à Bruxelles du 14 au 20 mai 2001. Avec Juan Somavia, intellectuel antifasciste originaire du Chili, actuellement directeur général de l'Organisation internationale du travail (OIT), et Mary Robinson, ancienne présidente de la République d'Irlande, aujourd'hui intraitable haut-commissaire pour les droits de l'homme, Ricupero est l'une des trois grandes figures, au sein du système des Nations unies de la résistance à la mondialisation sauvage. Le soir du 16 mars 2000, Ricupero présentait une conférence à la salle Piaget de l'Université de Genève, intitulée « Le Brésil cinq cents ans après. Identité, croissance et inégalités ». Il y défendit une thèse surprenante.

Une des sociétés les plus mondialisées que l'histoire ait connues fut celle de la vice-royauté lusitanienne du Brésil. Du début du XVIe siècle jusque dans la deuxième décennie du XIXe, la vice-royauté fut presque totalement intégrée au marché mondial. La quasi-totalité de sa production de sucre, de café, de cacao, de tabac et de minerais était exportée. Elle importait en contrepartie presque tout ce dont ses classes dirigeantes avaient besoin pour vivre. Il n'existait pratiquement pas de marché intérieur au Brésil et l'accumulation interne de capital était très faible. L'agriculture était de type latifundiaire extensif, l'industrie nationale était balbutiante. Quant au peuple, il n'avait aucune existence politique. L'essentiel de la force de travail était fourni par les esclaves. Conclusion de Ricupero : un maximum d'intégration de l'économie nationale dans le marché mondial aboutit à un maximum de destructuration de la société nationale mondialisée.

Formulée à partir de l'expérience vécue sous l'ancienne vice-royauté lusitanienne du Brésil, la théorie de Ricupero est parfaitement applicable au Brésil d'aujourd'hui, comme à bien d'autres pays de l'hémisphère sud contemporains. 6 millions de personnes vivent dans le « grand » Rio de Janeiro. Dans la zone sud, à Ipanéma, Leblon, São Conrado, Tijuca, des villas et des immeubles résidentiels somptueux bordent l'Atlantique. Ils sont protégés par des milices privées et des agents de sécurité équipés de systèmes de communication sophistiqués, de caméras de surveillance, de véhicules de patrouille et, bien sûr, d'armes de poing à tir rapide. Immédiatement derrière les plages de rêve, sur les pentes abruptes des *morros* – les collines si caractéristiques de Rio –, dans les ravins et jusqu'aux clôtures des résidences les plus éloignées du front de mer, la favela de la Rocinha, un bidonville parmi de nombreux autres. Plus de 350 000 personnes s'y entassent.

Johannesburg la blanche et sa ville noire de Soweto, Lima et sa ceinture de *barilladas,* les forteresses des riches de Karachi perdues dans un océan de huttes misérables, Manille avec ses quartiers résidentiels surprotégés et ses cabanes infestées de rats s'étirant par dizaines de milliers au pied des *smokey mountains*, ces montagnes de détritus qui font vivre les miséreux, n'offrent pas un spectacle différent…

Dans une autre de ses contributions[1], Rubens Ricupero explore les liens existant entre la toute-puissance actuelle des seigneurs du capital financier globalisé et la

1. Rubens Ricupero, entretien avec Willy Spieler, « Mit guten Ideen die Welt verändern » (« Changer le monde grâce à de bonnes idées »), *Neue Wege*, n° 78, Zurich, juillet-août 2000, p. 223 *sq*.

soumission des nations prolétaires. Ces liens sont anciens, complexes et trop rarement compris.

Les oligarchies régnantes du début du XXIᵉ siècle, originaires, on le sait, de l'hémisphère nord de la planète, disposent de moyens financiers pratiquement illimités. Tandis que leurs victimes sont souvent dépourvues de tout, hors d'état de résister. Comment expliquer cette inégalité ? Dans leurs colonies d'outre-mer, les seigneurs ont pratiqué dès la fin du XVᵉ siècle un pillage systématique. Celui-ci est au fondement de l'accumulation primitive du capital dans les pays d'Europe.

Karl Marx écrit : « Le capital arrive au monde suant le sang et la boue par tous les pores [...]. Il fallait pour piédestal à l'esclavage dissimulé des salariés en Europe l'esclavage sans fard dans le Nouveau Monde[1]. »

Encore Marx : « L'histoire moderne du capital date de la création du commerce et du marché des deux mondes au XVIᵉ siècle [...]. Le régime colonial assurait des débouchés aux manufactures naissantes, dont la facilité d'accumulation redoubla, grâce au monopole du marché colonial. Les trésors directement extorqués hors de l'Europe par le travail forcé des indigènes réduits en esclavage, par la concussion, le pillage et le meurtre, refluaient à la mère patrie pour y fonctionner comme capital[2]. »

Ce sont principalement les Africains – hommes, femmes et enfants – qui, dès le début du XVIᵉ siècle et dans des conditions d'une indicible cruauté, ont payé de leur sang et de leur vie l'accumulation première du capital européen. Pour indiquer le rythme de cette accumulation, je ne donnerai qu'un seul exemple : en 1773-

1. Karl Marx, *Œuvres complètes* éditées par M. Rubel, 2 vol., *Le Capital*, t. I, section VIII, Paris, Gallimard, coll. « La Pléiade », 1965.

2. *Ibid.*

1774, la Jamaïque comptait plus de 200 000 esclaves sur 775 plantations. Une seule de ces plantations d'étendue moyenne employait 200 Noirs sur 600 acres, dont 250 de canne. Selon les calculs les plus précis fournis par Marx, l'Angleterre a retiré de ses plantations de Jamaïque dans la seule année 1773 des profits nets s'élevant à plus de 1 500 000 livres de l'époque[1].

Au cours des quatre siècles qui séparent le débarquement du premier bateau négrier à Cuba de l'abolition de l'esclavage dans le dernier pays des Amériques, plus de 20 millions d'hommes, de femmes et d'enfants africains ont été arrachés à leur foyer, déportés au-delà des mers et réduits au travail servile[2].

Grâce au capital accumulé dans les colonies, l'Europe a pu financer dès le XVIIIe siècle son industrialisation rapide. Elle a pu faire face à l'exode rural et opérer la transformation pacifique de ses paysans en ouvriers. Edgard Pisani note : « La concomitance de l'exode rural et de la croissance industrielle » est au fondement du modèle de développement qui fait aujourd'hui la force de l'Europe[3].

---

1. On trouvera d'autres exemples chez A. Gunder Frank, *L'Accumulation mondiale*, Paris, Calmann-Lévy, 1977, p. 211 *sq*.

2. Roger Bastide avance le chiffre généralement accepté de 20 millions d'esclaves arrivés vivants aux Amériques. Cf. R. Bastide, *Les Amériques noires*, Paris, Payot, 1967.

L. S. Senghor, en revanche, estime à environ 200 millions les Africains réduits en esclavage par les Blancs, morts lors de chasses aux esclaves sur le continent ou qui périrent soit durant le transport, soit au cours des trois premiers mois de leur présence aux Amériques. Cf. L. S. Senghor, *Pour une relecture africaine de Marx et d'Engels*, Dakar, Nouvelles Éditions africaines, 1976, p. 23. Le dernier pays à abolir l'esclavage fut le Brésil, en 1888.

3. Edgard Pisani, *Une certaine idée du monde. L'Utopie comme méthode*, Paris, Seuil, 2001, p. 58.

Les hommes, les femmes et les enfants des pays de la périphérie sont en fait doublement victimes. À cause des dévastations subies dans le passé, à cause de l'inégalité de développement entre leurs sociétés et celles des anciennes métropoles coloniales de l'hémisphère nord, ils sont aujourd'hui – à l'heure de la mondialisation, du modèle économique et de la pensée uniques – incapables de résister aux nouvelles attaques du capital transcontinental. Beaucoup de pays d'Asie, d'Afrique, d'Amérique latine et des Caraïbes ont été rendus exsangues par les trafics triangulaires, la traite, l'occupation coloniale, l'exploitation et le pillage pratiqués par les comptoirs. Bref, la mondialisation frappe de plein fouet un corps social déjà gravement affaibli et privé de ses forces de résistance immunitaires.

Un deuxième phénomène doit être pris en considération si l'on veut comprendre la forme contemporaine de la mondialisation : la démographie.

C'est sur ces continents abandonnés, livrés aujourd'hui pratiquement sans défense aux agressions des prédateurs du capital mondialisé, que vient au monde le plus grand nombre d'êtres humains : 223 personnes naissent chaque minute, dont 173 dans un des 122 pays dits du tiers-monde[1].

En 2025, le monde comptera 8 milliards d'habitants ; l'Afrique, 1,3 milliard, soit 16 % de la population mondiale[2].

1. Chiffres de 2002.

2. On connaît le caractère exponentiel de la croissance démographique : 250 millions à la naissance du Christ ; 450 millions en 1492 ; un milliard en 1825 ; probablement entre 10 et 12 milliards à la fin du XXIe siècle.

Entre 1997 et 2025, la population de l'Afrique noire aura presque doublé. En 1997, le taux de natalité était de 24 pour mille dans le monde, de 40 pour mille en Afrique noire. En 1997, 15 % des naissances mondiales étaient africaines, en 2025, elles en représenteront 22 %. Tous ces enfants naîtront sur un continent qui ne cesse de s'enfoncer dans l'océan de la misère.

Considérons un instant la planète dans son ensemble. Si la croissance démographique actuelle se poursuit, la terre sera peuplée en 2015 de 7,1 milliards d'êtres humains, dont plus de 60 % vivront en milieu urbain. En Amérique latine, plus de 70 % de l'actuelle population habite déjà dans des villes, la plupart du temps dans des conditions infectes : *barilladas* au Pérou, favelas au Brésil, *poblaciones* ou *calampas* au Chili. En Amérique latine, un enfant sur trois de moins de 5 ans est gravement et chroniquement sous-alimenté.

En 2002, 36 % des Africains vivent en ville. Ils seront plus de 50 % en 2025. Avec une certitude mathématique, ces mégapoles africaines, latino-américaines et asiatiques, manqueront des infrastructures nécessaires pour garantir aux familles pauvres une vie décente, à l'abri du besoin.

Beaucoup de ces immenses agglomérations du tiers-monde sont aujourd'hui déjà de véritables dépotoirs. Faute de capitaux publics ou privés pour accueillir, loger, nourrir, scolariser et soigner les réfugiés de la mondialisation (ou des catastrophes naturelles, etc.), les marges des grandes agglomérations se transforment en mouroirs.

La tendance à la monopolisation et à la multinationalisation du capital est constitutive du mode de production capitaliste : à partir d'un certain niveau de développement des forces productives, cette tendance devient impérative, elle s'impose comme une nécessité.

À l'époque de la division du monde en deux blocs antagonistes, la globalisation s'est trouvée entravée. À l'Est, un empire militairement puissant se réclamait d'une idéologie de défense de tous les travailleurs et d'amitié entre les peuples. Face aux luttes des travailleurs, les oligarchies capitalistes de l'Ouest étaient contraintes de faire des concessions, d'accorder un minimum de protection sociale et de liberté syndicale, de s'engager dans la négociation salariale et le contrôle démocratique de l'économie, car il fallait à tout prix éviter le vote communiste en Occident. Les partis sociaux-démocrates occidentaux et leurs centrales syndicales ont, pour leur part, agi comme naguère les alchimistes du Moyen Âge qui, avec du plomb, tentaient de faire de l'or. Ils ont transformé en avantages sociaux pour leurs clients la peur des capitalistes devant l'expansion communiste. Dans le même temps, appuyés sur le glacis du bloc soviétique, les peuples colonisés et soumis conduisaient avec succès leurs luttes de libération.

Avec la chute du Mur de Berlin, la désintégration de l'URSS et la criminalisation partielle de l'appareil bureaucratique de la Chine, la globalisation de l'économie capitaliste a pris son essor. Et, avec elle, la précarisation du travail, le démantèlement de la protection sociale chèrement acquise. Nombre de partis sociaux-démocrates – par exemple le parti socialiste italien – se sont liquéfiés. D'autres se sont terriblement affaiblis, ont perdu toute crédibilité. Le Labour anglais et le SPD allemand se sont mués en partis réactionnaires, célébrant l'idéologie néo-libérale et recherchant en toute chose l'approbation des maîtres de l'empire américain. Tous subissent de plein fouet le déterminisme du marché globalisé. L'Internationale socialiste a implosé. Les syndicats sont confrontés à une diminution dramatique du nombre de leurs adhérents. Le mode de production capitaliste se répand à travers la terre, sans plus rencontrer désormais sur sa route de contre-pouvoirs dignes de ce nom.

La réalisation de la loi des coûts comparatifs de production et de distribution se généralise. Tout bien, tout service sera produit là où ses coûts seront les plus bas. La planète entière devient ainsi un gigantesque marché où entrent en compétition les peuples, les classes sociales, les pays. Mais dans un marché globalisé, ce que les uns perdent – la stabilité de l'emploi, le minimum salarial, la Sécurité sociale, le pouvoir d'achat – n'est pas automatiquement gagné par les autres. La mère de famille de Pusan, en Corée du Sud, qui exerce un travail sous-payé, le prolétaire indonésien qui, pour un salaire de misère, s'épuise dans la salle de montage d'une zone franche de Djakarta, n'améliorent que médiocrement leur situation quand l'ouvrier mécanicien de Lille ou le travailleur du textile à Saint-Gall vivent sous la menace du chômage.

L'intégration progressive, dans un marché planétaire unique, de toutes les économies autrefois nationales, relativement singulières, intéressant la nation, gouvernées par des mentalités, un héritage culturel, des modes de faire et d'imaginer particuliers, est un processus complexe.

La formidable succession de révolutions technologiques survenues au cours des trois décennies précédant ce tournant, dans les domaines de l'astrophysique, de l'informatique et de l'électronique optique, a fourni l'instrument : le cyberspace unifiant la planète. Les premiers systèmes de communication par satellite, Intelsat et Interspoutnik, ont été mis en place au milieu des années soixante. Aujourd'hui, les communications s'effectuent à travers le monde à la vitesse de la lumière (300 000 kilomètres par seconde). Les firmes administrent leurs affaires sans délai, seconde après seconde, dans la synchronie la plus absolue. Les lieux de leur bataille – c'est-à-dire de la formation des prix du capital financier – sont les bourses des valeurs et, dans une moindre mesure, les bourses des matières premières. Ces lieux sont partie prenante d'un réseau planétaire en activité permanente : quand Tokyo ferme, Francfort, Paris, Zurich et Londres ouvrent, puis New York prend le relais. La vitesse de la circulation de l'information rétrécit le monde et abolit le lien attachant le temps à l'espace qui caractérisait les civilisations.

On assiste ainsi à la constitution d'un monde virtuel qui n'est pas assimilable au monde géographico-historique traditionnel. Le capital en circulation lui-même est virtuel, actuellement dix-huit fois plus élevé que la valeur de tous les biens et services produits pendant une année et disponibles sur la planète. La dynamique ainsi produite témoigne d'une intense vitalité, mais elle accentue forcément les inégalités : les riches deviennent rapidement plus riches, les pauvres beaucoup plus misérables. Aux États-Unis, la fortune de Bill Gates est égale à la valeur totale de celle des 106 millions d'Américains les plus pauvres. Des individus sont désormais plus riches que des États : le patrimoine des quinze personnes les plus fortunées du monde dépasse le produit intérieur brut de l'ensemble des pays de l'Afrique subsaharienne[1].

Considérons un instant l'évolution terminologique.

« Globalisation » est un anglicisme qui a commencé sa carrière à la fin des années soixante sous les auspices du médiologue canadien Marshall McLuhan et du spécialiste américain des « problèmes du communisme » à l'université de Columbia, Zbigniew Brzezinski. Le

1. PNUD (Programme de l'ONU pour le développement), *Human Development Report 2000*, New York, 2001.

premier, tirant les leçons de la guerre du Vietnam, première guerre à se donner à voir en direct à la télévision, pensait que l'ubiquité et la transparence cathodiques allaient rendre les affrontements armés plus difficiles et propulser les pays non encore industrialisés vers le progrès. C'est lui qui inventa l'expression de « village global ». Le second voyait dans l'avènement de la révolution électronique la consécration de la superpuissance américaine comme « première société globale de l'histoire » et introduisit la thèse de la « fin des idéologies[1] ».

L'équivalent français, « mondialisation », est un néologisme déjà ancien. Jusqu'en 1992, les termes « multinationales », « transnationales », les expressions comme « entreprises sans frontières », « globalisation financière », « mondialisation des marchés », « capitalisme mondial » servaient à illustrer la tendance. Pour rester dans la métaphore sismique que nous avons utilisée au début du présent chapitre, l'extension de l'usage de ces termes correspond au mouvement géologique des plaques : après la guerre du Golfe, en 1991, Washington put ainsi annoncer la naissance d'un « nouvel ordre mondial ». L'expression allait vite désigner le nouvel agencement des affaires internationales et s'accorder avec les termes nouveaux de « globalisation » et de « mondialisation » employés seuls, sans complément de nom. En 1994, au moment de la création de l'Organisation mondiale du commerce (OMC), les nouvelles pièces du lexique économique étaient d'usage courant sur toute la surface de la planète[2].

---

1. Zbigniew Brzezinski, *La Civilisation technétronique*, Paris, Calmann-Lévy, 1971.

2. Erica Deuber Ziegler, avec la collaboration de Geneviève Perret, « Mondialisation et appartenances multiples… », *op. cit.*

Philippe Zarifian, auteur d'un essai prospectif intitulé *L'Émergence d'un Peuple-Monde*, constate : « Cette globalisation [...] correspond à une vue satellitaire du globe que les dirigeants des grandes firmes ont constituée. [...] Vue de haut, cette Terre apparaît Une : les nations, les États, les frontières, les réglementations, les humeurs des peuples, les races, les régimes politiques, tout cela s'estompe, sans pour autant disparaître. [...] C'est le grand rêve du tout-un que les philosophes platoniciens n'ont cessé d'agiter, enfin réalisé. Le tout-un est le territoire du capitalisme contemporain[1]. »

De plus en plus de régions du monde, aujourd'hui, sont en voie de désintégration. Des pays entiers sortent ainsi de l'histoire. Comme des vaisseaux fantômes, ils se perdent dans la nuit. En Afrique notamment, la Somalie, la Sierra Leone, la Guinée-Bissau et bien d'autres pays en voie de désintégration ne sont plus qu'une inscription sur une carte géographique. En tant que sociétés nationales organisées, ces pays ont cessé d'exister.

La globalisation ou mondialisation est donc très loin de correspondre à un développement économique véritablement mondialisé. Elle conduit au contraire au développement étroitement localisé de centres d'affaires où sont installés les grandes firmes, les banques, les assurances, les services marketing et de commercialisation, les marchés financiers. Pierre Veltz montre comment, autour des centres économiques, s'étendent de vastes zones de population, dont une partie parvient à maîtriser l'intelligence et les relations lui permettant de vivre des nombreuses miettes d'activités que les affaires « mondialisées » diffusent dans leur pourtour immédiat. La mondialisation dessine ainsi sur la surface du globe

1. Philippe Zarifian, *L'Émergence d'un Peuple-Monde*, Paris, Presses universitaires de France, 1999, p. 3.

une espèce de réseau squelettique réunissant quelques grandes agglomérations, entre lesquelles on assiste à l'« avancée des déserts ». Nous entrons dans l'époque de l'« économie d'archipel[1] ». Ce modèle « à multiples vitesses » pousse vers la destruction de toutes sortes de sociétés et de sociabilités connues dans le passé et marque, sans doute pour longtemps, la fin du rêve d'un monde enfin unifié, réconcilié avec lui-même, et vivant en paix.

La réalité du monde mondialisé consiste en une succession d'îlots de prospérité et de richesse, flottant dans un océan de peuples à l'agonie.

1. Pierre Veltz, *Mondialisation, villes et territoires. L'économie d'archipel*, Paris, Presses universitaires de France, 1996.

II

L'Empire

Août 1991 est une date charnière. Ce mois-là, l'URSS implosa.

Jusqu'à cette date, sur la terre, un homme sur trois vivait sous un régime dit « communiste ». Les deux impérialismes s'affrontaient dans ce qu'on appelait la « guerre froide ». Comment expliquer la chute inattendue et brutale de l'URSS et de ses satellites ? Les raisons en sont nombreuses. Les principales sont d'ordre économique. Le caractère totalitaire de l'appareil politique et la corruption tuant toute initiative privée, la productivité de l'économie soviétique ne cessait de se détériorer. De plus, dès le début des années quatre-vingt, l'administration de Ronald Reagan entraîna l'Union soviétique dans une course extrêmement coûteuse aux armements, portant essentiellement sur la construction de boucliers antimissiles dans la stratosphère. L'URSS n'y résista pas.

La fin de la bipolarité du monde fit se lever un immense espoir. Des millions d'hommes et de femmes à travers la planète crurent sincèrement que la liberté triomphait, que l'aube d'un monde civilisé, démocratique, ordonné selon le droit et la raison, s'annonçait. Avec un demi-siècle de retard.

Le monstre fasciste avait été vaincu en Extrême-Orient et en Europe au printemps et en été 1945. Les nations victorieuses avaient, ensemble, proclamé la Charte des Nations unies et adopté, trois ans plus tard, la Déclaration universelle des droits de l'homme. Écoutons :

« Tous les êtres humains naissent libres et égaux en dignité et en droits. Ils sont doués de raison et de conscience et doivent agir les uns envers les autres dans un esprit de fraternité.

« [...]

« Tout individu a droit à la vie, à la liberté et à la sûreté de sa personne[1]. »

Les droits de l'homme, les droits à l'autodétermination et à la démocratie, tels qu'ils sont formulés dans la Déclaration universelle de 1948 – et dans quinze pactes successifs qui les précisent et les concrétisent –, constituent une conquête majeure de la civilisation. Ils définissent l'horizon des peuples : une société planétaire plus digne, plus juste, plus libre.

Boutros Boutros-Ghali, secrétaire général des Nations unies jusqu'en 1995, écrit : « En tant qu'instruments de référence, les droits de l'homme constituent le langage commun de l'humanité grâce auquel tous les peuples peuvent, dans le même temps, comprendre les autres et écrire leur propre histoire. Les droits de l'homme sont, par définition, la norme ultime de toute politique [...]. Ils sont par essence des droits en mouvement. Je veux dire par là qu'ils ont à la fois pour objet d'exprimer des commandements immuables et d'énoncer un moment de

1. Articles 1 et 3 de la Déclaration universelle des droits de l'homme du 10 décembre 1948.

la conscience historique. Ils sont donc, tous ensemble, absolus et situés[1]. »

Encore Boutros-Ghali : « Les droits de l'homme ne sont pas le plus petit dénominateur commun de toutes les nations, mais, au contraire, ce que je voudrais appeler l'irréductible humain, la quintessence des valeurs par lesquelles nous affirmons, ensemble, que nous sommes une seule communauté humaine[2]. »

Paraphrasant Friedrich Wilhelm Hegel, j'ajoute que les droits de l'homme – les droits civils et politiques, comme les droits économiques, sociaux et culturels – constituent l'Absolu en relation, l'Universel concret. Ils sont bien à présent l'horizon de notre histoire.

Quant à l'égalité entre les États et les peuples, Régis Debray livre ce commentaire : « La souveraineté des États, c'est une façon de mettre un trait d'égalité entre des pays inégaux. Le Burundi a la même souveraineté que les États-Unis. C'est loufoque ? Oui, c'est loufoque. C'est contre nature ? Oui, c'est contre nature. C'est ce qu'on appelle la civilisation[3]. »

Pendant cinquante ans, la réalisation, même partielle, timide, hésitante, des principes contenus dans la Charte des Nations unies et dans la Déclaration universelle des droits de l'homme a été rendue impossible par la désunion entre les nations, par l'hostilité mortelle entre les deux superpuissances. L'URSS et ses alliés prétendaient réaliser les droits de l'homme à travers le communisme et la dictature du prolétariat, les Américains et leurs

---

1. Cité par Hervé Cassan, « La vie quotidienne à l'ONU du temps de Boutros Boutros-Ghali », in *Mélanges offerts à Hubert Thierry*, Paris, éditions Pédone, 1998, p. 8.

2. *Ibid.*

3. Régis Debray et Jean Ziegler, *Il s'agit de ne pas se rendre*, *op. cit.*, p. 50.

alliés à travers le capitalisme et la démocratie. En fait, la guerre froide a figé pendant plus d'un demi-siècle tout projet collectif de l'humanité.

L'espoir né en 1991 a donc été immense. Or, les oligarchies du capital financier désormais triomphantes ont pris à cette époque une décision aux conséquences encore incalculables aujourd'hui : pour organiser la nouvelle société mondiale, elles ont refusé de s'en remettre aux organisations multilatérales existantes, telles que l'ONU, à ses vingt-deux organisations spécialisées ou aux organisations intergouvernementales plus anciennes (Cour d'arbitrage de La Haye, Union interparlementaire, etc.).

En lieu et place de l'organisation multilatérale de la sécurité collective, les seigneurs du capital ont misé sur la force de frappe militaire de la superpuissance américaine. Contre l'arbitrage international des conflits entre les nations, ils ont choisi le diktat de l'empire américain. Et loin de confier la production et la distribution des biens de la planète à une économie normative qui tiendrait compte des besoins élémentaires des habitants, ils s'en sont remis à la « main invisible » du marché mondial intégré, qu'ils contrôlent parfaitement. En quelques mois, ils ont ainsi ruiné les espérances enracinées au fondement de la conscience collective depuis la paix de Westphalie en 1648 : celle d'un contrat social universel entre États et peuples de tailles différentes, mais égaux en droits ; celle de la règle de droit se substituant à la violence du plus fort ; celle, enfin, de l'arbitrage international et de la sécurité collective conjurant la guerre.

En choisissant l'empire américain contre la démocratie planétaire, les maîtres du monde ont fait reculer l'humanité de plusieurs siècles.

Entre toutes les oligarchies singulières qui constituent, ensemble, le cartel des maîtres du monde, l'oligarchie nord-américaine est de loin la plus puissante, la plus créative, la plus vivante. Bien avant 1991, elle s'était déjà soumis l'État, le transformant en auxiliaire précieux et efficace de la réalisation de ses intérêts privés.

Considérer les États-Unis comme un simple État « national » n'a aucun sens. Les États-Unis sont bien un empire, dont les forces armées – terrestres, navales, aériennes et spatiales –, les systèmes d'écoute internationaux, les gigantesques appareils d'espionnage et de renseignements garantissent l'expansion constante de l'ordre oligarchique de la planète. Sans cet empire et sa force de frappe militaire et policière, le cartel des maîtres universels ne pourrait pas survivre.

La puissance militaire naguère construite pour affronter l'Union soviétique sert à présent à mettre en œuvre et à protéger l'ordre du capital financier mondialisé. Cet appareil impérialiste colossal se développe d'une façon quasiment autonome. Il a ses propres lois, sa dynamique singulière. Hérité de la guerre froide, revitalisé, il ajoute sa violence propre à la violence du capital.

Il y a 2 000 ans déjà, Marc Aurèle lançait cet avertissement : *Imperium superat regnum* (l'empire est supérieur au royaume, c'est-à-dire à tous les autres pouvoirs). La leçon fut administrée par les empereurs romains à de nombreux peuples d'Occident et d'Orient. Les oligarchies capitalistes contemporaines procèdent de la même manière. Leur empire prime sur toutes les autres puissances. L'ordre impérialiste détruit nécessairement les États nationaux et toute autre souveraineté qui lui résisterait[1].

1. La destruction systématique par le capital financier de la capacité normative de l'État-nation fait l'objet du chapitre II, deuxième partie.

L'arrogance de l'empire américain est sans limite. Écoutons sa proclamation : « Nous sommes au centre et nous entendons y rester [...]. Les États-Unis doivent diriger le monde en portant le flambeau moral, politique et militaire du droit et de la force, et servir d'exemple à tous les autres peuples[1]. »

Qui dit cela ? Un obscur fanatique d'une de ces innombrables sectes xénophobes et racistes qui pullulent aux États-Unis ? Un membre proto-fasciste de la John Birch Society ou du Ku Klux Klan ? Vous n'y êtes pas ! L'auteur s'appelle Jesse Helms. De 1995 à 2001, il a présidé la commission des Affaires étrangères du Sénat américain. À ce titre, il a été un acteur essentiel de la politique étrangère de Washington.

L'éditorialiste Charles Krauthammer lui fait écho : « L'Amérique enjambe le monde comme un colosse [...]. Depuis que Rome a détruit Carthage, aucune autre grande puissance n'a atteint les sommets où nous sommes parvenus[2]. »

Ancien conseiller spécial de la secrétaire d'État Madeleine Albright sous l'administration Clinton, Thomas Friedman est plus explicite encore : « Pour que la mondialisation fonctionne, l'Amérique ne doit pas craindre d'agir comme la superpuissance invincible qu'elle est en réalité [...]. La main invisible du marché ne fonctionnera jamais sans un poing visible. McDonald's ne peut s'étendre sans McDonnel Douglas, le fabriquant du F-15. Et le poing invisible qui assure la sécurité mondiale de la technologie de la Silicon Valley

1. Jesse Helms, « Entering the Pacific Century », discours publié par la Heritage Foundation, Washington DC, 1996 ; cité par *Le Monde diplomatique*, juillet 2001.

2. Charles Krauthammer, in *Time Magazine*, New York, 27 décembre 1999.

s'appelle l'armée, l'aviation, la force navale et le corps des marines des États-Unis[1]. »

Le dogme ultra-libéral prôné par les dirigeants de Washington et de Wall Street est inspiré par un formidable égoïsme, un refus presque total de toute idée de solidarité internationale et une volonté absolue d'imposer leurs propres vues aux peuples de la planète.

Les États-Unis ont ainsi choqué le monde en refusant de ratifier la convention internationale interdisant la production, la diffusion et la vente de mines antipersonnel.

Ils se sont également opposés au principe même d'une justice internationale. Pas de signature américaine sous la Convention de Rome de 1998 prévoyant la sanction judiciaire des génocides, crimes contre l'humanité et crimes de guerre! La Cour pénale internationale ? Les États-Unis sont contre !

La Cour pénale internationale est un tribunal permanent doté d'une compétence globale pour juger les individus inculpés de violation massive des droits de l'homme. À la différence de la Cour internationale de justice, dont la juridiction est réservée aux États, elle aura la capacité d'inculper des individus. Et à la différence des tribunaux internationaux *ad hoc* du Rwanda ou de l'ex-Yougoslavie, sa compétence ne sera limitée ni géographiquement ni temporellement. Ainsi, pour la première fois dans l'histoire, tout responsable politique ou militaire est susceptible de se voir demander des comptes sur la violation des règles de droit.

Le refus américain de signer la Convention de 1998 a deux motifs distincts. Le premier : l'empire considère que ses généraux, soldats et agents secrets sont au-dessus de toute loi internationale. Ils sont conduits par

1. Thomas Friedman, in *New York Times Magazine*, 28 mars 1999.

les circonstances à intervenir un peu partout sur la planète. Mais ils n'ont de comptes à rendre qu'aux instances américaines qui les contrôlent. La raison de l'empire prime ainsi sur le droit international. Le deuxième : dans le vaste monde, l'empire seul a le droit de décider qui doit être puni et qui mérite la clémence. L'empire seul doit avoir le droit de bombarder, d'ordonner un blocus économique, bref, de frapper, tuer, ou promouvoir qui bon lui semble.

Une autre caractéristique de la politique extérieure de l'empire est celle du *double langage*.

En Palestine, le gouvernement Sharon pratique l'assassinat sélectif de dirigeants politiques arabes, la destruction massive de vergers, de puits et de maisons d'habitation, les arrestations arbitraires et les « disparitions », la torture systématique des détenus. Périodiquement, ce gouvernement fait attaquer et occuper par son armée des villes et des villages palestiniens situés dans les zones autonomes, pourtant protégées par les accords d'Oslo. Sous les maisons et les masures bombardées par les hélicoptères Apache ou écrasées par les canons des chars, des femmes, des hommes et des enfants blessés agonisent parfois pendant des jours. Or, la répression aveugle de Sharon – qui n'a rien à voir avec les principes d'humanité et de tolérance des fondateurs de l'État d'Israël – bénéficie du consentement muet de Washington.

D'un autre côté, pour obtenir le vote de la résolution condamnant les crimes des ayatollahs de Téhéran à la cinquante-septième session de la Commission des droits de l'homme en avril 2001, les États-Unis se sont mobilisés. Et ils ont eu évidemment raison. Leur consentement aux crimes de Sharon ôte néanmoins toute crédibilité à leur condamnation de ceux commis par les ayatollahs.

En janvier 2000, le président russe Vladimir Poutine installait sur tout le territoire de la Tchétchénie, soumise à des bombardements indiscriminés, ses terrifiantes « fosses aux ours ». Un large trou creusé dans la terre, profond d'environ cinq mètres, dans lequel étaient précipités des otages civils, des personnes arrêtées au hasard, hommes, femmes et enfants confondus. Les prisonniers devaient se tenir debout, sous la neige et la pluie. Des OMO masqués, ces gardes spéciaux relevant du ministère de l'Intérieur, leur jetaient à intervalles réguliers un peu de nourriture, une gourde d'eau. Tout à côté des fosses étaient installés des camps dits de « filtrage ». Là, les tueurs de Poutine battaient à mort les suspects, torturaient à l'électricité des gens arrêtés aux barrages et mutilaient au couteau les récalcitrants. Poutine refusa à cette époque l'accès de la République martyre à tous les organismes de l'ONU, au Comité international de la Croix-Rouge et à toutes les organisations non gouvernementales. C'est pourtant ce moment-là que choisirent les maîtres de Washington et de Wall Street pour annuler le tiers de la dette extérieure russe.

Deux autres décisions témoignent de la formidable arrogance de l'empire américain. La première est ce refus catégorique qu'il oppose à la libéralisation des prix pharmaceutiques ou, plus concrètement, son refus d'accorder aux pays pauvres le libre accès aux médicaments contre le sida. La deuxième concerne son opposition à la reconnaissance, parmi les droits de l'homme, des droits économiques, sociaux et culturels.

La Conférence de Vienne sur les droits de l'homme de 1993 a clairement réévalué, par déclaration unanime des États (à l'exception des États-Unis), le concept de droits économiques, sociaux et culturels. Un homme qui a faim ne se soucie pas de ses droits démocratiques. On ne saurait manger son bulletin de vote. Pour un analphabète, la liberté de presse n'a aucun sens. C'est pourquoi il existe, entre les droits civils et politiques et les droits économiques, sociaux et culturels – comme le dit la Déclaration de Vienne de 1993 –, des rapports de « non-sélectivité », d'« interdépendance » et de « réversibilité ».

Dans le même esprit, à la Commission des droits de l'homme des Nations unies, les États-Unis votent avec constance contre toutes les mesures destinées à concrétiser les droits économiques, sociaux et culturels, notamment contre le droit à l'alimentation, contre le droit à l'habitat, contre le droit à l'éducation, contre le droit à la santé, contre le droit à l'eau potable et, bien entendu, contre le droit au développement.

Leurs arguments témoignent d'un égoïsme à toute épreuve : il ne saurait, disent-ils, exister de « biens publics ». Le marché seul décide de l'attribution, du prix, des aliments, des logements, de la formation scolaire, des médicaments, etc. Plus de 2 milliards d'êtres humains vivent dans la misère extrême ? Seule la croissance économique – elle-même induite par la libéralisation maximale du commerce et des marchés – pourra résorber cette calamité. En attendant, que les pauvres se débrouillent…

Depuis son élection à la présidence des États-Unis en novembre 2000, et son entrée en fonction en janvier 2001, George W. Bush montre une ardeur et un dévouement admirables dans la défense, en toutes circonstances, des intérêts planétaires des oligarques qui l'ont fait élire.

L'après-midi du vendredi 9 novembre 2001, je présentais devant l'Assemblée générale des Nations unies à New York mon premier rapport en tant que rapporteur spécial des Nations unies sur le droit à l'alimentation. La veille, j'avais été convié par l'*editorial board* du *New*

York Times à une réunion informelle. L'échange de vues avait eu lieu au cinquième étage du vénérable immeuble du numéro 229 West de la 43e Rue.

Autour de la table, il y avait quelques-uns des commentateurs les plus perspicaces et les plus influents de la politique américaine. Il y avait là aussi Roger Normand, directeur du Center for Economic and Social Rights. Après mon exposé et la discussion qui s'ensuivit, je saisis à mon tour l'occasion de poser quelques questions. Et notamment celle-ci : « Comment faut-il comprendre l'administration Bush ? » Sans hésiter une seconde, Normand me répondit : *« It's oil and the military »* (« C'est le pouvoir du pétrole et celui des industries d'armement »). Tout le monde autour de la grande table en bois approuva.

Les principaux dirigeants et les éminences grises de l'administration Bush, multimilliardaires pour la plupart, sont directement issus des milieux pétroliers texans. Nombre d'entre eux ont conservé des relations étroites avec leurs anciens patrons des grandes sociétés transcontinentales pétrolières de forage, de transport et de production. La guerre qu'ils mènent en Afghanistan, leurs alliances dans le monde arabe, leur politique moyen-orientale s'expliquent presque exclusivement par ces liens.

L'actuel président George W. Bush, son frère Jeff, gouverneur de Floride, et leur père ont tous trois accumulé leur colossale fortune grâce aux sociétés pétrolières. Le vice-président Dick Cheney, le ministre de la Défense Donald Rumsfeld, ainsi que la responsable du Conseil national de sécurité, Condoleezza Rice, sont tous d'anciens directeurs généraux de sociétés pétrolières texanes. Le 31 décembre 2001, le président Bush nomma un Chargé de mission spécial pour l'Afghanistan, Zalmay Khalizad. Celui-ci porte le titre d'ambassadeur et est le musulman de rang le plus élevé de toute l'administration. Khalizad est un ancien employé de la société pétrolière Unocal. Mais la discrétion est aujourd'hui de règle : ainsi, lorsque la société pétrolière Chevron voulut baptiser l'un de ses nouveaux tankers géants du nom de Condoleezza Rice, son ancienne directrice, la Maison Blanche opposa son veto[1].

La politique du président George W. Bush, dont toutes les campagnes électorales ont été jusqu'ici massivement financées par les milliardaires du pétrole américains et étrangers, incarne d'une façon presque parfaite la privatisation de l'État par des intérêts sectoriels[2].

Depuis son installation à la Maison Blanche, il faut également remarquer que la politique de l'empire est marquée par une formidable hypocrisie. Ainsi, par exemple, pendant des années, les États industriels réunis dans l'OCDE[3] ont travaillé à l'élaboration d'une convention permettant le contrôle, puis la suppression graduelle, des paradis fiscaux. Ces paradis, aussi appelés centres *offshore,* servent essentiellement à l'évasion fiscale et au lavage de capitaux d'origine criminelle[4]. Ils permettent aussi aux maîtres du monde d'y installer leurs holdings financières, dans l'opacité la plus totale et à l'abri de tout contrôle étatique. Or, en 2001, l'administration Bush refusa de signer la convention, rendant pratiquement caduque la lutte contre les paradis fiscaux.

Il en va également ainsi de la Convention sur l'interdiction des armes biologiques (CIAB). Cet accord international, signé et ratifié par 143 pays à ce jour, engage

1. Cf. *Le Monde*, 4 janvier 2002.

2. Dans la plupart des autres puissants États d'Occident, la subversion et la prise en main de l'appareil d'État par de grands groupes financiers s'opèrent d'une façon moins transparente.

3. L'Organisation de coopération et de développement économique.

4. Cf. p. 167 *sq*.

les États signataires à ne pas mettre au point, à ne pas fabriquer et à ne pas stocker d'armes bactériologiques (biologiques) ou à toxines, et à détruire les stocks existants. Mais la CIAB, entrée en vigueur en 1975, ne prévoit pas, à l'inverse de la Convention sur l'interdiction des armes chimiques (CIAC), de moyens de vérification. C'est pourquoi une conférence internationale s'est tenue le 19 novembre et le 8 décembre 2001 au Palais des nations à Genève, afin d'élaborer un Protocole additionnel à la Convention, prévoyant l'instauration d'un régime d'inspection – sur le territoire des 143 États signataires – des installations susceptibles de produire des armes biologiques. Eh bien, rejetant toute idée de contrôle, les États-Unis ont refusé de signer le Protocole et ont fait échouer la conférence.

Une enquête du *New York Times* a révélé il y a peu que la CIA et le Pentagone avaient repris des recherches en vue de développer de nouvelles armes bactériologiques[1].

Et, comme s'il ne suffisait pas que l'administration américaine viole la Convention sur l'interdiction des armes biologiques qu'elle a elle-même signée et refuse le Protocole additionnel visant à instaurer le contrôle de son application, elle se fait encore le champion international de la lutte contre le développement, la fabrication et la diffusion d'armes biologiques, accusant un grand nombre d'autres États de la violer. Le journal *Le Monde* résume la situation : « Selon Washington, les recherches américaines ne portent que sur les moyens de se défendre des armes biologiques, ce qui est autorisé par la Convention. À Genève, la délégation américaine a refusé de répondre aux questions des journalistes sur ce sujet. Mais la grande majorité des experts, y compris aux États-Unis, estiment que ces recherches enfreignent la

1. *New York Times*, 4 septembre 2001.

Convention. “Quand on est le pays le plus puissant du monde, analyse un diplomate européen, on a des devoirs : dont celui de ne pas mener des recherches secrètes à la limite de ce que permet le traité. Comment ensuite pourrait-on empêcher l'Iran, par exemple, de faire la même chose ?” Le refus d'un régime d'inspection et la poursuite de recherches sur les armes facilitent en effet le travail en ce sens que pourraient poursuivre les États “voyous”, mais aussi la Russie et la Chine. L'attitude américaine surprend d'autant plus que les États dont Washington dénonce publiquement l'effort supposé de recherche d'armes biologiques – Irak, Corée du Nord, Iran, Syrie et Soudan, nommément désignés par le chef de la délégation américaine, John Bolton, dans son discours du 19 novembre – sont à un niveau technologique faible[1]. »

Autre illustration de l'arrogance américaine : à peine arrivé au pouvoir en janvier 2001, le président George W. Bush a annulé unilatéralement le Protocole de Kyoto. Celui-ci prévoit la réduction graduelle et le contrôle international des émissions de CO_2 dans l'atmosphère. On sait que l'air pollué est, chaque année, à l'origine de cancers, de maladies pulmonaires, etc., qui frappent des millions de personnes. 24 % des gaz polluants sont émis à partir du territoire des États-Unis. Une réduction impérative, contrôlée par une instance internationale, induit évidemment des frais pour les sociétés transnationales de l'automobile et de l'industrie pétrolière. D'où la décision de Bush.

Le Protocole de Kyoto a été adopté au Japon le 11 décembre 1997. Jusqu'au 31 décembre 2001, 84 États l'ont signé et 46 l'ont ratifié. Malgré le nombre élevé de signataires – parmi lesquels les principaux États euro-

1. *Le Monde*, 10 décembre 2001.

péens –, le retrait unilatéral américain met en péril la lutte contre l'empoisonnement de l'air par les gaz émis par les industries et les automobiles.

Et qui a oublié qu'en décembre 2001, George W. Bush a unilatéralement annulé le traité de contrôle et de limitation des missiles balistiques intercontinentaux (traité ABM) conclu entre les États-Unis et l'URSS le 26 mai 1972 ? En fidèle serviteur du complexe militaro-industriel américain, il ne tolérait pas les limitations imposées par le traité. Il est vrai que le traité ABM limitait fortement la possibilité de construction d'armements sophistiqués. Il prévoyait que chacun des pays signataires ne pouvait déployer : 1) pas plus de cent missiles intercepteurs, pas plus de cent lanceurs et pas plus de six complexes de radars ayant pour but de protéger sa capitale ; 2) pas plus de cent missiles intercepteurs, pas plus de cent lanceurs et pas plus d'une vingtaine de radars, avec pour objectif de protéger une zone d'implantation de missiles offensifs jugés stratégiques (les missiles intercontinentaux sol-sol) par pays. Or, toutes ces limitations sont insupportables pour les fabricants d'armement américains.

Le matin du 11 septembre 2001, deux avions de ligne américains, pilotés par des terroristes et remplis de passagers et de centaines de tonnes de kérosène, se sont écrasés en moins d'une heure d'intervalle, contre les deux tours du World Trade Center à New York. L'incendie et l'effondrement des tours ont coûté la vie à près de 3 000 personnes issues de 62 nationalités différentes. Au cours de la même matinée, un troisième avion-suicide s'est écrasé sur la partie orientale du Pentagone à Washington, faisant plus d'une centaine de morts. Un quatrième avion détourné s'est abîmé dans un champ de Pennsylvanie, tuant terroristes et passagers.

Ces crimes horribles contre une population innocente doivent être condamnés avec la plus grande énergie. Ils ne sauraient trouver ni excuses ni circonstances atténuantes.

Des fondamentalistes musulmans, des fanatiques du *djihad* contre les Infidèles sont tenus pour responsables de ces massacres. Or, chacun sait bien que le fanatisme religieux, l'intégrisme quel qu'il soit – chrétien, juif, islamique, hindou, etc. – se nourrissent de l'exclusion et de la misère. La lutte contre le terrorisme est donc nécessairement aussi une lutte contre l'extrême pauvreté, le déni de justice, la faim. Quelle est la réponse du président George W. Bush ? Contre le terrorisme, fruit de la misère, il appelle à la guerre, à la restriction des libertés publiques, mais aussi à l'intensification de la privatisation, à l'extension de la libéralisation des marchés, à une réduction encore plus drastique des politiques de redistribution des richesses par les instances publiques.

Le 9 novembre 2001, à Doha, capitale de l'émirat du Qatar, s'est ouverte, devant 2 500 délégués représentant 142 États, la Conférence mondiale du commerce. Dix jours auparavant, le président Georges W. Bush avait tenté de persuader le Congrès américain de voter la loi dite de la *Trade Promotion Authority*[1]. Son argument-choc était le suivant : « Les terroristes ont attaqué le World Trade Center. Nous les vaincrons en élargissant et en encourageant le commerce mondial[2]. » Robert Zoellick, représentant de Bush à l'OMC (Organisation

1. La loi conférant au président la *Trade Promotion Authority* (TPA) limite considérablement le pouvoir du Congrès. Comme par le passé, les députés et les sénateurs seront appelés à ratifier tout accord commercial. Mais la nouvelle loi exclut toute possibilité d'introduire des amendements.

2. Les paroles de Bush et Zoellick ont été rapportées par l'Agence France-Presse, 29 octobre 2001.

mondiale du commerce), appuya son président : « Le libre-échange n'est pas simplement une question d'efficacité économique. Il promeut également les valeurs de la liberté[1]. »

Depuis le déclenchement de la « guerre antiterroriste mondiale », les déclarations de Bush rappellent de bien sinistres souvenirs : soit vous êtes avec nous et donc partisans de la privatisation du monde, soit vous êtes contre nous et nous vous bombarderons.

L'empire américain choisit donc l'affirmation de la suprématie militaire en guise de diplomatie. Conclusion : les dépenses militaires, et donc les profits des sociétés multinationales d'armements explosent. En 2002, les États-Unis, eux, ont dépensé plus de 40 % du montant global des dépenses militaires effectuées dans le monde par l'ensemble des États. En 2003, le budget ordinaire du Pentagone s'élèvera à 379 milliards de dollars. L'augmentation demandée et obtenue par le président Bush en 2002 (pour le budget de 2003) s'élève à 48 milliards de dollars, la plus forte augmentation des dépenses militaires intervenue durant les deux dernières décennies[2].

Un aspect particulier du budget militaire pharaonique proposé par George W. Bush a retenu l'attention des commentateurs : l'une des firmes qui profitera le plus immédiatement et le plus massivement des nouveaux crédits est en effet Carlyle Group, une société particulièrement active dans les secteurs de l'armement lourd, de l'aviation de combat et de la communication militaire. Fonctionnant comme un fonds d'investissement, Carlyle Group détient des parts importantes dans de puissants conglomérats militaro-industriels, comme par exemple

1. *Ibid.*
2. Cf. Agence France-Presse et Reuters, 24 janvier 2002.

Lookheed Martin ou General Dynamics. Ses trois principaux « lobbyistes » (agents d'affaires auprès du Congrès) sont le père du président, George Bush, l'ancien secrétaire d'État, James Baker, et l'ancien secrétaire à la Défense Frank Carlucci. Grâce à Bush junior, tous ces intermédiaires gagneront donc prochainement des dizaines de millions de dollars. Paul Krugman, professeur à Harvard, commente : « Toute cette affaire est légale… mais elle pue[1]. »

Parmi les grands actionnaires de Carlyle Group, figurent des princes de la famille royale saoudienne, mais aussi la famille Ben Laden. En avril 2002, un incident cocasse s'est produit dans un grand hôtel de Genève. Carlyle Group organisait un de ses habituels dîners à l'intention des banquiers privés genevois et de certains de leurs clients triés sur le volet. George Bush père y assistait. Yeslam ben Laden, demi-frère d'Oussama, se présenta à la porte, arguant de sa qualité d'actionnaire et d'une invitation. Paniqués, les gardes lui refusèrent l'entrée[2].

La presse écrite, les chaînes de télévision, les radios et les journaux électroniques américains acceptent sans trop rechigner, et souvent dans l'enthousiasme, la censure imposée par le commandement militaire.

Quant aux victimes, elles périssent dans l'anonymat. Comme ces milliers d'hommes, de femmes et d'enfants des villes et des villages d'Afghanistan morts écrasés sous les bombes américaines entre le 7 octobre et le 31 décembre 2001.

---

1. Paul Krugman, in revue *Cash*, Zurich, 8 février 2002.
2. Cf. Yves Pétignat, « À Genève, Yeslam ben Laden rate son dîner avec George Bush père », *Le Temps*, 18 avril 2002. Yeslam ben Laden – qui s'écrit aussi Binladin – dirige, à Genève, la *Saudi Investment Company* (SICO), la holding financière de sa famille.

À Khost, 150 musulmans en prière ont été tués, ou enterrés vivants, sous les bombes américaines lancées sur la mosquée. Début octobre, et par deux fois consécutives, le gigantesque dépôt central du Comité international de la Croix-Rouge de Kaboul, marqué de la croix rouge sur fond blanc, a été bombardé par l'US Force. 12 millions de rations alimentaires individuelles ont été incendiées. Des responsables du CICR sont persuadés que cette destruction a été intentionnelle. Il s'agissait de priver la population de nourriture afin de l'inciter à se soulever contre le gouvernement des Talibans. Seul le fait que 25 % des contributions au CICR proviennent du gouvernement de Washington empêcha l'organisation d'élever une protestation plus explicite.

Même après l'effondrement du régime des Talibans et l'intronisation à Kaboul du nouveau gouvernement de Hamid Karzaï, à la mi-décembre 2001, les bombardements américains se sont poursuivis. Il s'agissait cette fois-ci de détruire les dépôts d'armes abandonnés par les Talibans. Or, comme plusieurs de ces dépôts se trouvaient dans des bourgs et des villages, ce sont de nouveau les populations civiles qui ont été frappées. Dans la seule première semaine de l'année 2002, les bombardiers B-52 à guidage satellitaire ont ainsi massacré 32 civils dans un village de l'est du pays. Peu auparavant, les mêmes bombardiers avaient incendié un autre bourg, tuant 52 personnes – dont 25 enfants, 10 femmes et 17 paysans[1].

Dans la grande presse américaine, aucun article critique n'a paru sur aucun de ces massacres ou bombardements de terreur.

1. Indications fournies par Eric Falt, directeur du centre d'information de l'ONU, Kaboul. Cf. AFP et Reuter du 4 janvier 2002.

La « coalition antiterroriste mondiale » imposée par l'empire à plus de soixante États génère de gros dividendes. Ainsi, par exemple, l'empire a exigé et obtenu des services de renseignements de ces États de lui livrer toutes les informations dont ils disposent, y compris l'identité des sources.

Par ailleurs, la brutalité la plus extrême trouve sa légitimité dans la « guerre antiterroriste mondiale ». En Turquie, les généraux incendient les villages kurdes par dizaines. En Palestine, le gouvernement Sharon use du terrorisme d'État pour assassiner les résistants arabes et imposer des punitions collectives à la population civile. En Tchétchénie, l'armée russe massacre, torture, viole et pille impunément les habitants de la petite république martyre.

Durant sa campagne d'Afghanistan notamment, l'empire a pratiquement suspendu l'application des Conventions de Genève (dont il est pourtant signataire). Lors de la bataille de Kunduz, en novembre 2001, le ministre de la Défense, Donald Rumsfeld, a refusé par deux fois l'offre de reddition des combattants talibans aux commandants tadjiks, alliés des États-Unis. Rumsfeld demanda qu'ils fussent tués.

Quelle est la définition que l'empire donne des terroristes et du terrorisme ? Elle est d'une touchante simplicité : est considéré comme terroriste tout homme, toute organisation, toute entreprise que nous désignons comme tels. Un éditorialiste suisse, pourtant traditionnellement fermement acquis aux stratégies de l'empire, donne de la situation actuelle ce commentaire inquiet : « La chute du mur de Berlin nous avait privés de nos repères. Le 11 septembre, douze ans plus tard, nous les rend. Mais l'objectif des États-Unis n'est pas vraiment de réduire le terrorisme (c'est impossible, il existera toujours quelque part, songez aujourd'hui aux terrorismes corse, basque, irlandais, américain – les attaques à l'anthrax sont vraisemblablement d'origine yankee –, sans oublier une cinquantaine d'autres tout autour de la terre). D'évidence, l'objectif des États-Unis est plutôt d'utiliser désormais le terrorisme comme un argument moralement et politiquement imparable pour organiser le monde de la manière qui leur convient. Ils l'invoquent pour se démettre unilatéralement des traités qui leur déplaisent, pour imposer leur justice sommaire sur la terre, ou pour écarter des concurrents commerciaux gênants. Un exemple : le Département américain de la défense faisant pression sur les Européens pour qu'ils renoncent à mettre en orbite leur système de navigation par satellites Galileo, sous le prétexte que "l'ennemi terroriste" risquerait de s'en servir, mais, plus vraisemblablement, pour contraindre les Européens à utiliser indéfiniment le GPS *(Global Positioning System)* américain. Le terrorisme a profondément meurtri les États-Unis. Mais cette blessure, habilement exploitée, est en train de leur servir à simplifier le monde, à le réordonner, à ménager leurs intérêts[1]. »

Lors du débat budgétaire au Congrès en 2002 (portant sur le budget militaire de 2003), Donald Rumsfeld énonça une doctrine militaire nouvelle : désormais les forces armées des États-Unis seront capables de mener au moins deux grandes guerres *(full wars)* simultanément sur n'importe quel continent, de contrôler plusieurs guerres mineures *(low intensity wars)* et d'assurer la défense militaire sans faille du territoire national.

Paul Kennedy, professeur d'histoire contemporaine à l'Université de Yale, a analysé cette nouvelle doctrine, les investissements financiers gigantesques qu'elle

1. Claude Monnier, « Ça sert à quoi, la guerre antiterroriste ? », *Le Matin*, Lausanne, 23 décembre 2001.

implique et le savoir technologique dont elle se nourrit. Sa conclusion : *« The eagle has landed »* (« L'aigle a atterri »). En d'autres termes : désormais les États-Unis tiennent fermement la planète dans leurs griffes.

D'autres empires ont tenu entre leurs griffes le monde de leur époque. Tel fut le cas notamment de Rome et de l'empire d'Alexandre. Mais l'empire américain est le premier qui soit parvenu à faire payer ses guerres d'agression par ses alliés et ses victimes. Un exemple parmi d'autres : la guerre du Golfe de 1991.

Plein d'admiration, Paul Kennedy écrit : *« Being the number one at great cost is one thing : being the world's single superpower on the cheap is astonishing »* (« Être le numéro un à grands frais est une chose ; être la seule superpuissance du monde à peu de frais est étonnant »)[1]. Cette performance, ni Rome, ni Sparte, ni Alexandre n'avait réussi à l'accomplir.

Post-scriptum sur l'Europe

Pierre Moscovici a été pendant près de cinq ans un excellent ministre chargé des Affaires européennes dans le gouvernement de Lionel Jospin. Dans son livre *L'Europe, une puissance dans la mondialisation*[2], il conclut : « L'Europe peut devenir une puissance démocratique, pacifique, capable d'organiser la mondialisation. Elle peut aussi régresser vers une zone de libre-échange, sans règles ni légitimité, soumise à la domination du modèle américain. »

1. Paul Kennedy, « The eagle has landed », *The Financial Times*, Londres, 3 février 2002.

2. Paris, Seuil, 2001.

Ce livre a paru en 2001. Entre-temps, la « guerre antiterroriste mondiale » aidant, la deuxième éventualité évoquée par Moscovici est devenue réalité. À dire vrai, elle l'était déjà depuis un certain temps. Aujourd'hui, l'Europe assiste ainsi passivement au martyre des peuples tchétchène, kurde, palestinien et irakien. Hier, elle a volontairement ignoré les appels des nations bosniaque, kosovare et afghane.

Pourtant, grâce aux sociétés transcontinentales privées opérant depuis son territoire, l'Union européenne constitue une puissance économique et commerciale considérable. Mais elle n'a ni politique étrangère cohérente, ni défense crédible. Et certains de ses principaux leaders politiques, comme le premier ministre anglais Tony Blair ou le chancelier allemand Gerhard Schröder, se complaisent dans la servilité à l'égard de l'empire.

III

L'idéologie des maîtres

Guy Debord écrit : « Pour la première fois les mêmes sont les maîtres de tout ce que l'on fait et de tout ce que l'on en dit[1]. »

Les maîtres règnent sur l'univers autant par leurs énoncés idéologiques que par la contrainte économique ou la domination militaire qu'ils exercent. La figure idéologique qui guide leur pratique porte un nom anodin : « Consensus de Washington. » Il s'agit d'un ensemble d'accords informels, de *gentleman agreements*, conclus tout au long des années quatre-vingt et quatre-vingt-dix entre les principales sociétés transcontinentales, banques de Wall Street, Federal Reserve Bank américaine et organismes financiers internationaux (Banque mondiale, Fonds monétaire international, etc.).

En 1989, John Williamson, économiste en chef et vice-président de la Banque mondiale, formalisa le « consensus ». Ses principes fondateurs sont applicables à n'importe quelle période de l'histoire, à n'importe quelle économie, sur n'importe quel continent. Ils visent à obtenir, le plus rapidement possible, la liquidation de toute instance régulatrice, étatique ou non, la libéralisa-

1. Guy Debord, *Panégyrique*, Paris, éditions Gérard Lebovici, 1989.

tion la plus totale et la plus rapide possible de tous les marchés (des biens, des capitaux, des services, des brevets, etc.) et l'instauration à terme d'une *stateless global governance*, d'un marché mondial unifié et totalement autorégulé[1].

Le Consensus de Washington vise à la privatisation du monde[2]. Voici les principes sur lesquels il repose.

1. Dans chaque pays débiteur, il est nécessaire d'engager une réforme de la fiscalité selon deux critères : abaissement de la charge fiscale des revenus les plus élevés afin d'inciter les riches à effectuer des investissements productifs, élargissement de la base des contribuables ; en clair : suppression des exceptions fiscales pour les plus pauvres afin d'accroître le volume de l'impôt.
2. Libéralisation aussi rapide et complète que possible des marchés financiers.
3. Garantie de l'égalité de traitement entre investissements autochtones et investissements étrangers afin d'accroître la sécurité et, donc, le volume de ces derniers.
4. Démantèlement, autant que faire se peut, du secteur public ; on privatisera notamment toutes les entreprises dont le propriétaire est l'État ou une entité para-étatique.

1. Le concept de *stateless global governance* a été conçu par les théoriciens de la société de l'information, tels Alvin Toffler et Nicholas Negroponte. (Voir en particulier leurs ouvrages respectifs, *Les Nouveaux Pouvoirs*, Fayard, 1991, et *L'Homme numérique*, Laffont, 1995.) Il a ensuite été repris par les auteurs de l'école monétariste de Chicago.

2. Sur la genèse du Consensus de Washington, cf. Michel Beaud, *Mondialisation, les mots et les choses*, Paris, éditions Karthala, 1999 ; Robert Reich, *L'Économie mondialisée*, Paris, Dunod, 1993 (traduit de l'américain).

5. Dérégulation maximale de l'économie du pays afin de garantir le libre jeu de la concurrence entre les différentes forces économiques en présence.

6. Protection renforcée de la propriété privée.

7. Promotion de la libéralisation des échanges au rythme le plus soutenu possible, l'objectif étant la baisse des tarifs douaniers de 10 % par an.

8. Le libre commerce progressant par les exportations, il faut, en priorité, favoriser le développement de ceux des secteurs économiques qui sont capables d'exporter leurs biens.

9. Limitation du déficit budgétaire.

10. Création de la transparence du marché : les subsides d'État aux opérateurs privés doivent partout être supprimés. Les États du tiers-monde qui subventionnent, afin de les maintenir à bas niveau, les prix des aliments courants, doivent renoncer à cette politique. En ce qui concerne les dépenses de l'État, celles qui sont affectées au renforcement des infrastructures doivent avoir la priorité sur les autres.

La revue britannique *The Economist* n'est pas exactement un brûlot révolutionnaire. Pourtant son commentaire sur le Consensus de Washington est plein d'ironie : *« Anti-globalists see the Washington Consensus as a conspiracy to enrich bankers. They are not entirely wrong »* (« Les anti-mondialistes tiennent le Consensus de Washington pour une conspiration destinée à enrichir les banquiers. Ils n'ont pas tout à fait tort »)[1].

Figure singulière de la raison discursive aux racines historiques lointaines, le néo-libéralisme prétend traduire en termes symboliques les « lois naturelles »

1. « A plague of finance », *The Economist*, Londres, 29 septembre 2001, p. 27.

gouvernant l'événementialité économique. Pierre Bourdieu le définit ainsi : « Le néo-libéralisme est une arme de conquête. Il annonce un fatalisme économique contre lequel toute résistance paraît vaine. Le néo-libéralisme est pareil au sida : il détruit le système immunitaire de ses victimes[1]. »

Encore Bourdieu : « Le fatalisme des lois économiques masque en réalité une politique, mais tout à fait paradoxale, puisqu'il s'agit d'une politique de dépolitisation ; une politique qui vise à conférer une emprise fatale aux forces économiques en les libérant de tout contrôle et de toute contrainte en même temps qu'à obtenir la soumission des gouvernements et des citoyens aux forces économiques et sociales ainsi libérées [...]. De toutes les forces de persuasion clandestine, la plus implacable est celle qui est exercée tout simplement par l'ordre des choses[2]. »

Dans l'histoire des idées, cette idéologie des maîtres constitue une formidable régression. La vie, décidément, relèverait de la fatalité ? Le mensonge est gros, mais utile : il permet aux nouveaux maîtres du monde de masquer leurs responsabilités dans ce qu'il advient aux peuples qu'ils oppriment.

Bourdieu précise : « Tout ce que l'on décrit sous le nom à la fois descriptif et normatif de “mondialisation” est l'effet non d'une fatalité économique, mais d'une politique consciente et délibérée, celle qui a conduit les gouvernements libéraux ou même sociau-démocrates d'un ensemble de pays économiquement avancés à se

1. Pierre Bourdieu, « Politik ist entpolitisiert », entretien in *Der Spiegel*, Hambourg, n° 29, 2001.

2. Pierre Bourdieu, *Contre-feux*, vol. 2, Paris, éditions Raisons d'agir, 2001.

déposséder du pouvoir de contrôler les forces économiques […][1]. »

L'idéologie des maîtres est d'autant plus dangereuse qu'elle se réclame d'un rationalisme rigoureux. Elle procède d'un tour de passe-passe visant à faire croire à une équivalence entre rigueur scientifique et rigueur des « lois du marché ». « L'obscurantisme est de retour. Mais cette fois-ci nous avons affaire à des gens qui se recommandent de la raison », constate Bourdieu[2].

À cette pseudo-rationalité s'ajoute un autre danger : en se réfugiant derrière des « lois du marché » aveugles et anonymes, la dictature du capital impose la vision d'un monde clos et désormais immuable. Elle récuse toute initiative humaine, toute action historique issues de la tradition subversive du non encore existant, de l'inachevé, en bref : de l'utopie.

Elle exclut l'avenir.

À y regarder de plus près, l'idéologie néo-libérale s'abolit finalement elle-même en tant qu'idéologie, puisqu'elle se veut simple transcription des prétendues « lois » gouvernant – de tout temps et pour toujours – le devenir économique.

Genève est une petite république que j'aime. J'y vis depuis près de quarante ans. Mais certains de mes livres, de mes interventions publiques (au Parlement de la Confédération, à la télévision) ont profondément choqué les banquiers privés genevois. Malgré nos divergences, parfois, certains liens personnels persistent. Récemment, je suis monté dans le dernier train relayant Berne à Genève. Un train de nuit, peu fréquenté. Un banquier privé, calviniste, coincé comme dans une camisole de

1. *Ibid.*
2. Entretien avec Isabelle Rueff, Radio Suisse Romande, 31 janvier 1999.

force dans son austère tradition familiale, m'aperçoit, s'assure que personne d'autre ne se trouve dans le wagon et me fait un signe discret. Je m'assieds en face de lui. Nous discutons de la situation en République démocratique du Congo après le décès de Laurent Kabila. Je viens de rencontrer, quelques jours auparavant, à l'hôtel Président de Genève, son successeur et fils, Joseph Kabila.

Le banquier : « Tu as vu le jeune Kabila ?

– Oui.

– Quelle est la situation au Congo ?

– Terrible. Les épidémies, la faim sont de retour à Kinshasa. Entre 1997 et 2000, plus de 2 millions de civils ont péri. De la misère, de la guerre. L'État n'a plus un sou en caisse.

– Je sais. Un de mes frères est missionnaire là-bas… Il me décrit la situation, elle est affreuse. »

J'attaque de front : « Mobutu a transféré plus de 4 milliards de dollars sur ses comptes en Suisse. On me dit qu'une partie du butin est dans ta banque.

– Tu sais bien que je ne peux pas te répondre. Secret bancaire… Mais entre toi et moi : Mobutu était un salaud. Mon frère dit que le pillage sous Mobutu est largement responsable de la misère actuelle. »

Le train a, depuis longtemps, dépassé Romont. Les lumières du Lavaux scintillent au-dessus du Léman. Je pousse mon avantage : « Mais alors, pourquoi tu ne rends pas purement et simplement au jeune Kabila cet argent volé ? Tu sais bien qu'il n'a pas les moyens de mener des procès en restitution devant les tribunaux suisses… »

Mon banquier reste songeur. Les lumières défilent devant les vitres mouillées. Puis, d'une voix ferme : « Impossible ! On ne peut intervenir dans les flux de capitaux. »

Les circuits de migration des capitaux ? La distribution planétaire des biens ? La succession dans le temps des révolutions technologiques et des modes de production ? On peut les observer, on ne saurait prétendre en changer le cours. Car tout cela tient de la « nature » de l'économie. Comme l'astronome qui observe, mesure, analyse les mouvements des astres, les dimensions changeantes des champs magnétiques ou la naissance et la destruction des galaxies, le banquier néo-libéral regarde, commente, soupèse les migrations compliquées des capitaux et des biens. Intervenir dans le champ économique, social ou politique ? Vous n'y pensez pas, monsieur ! L'intervention n'aboutirait au mieux qu'à la perversion du libre épanouissement des forces économiques, au pire à leur blocage.

La naturalisation de l'économie est l'ultime ruse de l'idéologie néo-libérale.

Et cette naturalisation induit de nombreux méfaits. Notamment, par réflexe d'autodéfense et de repli, la naissance ou le développement de mouvements « identitaires » dans de nombreuses collectivités. De quoi s'agit-il ? De tous les mouvements dont les acteurs ne se définissent que par certaines qualités objectives partagées, propres à leur servir de bouclier, de motif de distinction, de thème de résistance : l'ethnie, la tribu, le clan, la communauté d'origine, la religion, etc. Le SDS (Serpska Demokratska Stranka), parti des Serbes de Bosnie, l'Opus Dei d'origine espagnole, la Fraternité d'Écône (en Valais) de l'extrême droite catholique, le Hamas palestinien, le FIS algérien, le mouvement du défunt rabbin Meir Kahane en sont des exemples.

Le cumul des appartenances culturelles singulières dans une société, de même que les appartenances multiples de chacun en son sein, constitue la grande richesse des sociétés démocratiques : la terreur mono-identitaire détruit cette richesse et ces sociétés[1]. Or, soumis à l'implacable enseigne de la mondialisation, l'homme qui refuse d'être assimilé à une simple information sur un circuit quelconque se cabre, se dresse, se révolte. Avec les débris de ce qui lui reste d'histoire, de croyances anciennes, de mémoire, de désirs présents, il se bricole une identité où s'abriter, se protéger de la destruction totale. Une identité communautaire groupusculaire, d'origine parfois ethnique, parfois religieuse, mais presque toujours productrice de racisme. Ce bricolage, fruit du désarroi, donne prise aux manipulations politiques. Sous prétexte d'autodéfense, il légitime la violence. La mono-identité est l'exact contraire d'une nation, d'une société démocratique, d'un être social vivant, né de la capitalisation des appartenances et des héritages culturels divers, librement assumés. Sous l'effet de la privatisation du monde et de l'idéologie néolibérale qui la fonde, la société meurt peu à peu. Alain Touraine recourt à cette image saisissante : « Entre le marché planétaire et globalisé et les myriades de mouvements identitaires naissant sur ses marges, il existe un grand trou noir. Dans ce trou risquent de tomber la volonté générale, la nation, l'État, les valeurs, la morale publique, les relations intersubjectives, en bref : la société[2]. »

Toute idéologie assume une double fonction : elle doit signifier le monde et permettre à chacun de dire sa place dans le monde. Elle est donc à la fois explication totalisante de la réalité et structure motivationnelle des acteurs singuliers.

1. Voir à ce sujet Amin Maalouf, *Les Identités meurtrières*, Paris, Grasset, 1998.

2. Conversation avec Alain Touraine.

La façon dont les seigneurs du capital mondialisé se représentent leur pratique ne constitue évidemment pas une théorie scientifique de cette pratique. Si c'était le cas, elle les priverait de tout moyen d'exercer cette pratique puisqu'elle dirait non seulement à quel marché celle-ci s'adresse, combien d'emplois elle implique, ce qu'elle rapporte et comment elle l'emporte en avantages sur celle de ses concurrents, mais encore comment elle fonctionne, à qui elle profite, qui elle exploite, qui elle tue, combien elle pollue, qui elle trompe éventuellement sur ses objectifs. Personne ne marcherait ! Au contraire, l'oligarchie produit des explications qui donnent de sa pratique des explications partielles ou carrément mensongères, destinées à lui permettre de continuer à l'exercer tout en la légitimant comme logique, innocente, naturelle, inévitable, au service de l'humanité tout entière. L'idéologie des dominants, si elle s'impose aux dominés ne ment donc pas seulement à ceux-ci : elle mystifie aussi ceux qui la propagent. Et il n'est pas rare que les principaux protagonistes de la mondialisation croient eux-mêmes à leur mission bienfaisante. Quoi qu'il en soit, la pratique réelle de l'oligarchie sous le règne de laquelle opère la mondialisation est jugée *bonne* à partir de paramètres fournis par des énoncés faux.

Idéologie noble ! Le néo-libéralisme opère en se servant du mot « liberté ». Foin des barrières, des séparations entre les peuples, les pays et les hommes ! Liberté totale pour chacun, égalité des chances et perspectives de bonheur pour tous. Qui n'y adhérerait ? Qui ne serait séduit par d'aussi heureuses perspectives ?

La justice sociale, la fraternité, la liberté, la complémentarité des êtres ? Le lien universel entre les peuples, le bien public, l'ordre librement accepté, la loi qui libère, les volontés impures transfigurées par la règle commune ? De vieilles lunes ! D'archaïques balbutiements qui font sourire les jeunes et efficaces managers des banques multinationales et autres entreprises globalisées !

Le gladiateur devient le héros du jour. Tous les efforts des civilisations passées avaient pourtant consisté à domestiquer, à pacifier les instincts guerriers, violents et destructeurs des hommes ; à tisser des liens de solidarité, de complémentarité et de réciprocité. Autrement dit, en promouvant le gladiateur comme modèle social et en glorifiant la concurrence à outrance entre les êtres, les pirates de Wall Street et leurs mercenaires de l'OMC et du FMI traitent comme quantité négligeable des millénaires de patients efforts civilisateurs.

« Le bonheur du faible est la gloire du fort », annonce Lamartine dans ses *Méditations poétiques*, en 1820. Balivernes que tout cela ! Pour les forts (mais aussi pour les faibles qui rêvent de les rejoindre), le bonheur réside désormais dans la solitaire jouissance d'une richesse gagnée par l'écrasement d'autrui, par la manipulation boursière, par la fusion d'entreprises toujours plus gigantesques et l'accumulation accélérée de plus-values d'origines les plus diverses. Dernière invention en date de la société de la cupidité : breveter le vivant. Il s'agit désormais de s'assurer l'exclusivité de l'utilisation et de la commercialisation de telle ou telle plante exotique, de telle ou telle substance vivante et de telle ou telle structure cellulaire. Le nouveau filon jusqu'ici ignoré est gage d'une chance d'enrichissement sans limite.

Pour les pays du Sud où vivent 81 % des 6,2 milliards d'êtres qui peuplent aujourd'hui la terre, mais aussi pour ceux du Nord, l'ère de la jungle a commencé.

Margaret Thatcher, premier ministre de Grande-Bretagne, aimait prêcher aux ecclésiastiques. Devant les évêques et diacres de la Church of Scotland, elle dit, le

21 mai 1998 : *« If a man will not work, he shall not eat »* (« Quiconque ne travaille pas n'a pas le droit de manger ».), citant une exhortation de l'apôtre Paul adressée aux chrétiens de Thessalonique.

Paul vivait au Ier siècle après Jésus-Christ. Au XXIe siècle, les oligarchies capitalistes règnent sur la planète. Elles organisent le chômage de masse. 900 millions d'adultes sont aujourd'hui en permanence privés de travail[1]. Pour eux, le précepte avancé par la sinistre Margaret équivaut à une condamnation à mort.

Dans un autre de ses discours, Margaret Thatcher dit : « Il n'y a pas de société, il n'existe que des individus[2]. » Rarement la superbe néo-libérale ne fut exprimée avec une arrogance plus tranquille.

Pratiquement tous les théorèmes sur lesquels repose l'idéologie de la mondialisation sont contredits par la réalité. En voici quelques exemples.

1. *La mondialisation profite à tous*. Selon les pharaons et leurs séides, les intellectuels du World Economic Forum, il suffirait de privatiser la planète, d'abolir toute norme sociale contraignante, et d'instaurer la *stateless global governance* pour que disparaissent à tout jamais les inégalités et la misère. En réalité, les maîtres du capital financier accumulent des fortunes personnelles comme aucun pape, aucun empereur, aucun roi ne l'ont jamais fait avant eux.

C'est ainsi que les 225 patrimoines privés les plus élevés du monde atteignent, pris ensemble, 1 000 mil-

---

1. Voir Juan Somavia, directeur général de l'Organisation internationale du travail (OIT), *Réduire le déficit du travail décent*, rapport à la 89e Conférence internationale du travail, Genève, 5-21 juin 2001.

2. Margaret Thatcher, *The Collected Speeches of Margaret Thatcher*, Robin Harris Ed., Londres, Robson Book Ltd, 1997.

liards de dollars. Cette somme correspond au revenu annuel cumulé des 2,5 milliards de personnes les plus pauvres de la planète, soit 47 % de la population totale.

Les valeurs patrimoniales détenues par les 15 personnes les plus riches de la terre sont supérieures au produit intérieur brut (PIB) de tous les États au sud du Sahara, à l'exception de l'Afrique du Sud.

Le chiffre d'affaires de General Motors dépasse le PIB du Danemark, celui d'Exxon Mobil le PIB de l'Autriche.

Les ventes de chacune des 100 sociétés transnationales privées les plus puissantes du monde dépassent la totalité des exportations de l'ensemble des 120 pays les plus pauvres.

Les 200 plus puissantes sociétés multinationales contrôlent 23 % du commerce mondial[1].

Où que l'on regarde, l'inégalité la plus criante est la règle. Dans mon pays, la Suisse, 3 % des contribuables disposent d'une fortune personnelle qui est égale à celle des 97 % restants. Les 300 personnes les plus riches cumulent ensemble un patrimoine de 374 milliards de francs. En 2001, les 100 habitants les plus riches ont connu un accroissement de leur fortune de 450 %[2].

Au Brésil, 2 % des propriétaires fonciers détiennent 43 % des terres arables. 4,5 millions de familles de paysans sans terre – humiliées et misérables – errent sur les routes de cet immense pays[3].

1. On trouvera ces chiffres dans le *Rapport sur le développement humain, Human Development Report 2000*, *op. cit.*

2. Voir Ueli Maeder et Elisa Streuli, *Reichtum in der Schweiz*, Zurich, Verlag Rotpunkt, 2002.

3. *Sem Terra*, São Paulo, n° 8, 1999. Cette revue est éditée par le Movimento dos Trabalhadores Rurais Sem Terra (MST).

En 2002, 20 % de la population du monde accapare plus de 80 % de ses richesses, possède plus de 80 % des voitures en circulation et consomme 60 % de l'énergie. Les autres, plus d'un milliard d'hommes, de femmes et d'enfants, doivent se partager 1 % du revenu mondial.

Entre 1992 et 2002, le revenu par tête d'habitant a chuté dans 81 pays. Dans certains pays – par exemple au Rwanda –, l'espérance de vie est de moins de 40 ans. En Afrique, elle est en moyenne (hommes et femmes confondus) de 47 ans. En France, de 74 ans. Dans le tiers-monde, la pauvreté fait des progrès foudroyants : en une seule décennie, le nombre des « extrêmement pauvres » a augmenté de près de 100 millions[1].

L'inégalité croissante qui régit la planète est avant tout le fait d'une mauvaise répartition du pouvoir d'achat. Un de ses aspects les plus douloureux est l'inégalité devant la santé. Les pays du tiers-monde, qui abritent 85 % de la population de la planète, ne constituent que 25 % du marché pharmaceutique mondial.

Entre 1975 et 1996, les laboratoires pharmaceutiques ont développé 1 223 nouvelles molécules. Seules 11 d'entre elles concernaient le traitement des maladies tropicales. Or le paludisme, la tuberculose, la maladie du sommeil, le Kala-azar (fièvre noire) sont des maladies extrêmement destructrices et douloureuses. La plupart d'entre elles avaient pratiquement disparu durant les années 1970-1980 grâce, entre autres, aux grandes campagnes intercontinentales d'éradication et de prévention menées par exemple par l'OMS. Elles sont

1. Banque mondiale, *Global Economic Prospects and the Developing Countries*, Washington, 2000 ; en 1990, il y a eu sur terre – selon les critères appliqués par la Banque elle-même – 2,718 milliards de personnes extrêmement pauvres ; en 1998, ce chiffre a été de 2,801 milliards.

aujourd'hui de retour : la maladie du sommeil a tué plus de 300 000 personnes en 2001, la tuberculose 8 millions. En 2001, un enfant mourait toutes les 30 secondes du paludisme.

Les anciens médicaments n'agissent pratiquement plus contre le paludisme, les agents transmetteurs étant devenus résistants. Pour les populations les plus démunies d'Afrique et d'Asie, les nouveaux remèdes sont hors de prix. 40 % de la population du monde, habitant plus d'une centaine de pays, sont aujourd'hui menacés par le paludisme.

Plus de 25 millions d'Africains, dont des enfants en bas âge, sont infectés par le virus du sida. Alors que 2,5 millions d'entre eux ont un besoin immédiat de remèdes antirétroviraux, seuls 1 % y ont accès.

Au Brésil, en Inde, au Bangladesh et au Népal, le Kala-azar ou fièvre noire fait annuellement plus de 500 000 victimes. En Europe, la maladie a fait 1 000 victimes en 2001. Un traitement efficace existe depuis cinquante ans, mais la plupart des victimes de l'hémisphère sud n'y ont pas accès.

La même chose est vraie pour le parasite nommé Trypanosome, transmis par la mouche tsé-tsé. Il s'introduit dans le cerveau et cause la mort. Il est vaincu dans les pays à revenu élevé, mais il tue sans retenue dans les pays du tiers-monde[1].

2. *La globalisation des marchés financiers unifie la planète.* Sur une terre désormais sans frontières, les hommes voyageraient sans entraves. Les idées s'y

1. Médecins sans frontières, *Campagne pour l'accès aux médicaments essentiels*. Parmi les publications du groupe de travail international de MSF, voir notamment : *Recherche médicale en panne pour les maladies des plus pauvres*, Genève, 2002.

échangeraient librement. Mais quelle est la réalité vécue quotidiennement par ces hommes ?

Je me souviens d'un bel après-midi d'automne, il y a dix ans, dans l'appartement tranquille, surplombant la place du Panthéon, à Paris, où habite et travaille Max Gallo. De l'autre côté de la baie vitrée où venaient se briser les derniers rayons du soleil, se dresse le mur oriental du temple où reposent les philosophes des Lumières et quelques-uns des acteurs de la Révolution française. Max Gallo est non seulement un écrivain prométhéen, mais également un historien érudit, fin et passionné. Nous nous affrontions depuis plus d'une heure déjà. Je lui reprochais son ethnocentrisme d'intellectuel européen blanc, bien nourri et maître de son destin. Lui ne supportait plus ce qu'il appelait mon arrogance de prédicateur luthérien, ma naïveté de tiers-mondiste obtus. Tout à coup, il me dit : « L'histoire du monde ? Tu veux savoir où elle se déroulera à l'avenir ? Dans un étroit triangle qui s'étendra entre Tokyo, New York et Stockholm. C'est là que se décidera le destin des hommes. Nulle part ailleurs. »

La prophétie de Gallo s'est aujourd'hui réalisée. La mondialisation n'a pas mondialisé le monde. Elle l'a fractionné.

Une frontière de miradors, de barbelés et de chicanes innombrables de 3 200 kilomètres séparent les États-Unis du Mexique. Selon les chiffres officiels publiés par les *Boarder Guards* américains, 491 personnes sont mortes sur cette frontière en 2000. Durant le premier trimestre 2001, 116 avaient déjà péri. La plupart des réfugiés de la faim se noient dans les eaux tourmentées du Rio Bravo, meurent de soif dans le désert de l'Arizona ou sont abattus par les gardes-frontières ou les policiers du Texas.

Par milliers, chaque mois, des familles de réfugiés birmans, chinois, cambodgiens se heurtent aux nids de mitrailleuses de la police des frontières de Singapour.

Des montagnes du Kurdistan irakien, turc ou iranien, des bidonvilles sordides de Minsk, Karachi ou Kiev, des mouroirs de Moldavie, des centaines de milliers de familles tentent chaque année de rejoindre les cités prospères d'Europe occidentale. Certains, parfois, par miracle, y parviennent.

Des terres d'Afrique noire, un flot presque ininterrompu de gueux se déverse dans le Sahara. Leur rêve ? Atteindre les rives de la Méditerranée, puis l'Europe. Beaucoup périssent dans le détroit de Gibraltar[1].

Environ 50 000 gueux tentent tous les ans la traversée du désert du Ténéré, afin de pénétrer clandestinement soit en Libye, soit en Algérie. Il y a là des hommes de tous âges, des femmes aussi, et des adolescents. Ils partent d'Agadez, l'antique capitale du nord du Niger, sur des camions branlants où s'entassent près de 100 personnes. On appelle ces véhicules les « camions-cathédrales », tant il faut d'art pour entasser en une pyramide fragile la centaine de passagers qui y prennent place. D'Agadez à Dirkou, dans l'extrême nord du Niger, le camion roule pendant quatre jours. Il avance sous une chaleur incandescente, à travers un paysage de rocs et de sables où ne pousse pas le moindre brin d'herbe.

De Dirkou jusqu'à Tummon, sur la frontière libyenne, la piste est pire encore. Le camion roule pendant trois ou quatre jours de plus, et à ce stade du voyage sa cargaison humaine est proche de l'agonie. L'autre piste, celle qui passe par la ville minière d'Arlit, puis bifurque en direction de l'ouest, vers Assamaka et la frontière algérienne,

1. Voir Ali Bensaad, « Voyage au bout de la peur avec les clandestins du Sahel », *Le Monde diplomatique*, septembre 2001.

n'est guère plus praticable. Là aussi des fosses remplies de cadavres s'étendent des deux côtés de la piste.

La moindre panne est fatale. Les réserves d'eau – quelques gourdes suspendues au-dessous du pont du camion – sont rationnées au strict minimum. Afin de gagner le plus d'argent possible, le passeur réduit tant que faire se peut la charge d'eau, de pain, de bagages. Il préfère entasser des êtres humains dûment tarifés.

En mai 2001, une caravane de Touaregs a découvert, au nord du Ténéré, un charnier de 141 voyageurs. 60 étaient des Nigériens, les autres venaient du Ghana, du Nigeria, du Cameroun, de Côte-d'Ivoire. Leur camion-cathédrale s'était écroulé, vaincu par une termitière sur un plateau de sel. Pas âme qui vive à 300 kilomètres à la ronde. Combien de temps a duré l'agonie ? Plusieurs jours sûrement, puisque les corps ont été trouvés loin aux alentours.

Au début de l'hivernage 2001, j'ai débarqué à Niamey. Pendant mon séjour, la radio mentionnait chaque semaine un accident ou un drame dans le désert. Un des thèmes récurrents à ce sujet concernait les prix exorbitants prélevés par les passeurs : 50 000 francs CFA en moyenne, par personne (80 euros). La piste, surtout au sortir d'Agadez, est constellée de barrages. Soldats et policiers prélèvent leur dîme au passage des pauvres.

Les tragédies freinent-elles l'exode ? Pas le moins du monde. La faim et le désespoir sont des maîtres impitoyables. Ils fouettent les corps, excitent les rêves, jettent sur les pistes. Depuis 1999, le nombre des fuyards du Ténéré a triplé.

J'ai parlé du Ténéré, du désert de l'Arizona et des barbelés de Singapour. Je pourrais parler tout aussi bien des rues de ma ville. Plusieurs milliers de clandestins – des « sans papiers » – vivent à Genève. Ils viennent du

Pérou, de Colombie, du Tchad, du Brésil, du Kosovo, du Kurdistan, d'Irak, de Palestine… Le gouvernement leur refuse tout statut. La police les traque. Leur crime ? Ils risquaient de crever de faim chez eux. Certains sont venus à Genève avec leur famille, leurs enfants. D'autres sont venus seuls. Travaillant au noir 14 ou 15 heures par jour, ils tentent de gagner un peu d'argent pour aider leurs parents, leurs enfants prisonniers des bidonvilles de Mossoul ou de Lima. La crainte de l'arrestation et de l'expulsion, l'angoisse de ne pouvoir aider leurs proches les tenaillent. Les Genevois, qui croient vivre dans une démocratie exemplaire, les croisent sans les voir.

La plupart des hommes du tiers-monde subissent aujourd'hui les affres de l'enfermement territorial. Leur pays devient leur prison. Comme les serfs du Moyen Âge, ils sont rivés à la glèbe. Ils ne peuvent plus quitter leur pays d'origine, quelles que soient la faim et la misère extrême qui y règnent.

Au Brésil du Nord, il existe une expression pour désigner les fuyards de la misère : *« os flagelados »*, ceux qui sont anéantis par le fléau. Pour les *flagelados* du monde entier, la fuite vers des pays où la vie paraît possible est aujourd'hui interdite.

Le droit à la migration est pourtant inscrit dans la Déclaration universelle des droits de l'homme que pratiquement tous les pays ont proclamée. La privatisation de la planète est synonyme d'exclusion et d'enfermement territorial pour les pauvres.

3. *La paix du monde est garantie par le commerce mondial.* La liberté et la tranquilité des hommes seraient assurées par le commerce globalisé et libéré de toute entrave, si l'on en croit les maîtres du monde. Qu'en est-il en réalité ?

Il est vrai que le commerce mondial se développe à une vitesse impressionnante. En 2000, la valeur totale des exportations de marchandises a atteint 6 200 milliards de dollars, soit un accroissement de 12,4 % par rapport à l'année précédente. Ces exportations de marchandises ont progressé, pour la deuxième année consécutive, plus rapidement que les exportations de services – qui, de leur côté, ont augmenté de 5 % pour s'établir à 1 400 milliards de dollars. À côté des combustibles (10 % du commerce mondial, le prix réel du pétrole ayant atteint son plus haut niveau depuis 1985), le secteur de l'information et des télécommunications a été l'un des plus dynamiques, en dépit de la décélération de la « nouvelle économie » au dernier trimestre 2000 : accroissement de 37 % des ventes de semi-conducteurs, de 46 % des téléphones mobiles, de 15 % des ordinateurs personnels. L'OMC avait alors parlé d'une « explosion de la demande[1] ».

Oui, le commerce se développe considérablement à l'échelle mondiale. Mais l'Europe occidentale, à elle seule, contrôle plus du 40 % des flux.

Les seigneurs prétendent qu'aucune dictature, aussi féroce et efficace soit-elle, ne résisterait au libre commerce. Une tyrannie ne pourrait survivre que dans l'autarcie économique et dans l'isolement. L'ouragan de la liberté abattrait la forteresse. De même pour les guerres : elles ne pourraient se poursuivre que si l'abîme de la haine entre les ennemis restait inextinguible, les échanges, le commerce instituant comme par nature une communauté d'intérêts. Les marchands seraient ainsi des princes de la paix.

Commissaire au commerce extérieur de l'Union européenne, Pascal Lamy écrit : « […] je répondrai ce qui,

1. *Rapport annuel 2000 de l'OMC*, Genève, 2001.

après mure réflexion, est devenue une conviction : un pays commercialement plus ouvert devient nécessairement moins répressif[1] ».

Mais regardons autour de nous : l'économie globalisée, la liberté du commerce et l'instauration progressive d'un marché mondial unique font-elles donc tomber les despotes ? Empêchent-elles les guerres ? C'est le contraire qui se produit.

Regardons d'abord du côté des despotes.

Du fait de ses mines d'aluminium à Fria, la République de Guinée-Conakry est un des pays du tiers-monde les plus solidement intégrés dans le commerce mondialisé[2].

Un général falot tyrannise le pays. Son nom ? Lansana Conté. Il témoigne d'un sain mépris face aux exigences de l'État de droit. Il proclame : « Les droits de l'homme ? Je ne sais pas ce que c'est[3] ! »

À N'Djamena, au Tchad, l'actuel président de la République fait torturer – généralement jusqu'à ce que mort s'ensuive – ses prisonnières et prisonniers politiques dans les sous-sols de son palais. Idriss Déby ne fait là que poursuivre une belle tradition initiée par son prédécesseur, le général et président déchu Hissène Habré. Inculpé pour crimes contre l'humanité par le juge d'instruction de Dakar, la procédure a été ultérieurement interrompue. Aujourd'hui, Habré et sa cour jouissent d'une retraite heureuse sur la Corniche.

Idriss Déby est un élève modèle des seigneurs. Il applique scrupuleusement les programmes d'ajustement

1. Pascal Lamy, *L'Europe en première ligne*, Paris, Seuil, 2002, p. 30.

2. Voir p. 256 *sq*.

3. Lansana Conté, in *Jeune Afrique – L'Intelligent*, 29 mai 2001, p. 21.

structurel successifs du FMI et paie rubis sur l'ongle les intérêts et les amortissements de la dette. Il a totalement libéralisé le marché intérieur, adapté la fiscalité aux exigences des sociétés transnationales, privatisé le secteur public et promulgué un code de l'investissement qui fait soupirer d'aise les capitalistes étrangers.

La Banque mondiale le récompense royalement. Elle a engagé au Tchad son plus gros investissement de tout le continent, finançant notamment la mise en valeur des champs pétroliers de Doba et un oléoduc de 1 000 kilomètres à travers la forêt camerounaise, jusqu'à l'Atlantique[1].

Au Togo, le général Gnassimbé Eyadéma, président honoré de l'Organisation de l'unité africaine (OUA), fait jeter des étudiants menottés vivants des hélicoptères dans la lagune de Bé, à Lomé. Grâce à son armée tribale, recrutée majoritairement dans sa propre ethnie, les Kabyies, Eyadéma se maintient au pouvoir absolu depuis 1967.

Le rapport de la Commission internationale d'enquête de l'ONU et de l'OUA sur la situation au Togo, publié le 22 février 2001, conclut à « l'existence d'une situation de violations systématiques des droits de l'homme ». Il dénonce des crimes de torture, de viol et d'exécutions extrajudiciaires. Il relève également de nombreux cas de disparitions, d'arrestations et de mises en détention arbitraires, ainsi que les conditions inhumaines réservées à certains détenus.

Au Cameroun, le président Paul Byha a créé, en février 2000, un « Commandement opérationnel des forces spéciales de sécurité ». Selon le cardinal Tumi, archevêque de Douala, ce « commandement » a assassiné, entre février 2000 et février 2001, plus de

1. Voir p. 217 *sq*.

500 jeunes gens soupçonnés de « menées oppositionnelles contre le régime[1] ».

Et que dire de la Chine ? Dans cet immense pays de plus de 1,2 milliard d'habitants, un parti unique corrompu et totalitaire tyrannise le peuple. En même temps, les bureaucrates au pouvoir ont libéralisé à outrance l'économie, bradé les richesses, créé des « zones de libre production[2] », compressé les salaires et créé une fiscalité de rêve pour le capital étranger.

La spéculation immobilière la plus sauvage ravage Pékin, Canton, Shanghai. Dans les campagnes, des centaines de millions de familles souffrent de sous-nutrition, tandis que les nababs rouges accumulent d'immenses fortunes personnelles.

En Chine, le taux de croissance a été de 6 % en 2000. En novembre 2001, le pays a été admis à l'OMC.

La liste des régimes meurtriers qui ravagent notre planète, prétendument unifiée et réformée par la privatisation et le libre flux des capitaux et des marchandises, est fort longue. De l'Ouzbékistan à l'Irak, du Honduras au Tadjikistan, de la Géorgie à la Birmanie, du Burkina-Faso au Liberia, de la Chine à la Corée du Nord, les despotes prospèrent.

Qu'en est-il des carnages, des massacres et des boucheries fratricides sur les continents touchés par la grâce de la privatisation et de la libéralisation ? Le slogan *World peace through world trade* (« La paix mondiale par le commerce mondial ») prend ici l'allure d'une sinistre plaisanterie. Au lieu de calmer les ardeurs

---

1. Communication de la Fédération internationale de l'Action chrétienne pour l'abolition de la torture (FIACAT), Paris, à la 57e session de la Commission des droits de l'homme des Nations unies, Genève, mars 2001.

2. Voir p. 134 *sq*.

guerrières des hommes, la privatisation des fonctions de l'État et la libéralisation du commerce excitent ceux-ci et les poussent au crime.

Un exemple particulièrement frappant : le rôle joué par la libre circulation des diamants dans les guerres d'Angola, du Liberia, de Guinée et de Sierra Leone.

Fode Sankhoï, le patron du Revolutionary United Front (RUF) de Sierra Leone, fait couper les bras et les mains des ouvriers du diamant qui refusent de lui livrer leur production. Charles Taylor, Blaise Campaore, Gnassimbé Eyadéma et autres dictateurs au pouvoir dans les États d'Afrique de l'Ouest, où circulent les diamants du sang, favorisent activement la poursuite des guerres civiles, dont l'unique enjeu est la maîtrise de l'exploitation des champs diamantifères. De même en Angola : depuis une décennie, le mouvement insurrectionnel tribal des Ovimbundu, l'UNITA, n'a survécu que grâce aux filières illégales de commercialisation du diamant mises en place par Jonas Savimbi[1].

Sans le pétrole vendu librement sur le *spotmarket* de Rotterdam et sans la dispute entre sociétés pétrolières autour du tracé des pipelines, les guerres qui, actuellement, déchirent l'Ouzbékistan, l'Afghanistan, la Tchétchénie n'auraient pas lieu.

En 2002, vingt-trois guerres internationales ou conflits meurtriers internes ravagent la planète[2].

Conclusion : pratiquement tous les énoncés fondateurs de l'idéologie des seigneurs sont en contradiction flagrante avec la réalité.

1. Jonas Savimbi a été abattu par l'armée angolaise le 21 février 2002.

2. Selon la fondation du Centre pour la démocratisation des armées, rue de Chantepoulet, 12, CH – 1201 Genève.

Dans un discours délivré à la Convention en 1793, Jacques René Hébert attaqua les spéculateurs, les affameurs, les profiteurs de l'agiotage dans le Paris de la Révolution. Il dénonça à cette occasion la « Fraction des Endormeurs[1] ». La situation n'a guère changé depuis lors. L'idéologie destinée à légitimer la mondialisation n'est qu'une vaste entreprise de mystification. La doxa des maîtres produit des mensonges à jet continu.

La mondialisation, la monopolisation du capital financier naissent, se développent et s'épanouissent pourtant dans des sociétés qui restent encore profondément marquées par leur héritage, qu'il soit chrétien, juif, théiste, ou simplement humaniste. Ces sociétés sont habitées par des valeurs de décence, de justice, de respect d'autrui, d'honnêteté, de sauvegarde de la vie. Elles ne tolèrent ni l'assassinat ni l'écrasement sans compensation du faible. Le péché leur fait horreur.

Ces héritages complexes se retrouvent, à des degrés divers, tapis au fond de la conscience ou de l'inconscient de certains banquiers, PDG d'entreprises transcontinentales ou spéculateurs boursiers. Ils freinent leurs actions et censurent constamment leurs rêves[2].

De nombreux banquiers privés genevois sont ainsi des calvinistes convaincus. Ils vont au culte le dimanche, cotisent au Comité international de la Croix-Rouge et ont leurs œuvres de charité. Souvent, l'un de leurs frères, cousins ou neveux autrefois missionnaire en Afrique, est aujourd'hui membre d'une des nombreuses ONG ayant leur siège à Genève. En France, en Italie, en Espagne et en Allemagne, le grand patronat catholique reste puis-

1. Albert Soboul, *Histoire de la Révolution française*, vol. I, *op.cit.*
2. Eric Hobsbawm montre cette contradiction à l'œuvre au cœur du capitalisme industriel anglais au XIXe siècle, in *Histoire économique et sociale de la Grande-Bretagne*, 2 vol., Paris, Seuil, 1977.

sant. Quant aux nababs de nombreuses entreprises transcontinentales américaines, ils sont volontiers membres de l'une ou l'autre des grandes associations de solidarité, loges maçonniques, Rotary Club, Lyon's Club, etc.

N'oublions pas non plus que les maîtres du monde sont également les produits d'un processus de socialisation personnel. Chacun d'entre eux est né dans telle famille, tel pays et appartient à telle nation. Il y a été formé, et les écoles qu'il a fréquentées lui ont d'ordinaire transmis quelques notions élémentaires de décence et d'honnêteté. Il suffit d'ailleurs de lire les interviews paraissant régulièrement dans la presse économique internationale pour comprendre que les seigneurs se prennent presque toujours pour des êtres admirables, protestant de leur attachement au bien public, se regardant eux-mêmes comme des travailleurs honnêtes et aimant leur prochain. Bref, subjectivement, ils se considèrent comme des hommes bons.

En bref, à moins qu'ils ne soient totalement ravagés par la pathologie du pouvoir et de l'argent, la plupart des maîtres du monde sont des personnalités complexes, certaines habitées par des valeurs de résistance.

Et puis, nous savons bien que les oligarques ne sont pas tous des requins au sang froid : des années-lumière séparent ainsi les spéculateurs sans scrupules, les marchands d'armes ou les trafiquants d'êtres humains d'un grand patron catholique français ou d'un banquier calviniste genevois pas moins sensibles que d'autres aux corps décharnés des enfants soudanais entrevus à la télévision, eux qui connaissent d'expérience les mégapoles de Karachi, de Lima ou de Lagos, toutes ces villes cernées de sordides bidonvilles où courent les rats, où périssent les familles. Comme chacun de nous, ce grand patron ou ce banquier est bouleversé par les yeux des mourants. Et pourtant, l'un et l'autre parlent le langage de leur idéologie : « misère résiduelle », disent-ils. Comment expliquer cet aveuglement apparent ?

Pour conjurer les contradictions qui habitent leurs pratiques, ils recourent, le plus souvent sans le savoir, à une théorie ancienne, dite du *trickle down effect*, l'effet de ruissellement. Elle est due à deux philosophes anglais – l'un protestant, l'autre juif – de la fin du XVIIIe et du début du XIXe siècle : Adam Smith et David Ricardo.

L'Écossais Adam Smith a exercé pendant peu de temps la charge de professeur de logique à l'Université de Glasgow. Grâce à la protection du duc de Buccleuch, son ancien élève, il obtint ensuite la fabuleuse sinécure (dont avait déjà bénéficié son père) de receveur général des douanes pour l'Écosse. En 1776, parut son livre majeur, *Inquiry in the Causes of the Wealth of Nations.*

Quant à David Ricardo, fils d'un banquier séfarade d'origine portugaise installé à Londres, il rompit avec sa famille à l'âge de 21 ans et adhéra à la religion des Quakers. Courtier en bourse, il devint riche comme Crésus dès l'âge de 25 ans. En 1817, il publia son maître ouvrage, *Principles of Political Economy and Taxation.*

Ricardo et Smith sont les deux pères fondateurs du dogme ultra-libéral qui est au fondement du surmoi collectif des nouveaux maîtres du monde. Que dit ce dogme ? Abandonné à lui-même et débarrassé de toute limitation et de tout contrôle, le capital se dirige spontanément et à chaque instant vers le lieu où ses profits seront maximaux. C'est ainsi que le coût comparatif des frais de production détermine le lieu d'implantation de la production marchande. Et il faut constater que cette loi produit des merveilles. Entre 1960 et 2000, la richesse de la planète a ainsi été multipliée par six, les valeurs boursières cotées à New York ont augmenté de 1 000 %.

Reste à régler le problème de la distribution.

Ricardo et Smith étaient deux savants profondément croyants. Glasgow et Londres étaient deux villes peuplées de nombreux miséreux. Leur sort préoccupait profondément les deux savants. Leur recette ? Le *trickle down effect*, l'effet de ruissellement.

Pour Ricardo et Smith, il existe une limite objective à l'accumulation des richesses. Celle-ci est liée à la satisfaction des besoins. Le théorème s'applique aux individus comme aux entreprises.

Prenons l'exemple des individus. Voici ce que dit le théorème : lorsque la multiplication des pains atteint un certain niveau, la distribution aux pauvres se fait presque automatiquement. Les riches ne pouvant jouir concrètement d'une richesse dépassant par trop la satisfaction de leurs besoins (si coûteux et extravagants soient-ils), ils procéderont eux-mêmes à la redistribution.

Bref, à partir d'un certain niveau de richesses, les riches n'accumulent plus. Ils distribuent. Un milliardaire augmente le salaire de son chauffeur parce qu'il ne sait – au sens précis du terme – plus quoi faire de son argent.

Eh bien, je tiens cette idée pour erronée. Pourquoi ? Parce que Ricardo et Smith lient l'accumulation aux besoins et à l'usage. Or, pour un milliardaire, l'argent n'a rien – ou très peu – à voir avec la satisfaction des besoins, aussi luxueux qu'ils soient. Qu'un pharaon ne puisse voguer sur dix navires à la fois, habiter dix villas en une journée ou manger 50 kilos de caviar en un repas, reste finalement sans importance. L'usage n'a rien à y faire. L'argent produit de l'argent. L'argent est un moyen de domination et de pouvoir. La volonté de domination est inextinguible. Elle ne rencontre pas de limites objectives.

Richard Sennet est professeur à la London School of Economics. Lors d'une récente discussion à Vienne, il me dit : « Ce fantasme du *trickle down effect* ne pouvait naître que dans le cerveau d'économistes aux origines judéo-chrétiennes. Il est l'exacte reproduction de l'absurde chimère du paradis de la Bible. Crevez bonnes gens du tiers-monde et d'ailleurs ! Une vie meilleure vous est promise au paradis. L'ennui, c'est que personne ne vous dit quand ce fameux paradis se réalisera. En ce qui concerne le *trickle down effect* la réponse est claire : jamais. »

En attendant, la guerre mondiale contre les pauvres se poursuit.

DEUXIÈME PARTIE

Les prédateurs

Être bon, qui ne le voudrait ?
Mais sur cette triste planète,
Les moyens sont restreints,
L'homme est brutal et bas.

Qui ne voudrait par exemple être honnête ?
Les circonstances s'y prêtent-elles ?
Non, elles ne s'y prêtent pas.

Bertolt Brecht, Chant de Peachum
L'Opéra de Quat'Sous

I

L'argent du sang

Paradoxe : les oligarques sont unis et désunis en même temps.

Entre les oligarchies du monde entier, une guerre impitoyable se déroule. Les fusions forcées dans l'industrie et les services, les manœuvres boursières les plus tortueuses, les offres publiques d'achat hostiles se succèdent. Les places financières – biotopes préférés des oligarques – résonnent du bruit de leurs batailles.

The New Republic, périodique d'opinion nord-américain, a publié à l'été 2000 une fresque du capitalisme financier contemporain à travers le portrait de deux de ses principaux acteurs, Bill Gates et Larry Ellison[1]. Le premier, patron de Microsoft, est l'homme le plus riche de la terre ; le second, fondateur et actionnaire majoritaire d'Oracle, possède la deuxième fortune personnelle de la planète. Titre de l'article de Gary Rivlin, son auteur : « Bill Gates l'hypocrite, Larry Ellison le tueur. »

Rivlin cite d'entrée de jeu Mitchell Kertzman, connaisseur subtil et reconnu des us et coutumes des oligarques nord-américains. Kertzman dit : « Tuer ou être tué,

1. Traduction française parue dans *Courrier international*, 25-31 mai 2000.

dévorer ou mourir, telle est leur devise. » « Posséder les marchés, anéantir les concurrents », leur vocabulaire est toujours emprunté à la destruction et à la guerre. Kertzman n'y va pas avec le dos de la cuillère : « Au fond, toutes les grandes entreprises de haute technologie, toutes celles qui sont parvenues en haut de l'échelle, sont dirigées par des assassins sanguinaires… Pour parvenir à ce niveau, vous devez être un parfait requin. »

Gary Rivlin a interrogé nombre de subordonnés des deux requins. Le tableau qu'ils font des univers respectifs de Microsoft et d'Oracle est proprement effrayant. Nulle part ailleurs sans doute l'expression « capitalisme de la jungle » n'est à ce point justifiée.

Un haut responsable d'Oracle raconte des séances de « motivation » organisées par Larry Ellison à l'intention des nouveaux employés. « Nous sommes des carnassiers ici », a coutume de marteler le grand patron. Les concurrents sont les ennemis, Ellison et les collaborateurs et collaboratrices d'Oracle des guerriers.

Le cri de bataille d'Ellison : « On va les tuer, on va les tuer ! »

Autre haut responsable, autre souvenir : « Chez Oracle, nous ne cherchions pas simplement à battre un concurrent, nous voulions le détruire… Il fallait continuer à le frapper, même lorsqu'il était à terre. Et s'il remuait encore le petit doigt, il fallait lui écraser la main. »

Le portrait des deux hommes les plus riches de la planète s'achève sur une analyse comparée de leurs caractères respectifs : « [Ellison] cache moins sa férocité que Gates. Tous deux ont adopté la même stratégie de destruction de masse. Mais tandis que Gates est simplement très efficace, Larry donne l'impression d'assouvir un besoin[1]. »

1. Gary Rivlin, in *Courrier international*, *op. cit.*

Comment définir un « prédateur » ou un « loup », selon le mot de Michael Lewis ?

Michael Lewis avait été une star de la Bourse de New York, banquier à Wall Street et organisateur, pour le compte de la maison de courtage Salomon Brothers, de quelques-unes des opérations les plus juteuses de ces dernières années. Mais cet ancien élève de la London School of Economics et de l'Université de Princeton n'avait jamais renoncé à poser sur cet univers un œil pour le moins critique.

Rompant avec son milieu, il publia *Liar's Poker*, un réquisitoire impitoyable contre ses anciens collègues. Il écrit : « Le loup s'adapte à toutes les situations avec une agilité et une rapidité impressionnantes. Il se moque complètement de ce que font les autres, ne faisant confiance qu'à son instinct [...]. Un spéculateur génial n'est loyal envers personne, il ne respecte aucune institution ni aucune décision antérieure [...]. Il émane de lui un calme étrange. Il apparaît presque indifférent, apathique, face à ce qui se passe autour de lui [...]. Il n'est pas mû par les sentiments des investisseurs ordinaires : l'angoisse, la panique, l'obsession du gain immédiat [...]. Il se considère lui-même comme faisant partie d'une élite et tient le reste des humains pour un troupeau de moutons[1]. »

Quels que soient les masques idéologiques dont s'affublent les prédateurs, ce qui les meut en profondeur c'est l'avidité furieuse du succès, du profit maximal, de la puissance. En dernier lieu, la puissance s'exprime toujours en termes patrimoniaux, sous forme de fortune personnelle.

1. Voir Michael Lewis, in *Die Weltwoche*, 31 janvier 2002.

Léon Bloy a anticipé la manière d'être et d'agir des oligarques du capital globalisé : « Le riche est une brute inexorable qu'on est forcé d'arrêter avec une faux ou un paquet de mitraille dans le ventre[1]. »

Sous un nom ronflant, le National Labor Committee (NLC), se cache une organisation non gouvernementale de dimension réduite et aux moyens financiers et administratifs plus que modestes. Charles Kernaghan l'anime. C'est un observateur et un organisateur hors pair. Il opère depuis New York. Il s'applique essentiellement à deux choses. D'un œil de lynx, il observe les pratiques salariales et les stratégies commerciales des principales sociétés transcontinentales américaines et, grâce à un réseau d'associations, de comités et de groupuscules fonctionnant à l'e-mail, il alerte périodiquement l'opinion progressiste américaine, lançant sur tel ou tel problème précis des *urgent action alerts* (« appels urgents à l'action »). Aux États-Unis, au Canada, en Amérique latine et en Asie, son influence est considérable. Toutes les enquêtes menées, tous les appels lancés par le NLC sont accessibles sur son site Web : http/ www.nlcnet.org.

Selon Kernaghan, la majeure partie des fortunes amassées par les grands prédateurs relève du *blood-money*, l'argent du sang. Il cite ce cas.

La société transnationale Walt Disney fait fabriquer ses pyjamas et autres vêtements pour enfants, ornés de la célèbre souris, entre autres dans des *sweat-shops*, des ateliers de la sueur, sur l'île de Haïti. Le président-directeur général de la société s'appelle Michael Eisner. Il jouit d'un revenu annuel astronomique. Kernaghan a fait ce calcul : Eisner gagne par heure (chiffre 2000) 2 783 dollars US. Une ouvrière haïtienne cousant les pyjamas

1. Léon Bloy, *Le sang des pauvres*, Paris, Arléa, 1995, p. 22.

de Disney gagne 28 cents de l'heure. Pour gagner l'équivalent du revenu horaire d'Eisner, l'ouvrière de Port-au-Prince devrait travailler pendant 16,8 années d'affilée.

Mais Eisner ne se contente pas de ce salaire mirifique. La même année (2000), il empoche également des actions pour une valeur de 181 millions de dollars US[1]. Cette somme serait suffisante pour maintenir en vie 19 000 travailleurs haïtiens et leurs familles pendant quatorze ans. Les ouvrières et ouvriers haïtiens de Disney perçoivent des salaires scandaleusement bas, souffrent de malnutrition et vivent dans la misère.

Le National Labor Committee a par ailleurs suivi le tournage d'un célèbre film à succès, produit par la compagnie Walt Disney, et consacré aux cabrioles d'une meute de jeunes chiens : *Les 101 Dalmatiens*. Pendant toute la durée du tournage, la société transnationale a logé les chiens dans des « Maisons de chiens », spécialement construites à cet effet. Dans ces « Maisons », les animaux disposaient de lits rembourrés, de lampes chauffantes et recevaient tous les jours des repas préparés par des cuisiniers pour chiens comportant alternativement un menu de viande de veau ou de poulet. Des médecins vétérinaires veillaient jour et nuit au bien-être des dalmatiens. Les ouvrières et ouvriers haïtiens de Disney – ceux qui cousent les pyjamas pour enfants ornés de l'image des fameux dalmatiens – habitent quant à eux dans des abris sordides infestés de malaria. Ils dorment sur des planches. L'achat d'un morceau de viande tient pour eux du rêve inaccessible. Et leur santé a beau être chancelante, aucun ouvrier ne peut se payer une visite médicale.

1. Calculée selon la moyenne annuelle 2000.

Dans la jungle du capitalisme globalisé, on découvre bien d'autres exemples de fortunes colossales accumulées grâce au *blood-money* tel que l'entend Kernaghan.

Marc Rich, citoyen américain, belge et espagnol, est un des hommes les plus riches de la planète. Ce multimilliardaire (en dollars) est un *trader*, un spéculateur en matières premières de toutes sortes. Il habite Zoug, au cœur de la Suisse. Pendant dix-sept ans, Rich a été recherché par la justice américaine pour une multitude de délits qui, souvent, impliquaient l'exploitation de gens démunis ou la collaboration avec des États terroristes.

En 1983, le tribunal du Southern District de New York l'avait inculpé de *racketteering*. Du temps de l'Apartheid, Rich aurait alimenté le régime raciste en pétrole, violant quotidiennement l'embargo décrété par la communauté des nations. Le régime de la Corée du Nord, le tyran de Belgrade, les Mollahs de Téhéran – tous sous embargo international – auraient ainsi été ravitaillés en biens stratégiques par Rich[1].

À plusieurs reprises, la Suisse a refusé l'extradition demandée par la justice américaine. Miracle.

Un autre miracle s'est produit en janvier 2001 : trois jours avant de quitter la Maison Blanche, le président Bill Clinton a gracié le prédateur. *Time Magazine* explique : « Rich avait été poursuivi dans cinquante et une affaires allant de l'évasion fiscale à la pratique du racket [...]. Son ancienne femme vient de verser 450 000 dollars à la Bibliothèque présidentielle de l'Arkansas[2]. »

1. Michael Dobbs, « How Rich got rich : the path to a fortune », *International Herald Tribune*, 14 mars 2001.

2. *Time Magazine*, New York, 31 décembre 2001. *Racketeering* peut être traduit par « chantage » ou « extorsion ».

Mais le *blood-money* n'est pas une spécialité nord-américaine. Les Européens, notamment les Suisses, y excellent aussi.

L'argent de la corruption et du pillage des États du tiers-monde par les dictateurs autochtones et leurs complices est une des grandes sources de la fabuleuse richesse du paradis helvétique. La Suisse pratique la libre convertibilité des monnaies. Sa neutralité politique, le cynisme et l'extrême compétence de ses banquiers incitent traditionnellement les dictateurs de tout acabit – les Sani Abacha (Nigeria), Mobutu (ex-Zaïre), Jean-Claude Duvalier (Haïti) et autres Marcos (Philippines) – à déposer en toute confiance le produit de leurs rapines au Paradeplatz de Zurich ou rue de la Corraterie, à Genève.

Or, la complexité de la loi helvétique est telle que très peu de gouvernements africains, latino-américains ou asiatiques ont la moindre chance de récupérer quoi que ce soit, si ce n'est quelques miettes, des fortunes accumulées par ces tyrans déchus après leur chute. Ainsi, sur les quelque 3,4 milliards de dollars détournés par Sani Abacha entre 1993 et sa mort en 1998, sommes placées dans dix-neuf banques, seuls 730 millions ont été retrouvés et bloqués, et 115 millions restitués aux autorités de Lagos.

Autre rente particulièrement juteuse : l'évasion fiscale internationale. Du monde entier, mais surtout d'Allemagne, d'Italie et de France, les fraudeurs du fisc transfèrent leurs capitaux en Suisse. Pour une raison simple : à peu près partout dans le monde l'évasion fiscale est un délit pénal, mais pas en Suisse, où la fausse déclaration d'impôts et la soustraction intentionnelle de revenus imposables ne sont considérées que comme des infractions administratives. Seule est pénalement punissable la fabrication de faux documents. En matière d'évasion fiscale, le secret bancaire est donc absolu. Il n'est jamais levé pour qui que ce soit.

On connaît le mot de Chateaubriand : « Neutres dans les grandes révolutions des États qui les environnaient, les Suisses s'enrichirent des malheurs d'autrui et fondèrent une banque sur les calamités humaines. » L'oligarchie financière règne, sans partage. Grâce à un système bancaire hypertrophié, grâce aussi à ces institutions que sont le secret bancaire et le compte à numéro, cette oligarchie fonctionne comme le receleur du système capitaliste mondial[1].

En attendant, les enfants meurent de faim à Kinshasa, à Lagos, Ibadan et Kano, les malades périssent dans les hôpitaux faute de médicaments.

L'activité de receleur est hautement profitable.

En 2000, les 375 banques suisses (ou banques étrangères en Suisse) prises ensemble ont abrité dans leurs coffres des fortunes privées s'élevant à 3 700 milliards de francs suisses, soit plus de 2 000 milliards d'euros. De toutes les fortunes déposées en 2000, 2 056 milliards de francs suisses appartenaient à des comptes détenus par des étrangers[2].

Le bénéfice net cumulé de toutes ces banques a été, durant la même année, de 19,5 milliards de francs

1. Voir le rapport que la Mission parlementaire d'information commune sur les obstacles au contrôle et à la répression de la délinquance financière et du blanchiment des capitaux en Europe a consacré au Liechtenstein, très lié à la place financière helvétique (rapport n° 2311, enregistré à la présidence de l'Assemblée nationale le 30 mars 2000). Ce rapport figure en annexe de l'ouvrage collectif d'Attac, *Les Paradis fiscaux*, Paris, Mille et une Nuits, 2000.

2. Voir l'indication fournie par Lukman Arnold, président du comité de direction de l'UBS, in *Die Weltwoche*, Zurich, 18 août 2001. Il a été remercié en 2001.

suisses. Par rapport à 1996, ce bénéfice s'est accru six fois.

Ken Moelis, chargé des fusions et de l'introduction en bourse de nouvelles entreprises chez United Bank of Switzerland (UBS), touche le modeste salaire annuel de 20 millions de francs suisses (14 millions d'euros environ). Le salaire de Marcel Ospel, président du conseil d'administration de l'UBS, s'élève à 12,5 millions de francs suisses. Son collègue du Crédit suisse First Boston encaisse un revenu de base de 7 millions de francs suisses[1].

On le voit, l'immoralité domine la conduite des prédateurs. Quelle est son origine ? Comment l'expliquer ?

À l'aube du 11 mai 1996, deux alpinistes japonais et leurs trois sherpas sortent de leurs minuscules abris accrochés sous une arête de la face nord de l'Everest. Ils se trouvent à une altitude de 8 300 mètres. Leur but : réaliser l'ascension du massif (8 848 mètres d'altitude) par la face nord. Pour parcourir les 548 mètres de dénivellation et les 1 500 mètres de distance, ils prévoient un maximum de neuf heures (descente comprise). Le calcul est serré : s'ils veulent survivre, il faut qu'ils soient de retour avant la nuit au camp numéro 3. Les conditions sont extrêmement difficiles. La tempête s'est levée. Ils commencent la montée. Au-dessus d'un escarpement rocheux, à la cote 8 500, s'élève un promontoire. Là, dans la neige, à quelques centimètres de leur voie d'ascension, les Japonais et les sherpas népalais aperçoivent un alpiniste indien blessé, épuisé, et partiellement gelé. Mais il parle encore. Les Japonais ne s'arrêtent pas

1. Dans le souci de mieux protéger les actionnaires, la plupart des législations boursières du monde exigent désormais la publication des rémunérations des administrateurs.

et poursuivent l'ascension. Plus tard dans la matinée, à 8 630 mètres d'altitude, une pente verticale, un rocher couvert de glace de 30 mètres d'à-pic, les arrête. Ils remplacent leurs cylindres d'oxygène et mangent un morceau.

En tournant la tête à droite, le premier Japonais découvre deux autres Indiens. L'un est couché. Il agonise. L'autre est simplement accroupi dans la neige. Il vit.

L'expédition japonaise poursuit sa montée. Aucun de ses membres n'aura tendu ni nourriture, ni bouteille d'oxygène au survivant. Aucun mot n'aura été échangé. Juste des regards.

Trois heures et demie plus tard, les cinq grimpeurs, après des efforts surhumains, atteignent le sommet de l'Everest[1].

À leur retour, les sherpas népalais parlent. Ils sont sous le choc. Dans une expédition en haute montagne, comme en haute mer, le capitaine commande, les autres obéissent. Mais les sherpas ne peuvent oublier les yeux suppliants des Indiens abandonnés.

Un débat public s'engage alors en Inde et au Japon. Les journaux font les gros titres sur l'événement. Tant en Inde qu'au Japon, la conduite des alpinistes japonais est sévèrement critiquée.

Ceux-ci organisent alors une conférence de presse pour se défendre. Le porte-parole de l'expédition, Eisukhe Shigekawa, âgé de 21 ans, explique : « Nous escaladons ces grands sommets par nous-mêmes, au prix d'un effort qui nous appartient en propre. Nous étions

---

1. Le récit détaillé de l'ascension est fourni par Richard Cowper et publié dans le *Financial Times* de Londres. Il a été repris et traduit par *Le Monde*, 26-27 mai 1996. Cf. aussi, dans le même numéro du *Monde*, « L'ascension de l'Everest au mépris de la vie humaine ».

trop fatigués pour apporter de l'aide. Au-dessus de 8 000 mètres, on ne peut pas se permettre d'avoir de la morale. »

L'analogie avec les situations concrètes vécues quotidiennement par les prédateurs du capital mondialisé saute aux yeux. À partir d'un certain volume d'affaires, les dirigeants d'un empire financier, d'une société transcontinentale ne peuvent se permettre d'agir selon la morale. Leur progression constante, la survie et la constante extension de leur empire exigent une conduite totalement amorale.

Tous les salaires mirobolants que s'attribuent les seigneurs des sociétés transcontinentales ne relèvent pas du *blood-money*. Quelques-uns des présidents les plus richement dotés sont, plus simplement, de grands et méritants destructeurs d'emplois[1]. Le conseil d'administration les récompense pour avoir licencié des milliers d'employés et avoir ainsi réduit les frais de production et fait exploser les cours en bourse de la société « dégraissée ». Ces prédateurs-là pratiquent avec succès le darwinisme social. Quelques exemples au hasard.

En 1997, le président de Eastman-Kodak, George Fisher, détruit d'un seul coup 20 000 postes de travail dans le monde entier. Sa récompense ? Des actions de la Eastman-Kodak pour une valeur de 60 millions de dollars.

Sanford Wiell est président de l'entreprise transcontinentale Travelers. En 1998, il organise la fusion de sa société avec son concurrent Citicorp. Des dizaines de milliers d'employés et d'employées, dans des dizaines de pays, sont licenciés du jour au lendemain. Cette année

1. Je traduis par président le terme américain de *Chief Executive Officer* (CEO).

là, Sanford Wiell recevra, primes et salaires confondus, la coquette somme de 230 millions de dollars US.

Comme les pluies acides, le cynisme et l'amoralité des grands prédateurs ruissellent du haut de la pyramide sociale vers les échelons intermédiaires. Une civilisation est pareille à un navire de haute mer : elle possède une ligne de flottaison, une limite au-dessous de laquelle le navire coule. La ligne de flottaison de la civilisation marchande européenne a dramatiquement baissé durant la décennie passée[1].

La cupidité des seigneurs empoisonne le cerveau des vassaux. Aujourd'hui, nombre de dirigeants pillent allégrement leurs propres entreprises. Ils se comportent comme ces bandits de grand chemin au temps de la guerre de Cent Ans, qui détroussaient leurs propres compagnons de voyage.

Le 24 mai 2001, les élus du syndicat CGT de la direction des marchés des capitaux du Crédit lyonnais ont alerté l'opinion publique : pour la seule année 2000, deux dirigeants de cette direction avaient touché, sous forme de « primes » (venant s'ajouter à des salaires déjà considérables), des sommes s'élevant à un total de 120 millions de francs français[2].

Kuoni-Holding est l'une des principales sociétés voyagistes du monde. Son siège est à Zurich. Daniel Affolter en était autrefois le président. En une année, il s'est fait attribuer des « primes » de 8,1 millions de francs suisses. Ces « primes » s'ajoutaient, évidemment, aux honoraires, remboursements de frais et autres

1. Richard Sennet analyse ce processus pour les pays anglo-saxons. Cf. Richard Sennet, *The Corrosion of Character. The Personal Consequences of Work in New Capitalism*, New York, Norton, 1998.

2. Odile Benyahia-Kouider, « Au Crédit lyonnais, les bonus font des vagues », *Libération*, 26 et 27 mai 2001.

salaires ordinaires. En outre, l'habile Affolter, âgé de 47 ans, s'était prémuni contre tout licenciement éventuel : il s'était fait mettre au bénéfice d'un contrat qui lui permettait – en cas de perte d'emploi – de percevoir un million de francs suisses chaque année jusqu'à l'âge de sa retraite.

Interrogé sur les nombreux bienfaits qu'il s'était fait accorder, au détriment de la trésorerie de sa propre entreprise, l'admirable Affolter répondit : « Je n'éprouve pas de honte[1] ! »

Le capitalisme de la jungle a inauguré une bien belle coutume : celle dite du « parachute doré ». Un PDG qui ruine son entreprise est chassé, mais reçoit en guise de consolation pour son incompétence des versements substantiels, prélevés dans la caisse de la société qu'il vient de ruiner. Il s'agit là d'une forme de pillage particulièrement pittoresque puisqu'il s'opère au détriment direct d'une entreprise qui est à terre et dont bon nombre d'employés sont mis à la porte – sans parachute doré, ceux-là.

Michael Orvitz avait été *talent scout*, agent recruteur de comédiens, à Hollywood. Le président de la société transcontinentale Walt Disney, Michael Eisner, l'engagea pour être son adjoint direct. Or, Orvitz ne fit pas l'affaire. Eisner le mit donc à la porte, après seulement quatorze mois. Son parachute doré ? Un chèque de 100 millions de dollars US, encaissé joyeusement au grand dam du personnel et des actionnaires[2].

1. Daniel Ammann et Klaus Vieli, « Ich schäme mich nicht », *Facts*, Zurich, n° 19, 2001.

2. Sur la vie tumultueuse d'Orvitz, cf. Bernard Weinraub, « Trouble for Orvitz, Part II », *International Herald Tribune*, Paris, 11-12 août 2001.

Robert Studer et Mathis Cabiavaletta furent, durant les années quatre-vingt-dix, les deux présidents successifs de l'Union de Banques suisses. Tous deux échouèrent lamentablement. Sous leurs présidences, la banque fit d'énormes pertes, suite à des opérations spéculatives hasardeuses. Ils furent donc congédiés. Pour ses brillantes performances, Robert Studer empocha 15 millions de francs suisses et Cabiavaletta 10 millions[1].

En 2001, la compagnie d'aviation Swissair était au bord de la faillite. Philippe Brugisser avait été son président pendant des années, entouré par de nombreux directeurs et un conseil d'administration où avait siégé la fine fleur des oligarques helvétiques. Ensemble, ils avaient entraîné cette société hautement profitable – dont les actionnaires sont surtout des collectivités publiques – à la catastrophe, par incompétence, mégalomanie et copinage. La fine équipe fut finalement chassée de son bunker du Balsberg, près de Zurich. Mais par décision du conseil d'administration, Brugisser et ses directeurs bénéficièrent de parachutes en or massif.

Des actionnaires sinistrés se constituèrent alors partie civile et entamèrent une procédure en dommages et intérêts contre les parachutistes. Ils firent une découverte surprenante : les dirigeants de Swissair s'étaient assurés – aux frais de la compagnie évidemment – contre toute plainte en dommages et intérêts qui pourrait résulter de leur gestion[2].

Dans le désastre de Swissair, un prédateur s'est particulièrement distingué : Mario A. Corti, dernier président du groupe. Corti appartient à la haute aristocratie du capital

1. *Cash*, Zurich, 4 mai 2001.

2. Nadja Pastega, « Ein Risiko nur für die anderen », *Facts*, Zurich, n° 17, 2001. Avis aux amateurs : les cotisations varient entre 10 et 100 000 francs suisses par an et par personne.

mondialisé. Ancien directeur financier de Nestlé, deuxième société transcontinentale de l'alimentation du monde, il devient président de Swissair le 16 mars 2001. Il signe alors un contrat de cinq ans prévoyant une rémunération globale de 12,5 millions de francs suisses. En tant qu'ancien membre du conseil d'administration de Swissair, il connaît parfaitement la situation (dramatique) de la compagnie. Or, avec la complicité de certains de ses anciens collègues du conseil d'administration, il se fait immédiatement verser l'intégralité de cette somme.

Sept mois plus tard, dans le monde entier, tous les avions Swissair sont cloués au sol, la compagnie étant incapable de payer le kérosène et les taxes d'aéroport.

Aujourd'hui, le groupe est en liquidation judiciaire. Des milliers d'hommes et de femmes sont au chômage, n'ayant bénéficié d'aucun plan social. L'action Swissair ne vaut plus un centime. Des centaines de fonds de pension, des dizaines de collectivités publiques et plusieurs dizaines de milliers d'épargnants ont été spoliés de leurs investissements. Quant à Mario A. Corti, il jouit tranquillement de son magot, terré dans sa luxueuse villa du Zürichberg.

Un des sports favoris des prédateurs est la fusion d'entreprises. Les fusions, on le sait, peuvent procéder d'un rapprochement volontaire entre deux équipes dirigeantes ou d'un raid boursier.

La CNUCED (Conférence des Nations unies sur le commerce et le développement) a calculé qu'en 2000, les fusions transfrontalières d'entreprises avaient augmenté de 50 %, impliquant des sommes s'élevant au total à 1 145 milliards de dollars. De janvier à août 2001, pour s'en tenir à cette période, 75 mégafusions d'entreprises ont eu lieu. Par « mégafusion », la CNUCED désigne une fusion qui implique des entreprises affichant un volume d'affaires de plus d'un milliard de dollars par an. À l'occasion de ces 75 mégafusions, 235 milliards de dollars ont changé de propriétaires[1].

Selon la CNUCED, il existe 63 000 sociétés transnationales contrôlant 800 000 filiales actives autour de la planète. Leur classement en 2001 : General Electric (États-Unis), Royal Dutch/Shell (Pays-Bas/Royaume-Uni), General Motors (États-Unis). Suivent Ford Motor (États-Unis), Toyota (Japon), Daimler Chrysler (Allemagne), Total-Fina (France), IBM (États-Unis) et BP (Royaume-Uni). Nestlé (Suisse) occupe la 11e place, ABB la 12e, Roche la 27e. En 2001, l'acquisition la plus importante a été celle de Voice-Stream (États-Unis) par Deutsche Telekom, pour 24,6 milliards de dollars. Suit celle de Viag Interkom (Allemagne) par British Telecoms (GB), pour 13,8 milliards de dollars.

Citigroup (États-Unis) a par ailleurs racheté Banamex (Mexique) pour 12,4 milliards, Deutsche Telekom Powertel (États-Unis) pour 12,3 milliards, et l'australien BHP Billiton Pic (GB) pour 11,5 milliards. L'achat pour 10,4 milliards de Raiston Purina Group (États-Unis) par Nestlé est la huitième acquisition la plus importante en 2001.

La conséquence première et immédiate d'une fusion entre deux entreprises est la liquidation d'un certain nombre de postes de travail. On appelle cela l'effet de synergie. Qui en souffre ? Les employés. Les prédateurs parlent de « sacrifices nécessaires ». Sous-entendu : comme la valeur de l'entreprise augmente considérablement suite à la fusion, les sacrifices des travailleurs sont justifiés. Une logique supérieure légitime la destruction de l'emploi.

1. *Rapport sur les IED* (investissements étrangers directs) de la CNUCED, du 18 septembre 2001.

Or, les derniers chiffres disponibles le montrent : la théorie des « sacrifices justifiés » relève souvent du mensonge. La plus grande partie des fusions ont en effet débouché sur de considérables dévaluations d'actifs. Le journal *Le Monde* a analysé douze des plus grandes fusions boursières. Or, pratiquement toutes se sont soldées par une perte massive de la valeur boursière de la société issue de la fusion. Les douze fusions examinées ont produit une perte cumulée de plus de 720 milliards de dollars[1] !

On peut, dès lors, se demander pourquoi les prédateurs aiment tant les fusions. La réponse tient à la fois de la psychologie et de l'économie. Une mégafusion flatte la mégalomanie du nabab. Elle satisfait en même temps sa cupidité. Pratiquant comme par réflexe (et généralement de façon parfaitement impunie) le délit d'initié, il réalise à chaque fusion des bénéfices personnels juteux.

Jusqu'à une période récente, la Confédération helvétique était réputée pour la qualité de ses services publics. La majorité ultralibérale du parlement a mis fin à cette situation. La régie d'État des Chemins de fer fédéraux (CFF), orgueil de la nation depuis le percement, à la fin du XIXe siècle, des grands tunnels du Gothard, du Loetschberg et du Simplon, a été transformée en une société par actions anonyme de droit privé. Avec ses nombreux bureaux, ses cars jaunes parcourant les vallées alpines et jurassiennes, son service autrefois légendaire et ses prix abordables, la Poste, elle aussi, a cessé d'être un service d'État. Les télécommunications ont subi le même sort. Résultat de ces privatisations rampantes : dans les villages suisses, les bureaux de poste ferment. Pour expédier un paquet, des lettres ou effectuer un paiement, il faut désormais faire une queue interminable dans un des rares

1. « L'énorme gâchis des fusions géantes », *Le Monde*, dossier paru le 21 août 2001.

bureaux restés ouverts. La même mésaventure attend le client qui aurait l'idée saugrenue d'acheter un billet de chemin de fer à la gare de Cornavin, à Genève.

L'intention des privatiseurs est transparente. Elle est tout à fait conforme à l'idéologie ultralibérale : démanteler les services publics afin de donner libre champ aux entreprises privées travaillant dans le domaine. En Suisse, les sociétés privées transnationales du courrier – DHL, UPS – font des affaires en or. Le président de la Poste en voie de liquidation, de son côté, rêve de faire de son entreprise une banque d'affaires. Quant à la majorité du gouvernement, totalement acquise au démantèlement des services publics, elle assiste passivement au pillage.

Les salaires astronomiques concédés par les conseils d'administration aux directeurs des sociétés transcontinentales, banques et entreprises de service provoquent la colère de l'opinion publique.

Le président du directoire de l'UBS, Lukman Arnold, se fait pédagogue[1]. À la question : Comment peut-on justifier ces salaires indécents ? Il répond : « Pour la plus grande partie de la population, il est certainement impossible de comprendre pourquoi un individu doit toucher de tels revenus[2]. »

Les grands et les petits prédateurs présentent pour leur défense une argumentation franchement insultante à l'égard des salariés ordinaires. Ils disent : « Nos responsabilités sont exceptionnelles. Nous pouvons perdre notre poste à n'importe quel moment. Nous mettons journellement notre réputation de managers en jeu[3]. » Sous-entendu : tout cela justifie nos salaires exorbitants.

1. Il a été chassé de son poste en 2001.
2. Lukman Arnold, in *Die Weltwoche*, Zurich, 16 août 2001.
3. *Die Berner Zeitung*, Berne, 1er juin 2001.

Dans son *Petit Almanach des grands hommes*, le comte Antoine de Rivarol écrit : « Les peuples les plus civilisés sont aussi voisins de la barbarie que le fer le plus poli l'est de la rouille. »

Depuis des siècles, la probité des ministres suisses est proverbiale. Mais les temps changent. Un exemple particulièrement folklorique : celui de Peter Aliesch, ministre de la Police du gouvernement de l'État des Grisons[1].

En janvier 2001, le nom de Peter Aliesch a fait le tour du monde. Son visage sévère, ses petits yeux malins derrière de fines lunettes, sa cravate rayée et son costume gris perle d'une coupe impeccable sont apparus plusieurs fois par jour sur CNN, TF1 et sur les autres chaînes de télévision du monde. Du 25 au 31 janvier, Aliesch était en charge de la sécurité du World Economic Forum de Davos[2].

Les policiers, gendarmes et soldats d'Aliesch avaient, à cette occasion, frappé avec jubilation sur les pacifiques manifestants antimondialistes venus de l'Europe entière. Cette ardeur frappeuse n'avait épargné ni les femmes, ni les enfants, ni même les évêques. Les blessés avaient été nombreux, les arrestations arbitraires aussi.

Mais en juillet 2001, l'archange des Grisons au glaive de feu perdit brusquement de sa superbe. Des journalistes avaient découvert des vidéos et des documents attestant de liens étroits entre Aliesch et un aventurier de la finance internationale du nom de Panagiotis Panadakis. Moyennant un manteau de vison pour sa femme, des vacances

1. Vingt-six États (appelés cantons) composent la Confédération helvétique. La justice et la police relèvent de la souveraineté cantonale.

2. Entre-temps, le Forum économique mondial avait lui-même été délocalisé. Craignant pour 2002 des manifestations de protestation encore plus vigoureuses, son président, Klaus Schwab, organisa cette année le Forum à l'hôtel Waldorf-Astoria, à New York.

sur une île grecque et d'autres dons charitables, l'austère ministre de la Police fut soupçonné d'avoir procuré à Panadakis et à ses sociétés des permis de séjour et de travail de complaisance aux Grisons. Quoi qu'il en soit, le procureur de Zurich a ouvert une enquête pénale contre Panadakis pour « escroquerie par métier ». Quant à Aliesch, son immunité a été levée et il a été chassé de son parti[1]. Élu jusqu'en 2002, il est resté ministre, mais a été privé de tout pouvoir décisionnel[2].

Deux des plus beaux coups des prédateurs pillant systématiquement leurs entreprises et les menant sciemment à la ruine pour s'enrichir personnellement se sont produits en 2002.

Le conglomérat transcontinental de l'énergie Enron avait son siège à Houston (Texas) et était dirigé par Kenneth Lay. Pour piller sa société – une des dix plus puissantes des États-Unis – Kenneth Lay et ses complices montèrent un complot, somme toute, assez simple. D'abord, ils financèrent massivement les différentes campagnes politiques de George W. Bush, de Dick Cheney et de quelques autres hommes et femmes de la droite texane. Une fois au pouvoir, les bénéficiaires de ces largesses accordèrent à Enron la « cogestion » de la politique énergétique des États-Unis.

Lay et ses complices mirent alors au point un système de présentation des comptes de la société absolument opaque. Puis Lay obtint de ses amis politiques la dérégulation du marché des dérivés des titres ayant pour objet des produits énergétiques (pétrole, électricité hydraulique, etc.). Le sénateur qui assura la promotion de la loi fut Phil Gramm. C'est sa femme Wendy qui présidait

1. *Des Sonntagsblick*, Zurich, 12 août 2001 ; *Facts*, Zurich, 11 août 2001 ; *Sonntagszeitung*, Zurich, 12 août 2001.

2. En Suisse, les ministres cantonaux sont élus par le peuple.

l'*Audit Committee* d'Enron – le comité de surveillance de la comptabilité de la société. Grassement rémunérée, elle fermait yeux, nez, bouche et oreilles lorsqu'elle devait exercer son obligation de contrôle des finances de Lay.

Le ministre des Finances de George W. Bush, Paul O'Neill, protégeait Enron contre tout contrôle fiscal. Or, grâce à un savant réseau de banques offshore, Lay organisait annuellement de gigantesques escroqueries... fiscales.

Enfin, lorsque, quelque part dans le monde, un gouvernement – que Lay ne parvenait pas à faire plier ni par la menace, ni par le chantage, ni par la corruption – refusait d'accorder à Enron de nouvelles concessions pétrolières ou le droit de construire un pipeline par exemple, Lay appelait ses amis au Pentagone. Les pressions de ceux-ci se révélaient d'ordinaire suffisantes pour qu'Enron reçût dans l'heure le droit de construire son pipeline ou d'exploiter son nouveau champ pétrolier...

Les États-Unis ont un système de retraites différent de celui de la France, de l'Allemagne, de la Suisse, et de bien d'autres pays. Les fonds de pension américains fonctionnent selon la méthode de la capitalisation. Chaque travailleur, chaque affilié actif place ses cotisations – par l'intermédiaire des fonds de pension – sur le marché financier, notamment en bourse. À la retraite, la rente de chacun est calculée selon les cotisations qu'il a accumulées et la plus-value acquise. C'est ainsi que la banqueroute d'Enron a ruiné des centaines de milliers d'épargnants dont les fonds de pension avaient été investis dans les titres de la société. Juste avant la banqueroute, Lay se fit pourtant attribuer par son conseil d'administration une indemnité de départ de 205 millions de dollars...

À peu près à la même époque, d'autres cannibales étaient à l'œuvre au sein de Global Crossing, une des plus puissantes firmes de télécommunication des États-Unis. En mars 2000 encore, la capitalisation boursière de Global Crossing s'élevait à 40 milliards de dollars. En février 2002, l'entreprise était exsangue, son titre boursier au plus bas. Or, juste avant la faillite, son président Gary Winnick s'était fait voter par son conseil d'administration une indemnité de départ de 730 millions de dollars.

En toute légalité[1].

Ultime méthode de pillage qu'il convient de signaler. Excellemment conseillés par leurs fiscalistes personnels, nombre de prédateurs se font verser annuellement par leurs entreprises des sommes astronomiques sur leur propre compte de retraite auprès du fonds de pension. Dans de nombreux pays (et notamment dans certains cantons suisses), les versements effectués sur un compte de retraite ne sont pas imposables. Fin 2001, les actionnaires du géant de la métallurgie ABB, dont le siège central est à Zurich, découvrirent avec stupéfaction que leur président, le Suédois Percy Barnevik, s'était ainsi fait verser la modique somme de 149 millions de francs suisses sur son compte de retraite personnel, avant sa démission en 1996. Ils tentèrent de porter plainte. Mais aucune loi en Suisse (ni ailleurs en Occident) ne permet de sanctionner cette dernière ruse des prédateurs.

Jusqu'à la découverte de ces versements astronomiques (et néanmoins légaux) en 2001, Percy Barnevik avait été considéré comme une sorte de gourou éthique du big business international. Avec Kofi Annan, ils avaient créé le *Global Compact*, accord informel conclu entre

1. Les cas d'Enron et de Global Crossing ont été amplement couverts par la presse financière internationale. Cf. notamment *Cash*, Zurich, 2 février 2002 ; *The Economist*, Londres, 2 février 2002.

les Nations unies et les principales sociétés transcontinentales privées chargé de veiller à la conduite « décente » de ces dernières dans les pays du tiers-monde. Le *Global Compact* date de janvier 1999.

À cette époque, le prestige personnel de Barnevik était énorme. Les Suédois (et beaucoup de Suisses) le vénéraient, tel un demi-dieu. Dans un portrait qui lui est consacré, le *Financial Times* de Londres écrit, avec une pointe d'ironie britannique : « L'unique raison pour laquelle Monsieur Barnevik ne marche pas sur les flots qui séparent la Suède du Danemark, est qu'il n'a pas le temps[1]. »

Au sens précis où les philosophes des Lumières emploient ce mot, les prédateurs sont des êtres « hors humanité ». Jean-Jacques Rousseau : « Vous êtes perdus si vous oubliez que les fruits sont à tous et que la terre n'est à personne[2]. »

Les prédateurs ne se rattachent à aucune école de pensée, ne plongent leurs racines dans aucune aventure collective, ne connaissent pas d'horizon historique, ne concluent d'alliances qu'avec leurs congénères et sont totalement dépourvus de motivations – si ce n'est le goût du pouvoir et de l'argent.

Ils ne sont ni de droite ni de gauche, ni du Sud ni du Nord. Aucune pensée collective n'a laissé en eux de traces identifiables. Ils n'ont pas d'histoire, ne construi-

1. *The Financial Times*, Londres, cité par *Sonntagsblick*, Zurich, 17 février 2002.

2. Jean-Jacques Rousseau, *Discours sur l'origine et les fondements de l'inégalité parmi les hommes* (1755), Paris, Gallimard, coll. « Idées », 1962, p. 43 *sq*.

sent rien et meurent sans jamais avoir ouvert les yeux sur les hommes qui les entourent.

De par leur conduite quotidienne, ils s'installent en marge de l'humanité solidaire.

Ce sont des êtres perdus.

II

La mort de l'État

1. La privatisation du monde affaiblit la capacité normative des États. Elle met sous tutelle les parlements et les gouvernements. Elle vide de leur sens la plupart des élections et presque toutes les votations populaires. Elle prive de leur pouvoir régulateur les institutions publiques. Elle tue la loi.

De la République, telle que nous l'avons héritée de la Révolution française, il ne reste désormais plus qu'un spectre.

Jürgen Habermas pose le diagnostic : « Les tendances évolutives qui, sous le nom de "mondialisation", attirent aujourd'hui notre attention viennent modifier une constellation historique qui s'était distinguée par le fait que l'État, la société et l'économie étaient en quelque sorte coextensifs à l'intérieur des mêmes frontières nationales. Par suite de la mondialisation des marchés, le système économique *international*, à l'intérieur duquel les États définissent les frontières entre commerce intérieur et commerce extérieur, est en train de se transformer en économie *transnationale*. Ce qui compte ici, c'est en premier lieu l'accélération des mouvements de capitaux partout dans le monde et l'évaluation sans appel des lieux de production nationaux par les marchés financiers organisés en réseau au niveau mondial. Ces faits expliquent pourquoi les acteurs étatiques ne sont plus aujourd'hui, dans le réseau mondial des échanges, les nœuds qui lui avaient précédemment imposé une structure de relations interétatiques ou internationales. Aujourd'hui, ce sont les États qui se trouvent enchâssés dans les marchés, plutôt que les économies nationales dans des frontières étatiques[1]. »

Un nouveau pouvoir est en train de s'affirmer : le pouvoir d'intimidation qu'exercent les prédateurs à l'encontre des gouvernements, parlements, tribunaux et opinions publiques démocratiquement constitués.

Habermas définit ainsi la genèse de ce nouveau pouvoir : « Dans les conditions d'une concurrence mondiale qui a pris la forme aiguë d'une course aux lieux de production les plus rentables, les entreprises sont, plus que jamais, contraintes d'augmenter la productivité et de rationaliser l'organisation du travail dans son ensemble, accélérant par là même encore le processus à long terme par lequel la technologie tend à réduire le nombre des emplois. Les licenciements de masse mettent bien en évidence le pouvoir d'intimidation dont disposent – de plus en plus – les entreprises mobiles, quand celles qui restent liées aux ressources locales s'affaiblissent progressivement. Dans cette situation, celle d'un cercle vicieux constitué par un chômage croissant, des systèmes de sécurité sociale de moins en moins capables de faire face aux besoins, et des recettes fiscales réduites – cercle qui pousse les ressources financières de l'État dans leurs derniers retranchements –, les mesures visant à stimuler la croissance sont d'autant plus nécessaires qu'il est impossible de les prendre. Car

1. Jürgen Habermas, *Après l'État-nation, Une nouvelle constellation politique*, traduit de l'allemand par Rainer Rochlitz, Paris, Fayard, 2000, p. 129-130.

les bourses internationales se sont entre-temps chargées d'"évaluer" les politiques économiques nationales. »

Et, plus loin : « L'éviction de la politique par le marché se traduit donc par le fait que l'État national perd progressivement sa capacité à recouvrer des impôts, à stimuler la croissance et à assurer par là les bases essentielles de sa légitimité ; or, cette perte n'est compensée par aucun équivalent fonctionnel [...]. Confrontés au risque permanent de voir s'enfuir les capitaux, les gouvernements nationaux s'engagent dans une course folle à la dérégulation par l'abaissement des coûts, d'où résultent des bénéfices obscènes et des écarts inouïs entre les salaires, la croissance du chômage et la marginalisation sociale d'une population pauvre de plus en plus importante. À mesure que les conditions sociales d'une large participation politique sont détruites, les décisions démocratiques, même adoptées d'une façon formellement correcte, perdent leur crédibilité[1]. »

Jürgen Habermas est l'héritier tant intellectuel qu'institutionnel de l'École de Francfort. Disciple et exégète des vieux marxistes allemands, il est le fils spirituel de Max Horkheimer (dont il a été l'assistant à l'Université Johann Wolfgang Goethe, à Francfort), de Theodor Adorno, Herbert Marcuse, Eugène Pollack et Erich Fromm. Sa vision apocalyptique de la toute-puissance du capital financier, son pessimisme quant aux capacités de résistance de l'État républicain, sa critique acerbe de l'actuel fonctionnement de la démocratie s'expliquent-ils par sa filiation théorique ? Le pessimisme culturel profond de l'École de Francfort, le désespoir sous-jacent à son eschatologie judéo-chrétienne, resurgiraient-ils d'une façon inattendue dans la critique du marché capitaliste unifié formulée par Habermas ?

1. *Ibid.*, p. 74 et 75.

Depuis plus d'un demi-siècle, l'adversaire théorique le plus redoutable et le plus coriace de Habermas s'appelle Ralf Dahrendorf. Dahrendorf et Habermas sont les deux principaux maîtres à penser de la sociologie allemande contemporaine. J'ai vécu plusieurs *Soziologen-Tage*, ces grands-messes des sociologues allemands où, sur l'estrade, officiaient alternativement les deux gourous d'une jeunesse soixante-huitarde assagie.

Habermas est le penseur attitré du parti social-démocrate allemand[1]. Dahrendorf est membre du FDP (parti libéral allemand). Il a même siégé comme ministre du parti libéral au gouvernement fédéral allemand. Mais – ô surprise ! – Dahrendorf fait aujourd'hui des dangers mortels qui pèsent sur la démocratie en Occident exactement la même analyse que son adversaire.

Écoutons Dahrendorf : « Pour rester concurrentiels sur des marchés mondiaux de plus en plus importants, [les États] sont obligés de prendre des initiatives qui engendrent des dommages irréparables pour la cohésion des sociétés civiles [...]. Au cours de la décennie à venir, la tâche urgente du premier monde sera donc de réaliser la quadrature du cercle : concilier la prospérité, la cohésion sociale et la liberté politique[2]. »

2. D'où vient l'État ? D'où vient sa force ? Qu'est-ce qui fait vivre une démocratie ? Qu'est-ce qui fait qu'un agrégat d'individus isolés s'organise en une société structurée, civilisée, résistant aux passions centrifuges ? Quelle est l'origine de la loi ?

---

1. Cf. notamment son dialogue avec Gerhard Schröder au Forum culturel du SPD, le 5 juin 1998.

2. Ralf Dahrendorf, « Die Quadratur des Kreises », *Transit*, n° 12, 1996.

Kant définissait l'État comme une communauté de volontés impures placées sous une règle commune[1]. Mais qu'entendait-il par volontés impures ? Tout homme est habité par les pires passions, des énergies destructrices, la jalousie, l'instinct de puissance. Par lucidité, il abdique une partie de sa liberté au bénéfice de la volonté générale et du bien public. Avec ses semblables, il fonde la « règle commune », l'État, la loi. La liberté la plus totale préside à cette fondation. Kant dit encore : « Malheur au législateur qui voudrait établir par la contrainte une Constitution à des fins éthiques ; non seulement il ferait ainsi le contraire de cette Constitution, mais il saperait de plus sa Constitution politique et lui ôterait toute solidarité. »

Kant connaissait mieux que quiconque l'extrême fragilité de la règle commune, du tissu social noué par les volontés impures, l'abîme qui guette sous les institutions apparemment les plus solides. Il appelle « mal radical » la force qui fait dévier les volontés singulières des citoyens et les conduit à affaiblir, à pervertir, au pire à annuler la règle commune.

Myriam Revault d'Allonnes, exégète de Kant, écrit : « Il y a la grandeur inoubliable du signe historique qui révèle la disposition morale de l'humanité. Mais il y a aussi ce mal radical comme penchant de la nature humaine, penchant non extirpable et insondable abîme d'un pouvoir originaire susceptible de s'orienter vers le bien ou vers le mal… » Et, plus loin : « Dans la mesure où il n'est pas par nature tourné vers des fins stables, l'homme est malléable […]. L'espèce humaine est ce que nous voulons en faire[2]. »

1. Emmanuel Kant, *La Religion dans les limites de la simple raison* (1793), Paris, Félix Alcan, 1913.

2. Myriam Revault d'Allonnes, *Ce que l'Homme fait à l'Homme*, Paris, Seuil, 1995.

Il y a du Méphisto chez la plupart des prédateurs. Ils organisent sciemment la déréliction de l'État. Ils diffament, discréditent, délégitiment sa compétence régulatrice.

Hélas, ils triomphent. Malheur aux vaincus !

3. Un incident s'est produit en février 1996 au World Economic Forum de Davos. Moment exemplaire, révélation du monde nouveau ! D'un pas lourd, Hans Tietmeier, le président de la Bundesbank allemande, approche du micro posé sur l'estrade du bunker des conférences, au centre de la petite ville sise au fond du Landwasser-Tal, dans les Grisons. Dehors, sous la neige qui tombe doucement, les commandos casqués de la police anti-émeute, les barbelés, les chicanes électroniques protègent le bunker. Dans le ciel argenté, les hélicoptères noirs de l'armée suisse tournent inlassablement.

À l'intérieur du bunker, les 1 000 oligarques les plus puissants du monde sont mêlés aux chefs d'État, premiers ministres et ministres de plusieurs dizaines d'États du monde. S'adressant aux dirigeants d'État rassemblés, Tietmeier conclut son exhortation : « Désormais, vous êtes sous le contrôle des marchés financiers[1] ! »

Applaudissements nourris. Les chefs d'État, premiers ministres et ministres, socialistes pour beaucoup d'entre eux, acceptent comme une évidence la surdétermination de la souveraineté populaire par la rationalité marchande et spéculative du capital financier globalisé.

Tous les participants du World Economic Forum de Davos savaient exactement ce que Tietmeier voulait dire. Car chacun des chefs d'État et de gouvernement, chacun

1. Harald Schuman, Hans-Peter Martin, *Die Globalisierungsfalle*, Hambourg, éditions Rowohlt, 1998, p. 90.

et chacune des ministres présents font personnellement et quotidiennement l'expérience de ce « contrôle ». Un gouvernement augmente-t-il les prélèvements fiscaux ? Immédiatement, le capital financier (étranger et autochtone) se retire pour chercher des conditions d'accumulation plus favorables dans un État voisin. Les conditions d'accueil du capital d'investissement, le tarif douanier ou le règlement régissant le retransfert des profits des sociétés multinationales dans leur pays d'origine viennent-ils à changer ? Le capital financier international sanctionne sans délai le gouvernement coupable.

Dans la salle, bien des dignitaires avaient en tête la bataille de l'AMI (Accord multilatéral sur l'investissement). L'AMI avait été dicté par les principales sociétés transnationales du monde. Cet accord prévoyait notamment qu'une société transnationale pourrait recourir et demander des dommages et intérêts auprès d'une instance internationale contre toute décision de tout État souverain qui lui porterait un tort économique quelconque. L'accord avait d'abord été négocié au sein de l'OCDE, l'organisation faîtière des principaux État industriels. Tous les gouvernements avaient plié l'échine. Il ne restait plus qu'à signer.

C'est alors qu'une mobilisation sans pareille se produisit dans la société civile européenne, et notamment en France. In extremis, le premier ministre, Lionel Jospin, dut refuser sa signature. L'accord ne put entrer en vigueur.

Cette suspension, cependant, ne garantit rien, et le délai de grâce risque même d'être réduit : l'OMC n'a-t-elle pas inscrit l'AMI au programme de son nouveau round de négociations qui a débuté en 2002 ?

Déjà, les dispositions de l'AMI ont été incorporées dans l'ALCA (Accord de libre commerce dans les Amériques). Pour l'instant, cet accord n'unit que les

États-Unis, le Canada et le Mexique. Cependant, les mercenaires des seigneurs, présents dans tous les gouvernements et parlements, dans la presse et dans les organisations professionnelles de pratiquement tous les pays d'Amérique latine et des Caraïbes (exception faite de Cuba) intriguent pour que l'ALCA soit accepté par l'ensemble des États de l'hémisphère[1]. De puissants mouvements sociaux – tels le MST (Movimento dos Trabalhadores Sem Terra) du Brésil, la CONAIE, la Via Campesina – organisent une opposition vigoureuse.

Dans le bunker des conférences de Davos, les auditeurs de Tietmeier ont également dû penser à cette dette qui étrangle tant de pays du tiers-monde. Au Brésil, l'un des États les plus puissants de l'hémisphère sud, cette dette extérieure représentait, en août 2001, 52 % du produit intérieur brut (PIB). Ses intérêts et amortissements s'élevaient, en 2001, à 9,5 % du PIB. Cette somme est supérieure à toutes les dépenses cumulées effectuées en une année par le gouvernement fédéral de Brasília et les gouvernements des vingt-trois États membres de l'Union pour l'éducation et les soins de santé de la population.

4. Qu'est-ce qui fait la force d'un État, et plus particulièrement d'un État démocratique ? C'est avant tout l'idée qu'il incarne !

Dans une société stratifiée où s'affrontent les intérêts antinomiques de classes sociales opposées, l'État démocratique – par des mécanismes multiples (fiscalité redistributive, Sécurité sociale, etc.) – tente en permanence d'adoucir, de rendre plus vivable l'interdépendance

1. Sur la stratégie de mobilisation populaire mise en œuvre par ces mouvements, cf. notamment « ALCA, Mercado continental sem equilibrio », numéro spécial de la revue *Cadernos do Terceiro Mundo*, Rio de Janeiro, avril 2001.

asymétrique entre les individus. Et les citoyens et citoyennes adhèrent à l'État, à ses normes et à ses procédures décisionnelles dans la mesure où ils en tirent un bénéfice pratique. Un État qui ne donne pas à ses citoyens un sentiment de sécurité, ne leur assure pas un minimum de stabilité sociale et de revenu, un avenir prévisible, et ne garantit pas un ordre public en conformité avec leurs convictions morales est un État condamné.

Dans plusieurs États occidentaux, les moyens de transport publics, la Poste, les télécommunications sont déjà privatisés. Une deuxième vague de privatisations se prépare. Elle concerne les écoles, les collèges, les universités, les hôpitaux, les prisons, bientôt la police.

Un État qui démantèle volontairement ses services publics les plus essentiels et transfère au secteur privé les tâches relevant de l'intérêt collectif, les soumettant ainsi à la loi de la maximalisation des profits, constitue, pour reprendre l'expression d'Eric Hobsbawm, un *failed State*, un « État en défaut ».

Aux yeux de ses citoyens, sa valeur s'approche de zéro.

Une économie qui génère (et célèbre) la concurrence individuelle à outrance, la précarité de l'emploi, la fragilité des statuts sociaux, le salaire au mérite est une économie génératrice d'angoisses.

Un citoyen livré sans protection à des risques sociaux majeurs perd sa qualité de citoyen. Un homme qui a constamment peur pour son emploi, son salaire et ses droits n'est pas un homme libre.

La privatisation de l'État détruit la liberté de l'homme. Elle anéantit la citoyenneté.

Je me souviens avec effroi des êtres faméliques, blêmes, vêtus de loques, sales, aux yeux fuyants que j'ai vus couchés sous le viaduc qui sépare l'aéroport de

Gallion sur l'Ilhâ do Governador des banlieues ouest de Rio de Janeiro. Ce sont les immigrants chassés par la sécheresse et la cruauté des latifundiaires des États du Nord, les familles des *flagelados*. De jour, ils errent sans nourriture, sans avenir, sans dignité, dans la mégapole. Ils sont comme des animaux traqués. La nuit, la police militaire les rançonne, les frappe et parfois les tue.

Dans bien des pays du tiers-monde, les seigneurs règnent par l'indignité, l'angoisse et la terreur. Comme l'a dit l'hebdomadaire allemand *Der Spiegel*, la semaine suivant l'attaque terroriste contre New York du 11 septembre 2001 : « *Globalisierung ist täglicher Terror* » (« La globalisation, c'est le terrorisme au quotidien »)[1].

5. Les nouvelles stratégies d'accumulation et d'exploitation des prédateurs provoquent, dans le tissu des économies nationales, des ravages terribles. Les États – même les plus puissants – sont contraints de céder sur leur territoire – à travers leurs politiques budgétaire et fiscale – aux diktats des sociétés financières ou industrielles transnationales. S'ils ne le faisaient pas, ils seraient immédiatement sanctionnés par la cessation des investissements internationaux et par une fuite massive des capitaux[2].

C'est, entre autres, pour cette raison que l'expérience socialiste de François Mitterrand a sombré corps et âme, dès l'automne 1983, et que le projet socialiste de Lionel Jospin de 1995 n'a jamais pu dépasser, dans plusieurs secteurs essentiels, le stade de la simple proclamation d'intention.

Comme un torrent en crue au printemps, la formidable vitalité du capital financier transcontinental déborde toutes les barrières, balaie tous les pouvoirs d'État et

1. *Der Spiegel*, Hambourg, 17 novembre 2001.
2. Jürgen Habermas, *Au-delà de l'État-nation*, *op. cit.*

dévaste les paysages les plus ordonnés. Désormais, les gouvernements – même des États les plus riches, les plus puissants – n'ont plus guère le choix que de contribuer à la « politique intérieure planétaire[1] ». Ce qui revient à transcrire en langage local, à travers un ensemble de décisions institutionnelles, les diktats des seigneurs du monde.

Au-dessus des gouvernements, des parlements, des juges, des journalistes, des syndicats, des intellectuels, des Églises, des armées, des scientifiques règnent ainsi les marchés financiers. Dès lors, les institutions publiques se vident de leur sang. La République souffre d'anémie. Elle sera bientôt réduite à l'état de fantôme. L'arrogant décret prononcé par Tietmeier à Davos confirme l'agonie de la démocratie politique et de l'État national territorial qui en assurait jusqu'ici la sauvegarde.

1. *Ibid.*

III

La destruction des hommes

Les démographes évaluent ainsi les ravages provoqués par la Seconde Guerre mondiale : 16 à 18 millions d'hommes et de femmes sont morts au combat, des dizaines de millions de combattants et de combattantes ont été blessés, parfois mutilés.

Combien de civils ont été tués ? Entre 50 et 55 millions. Quant aux blessés civils, ils se chiffrent à plusieurs centaines de millions. Et environ 12 à 13 millions de naissances ont été perdues à cause de la guerre. Ces chiffres ne tiennent pas compte des réalités chinoises où les statistiques manquent[1]. Qu'est devenu aujourd'hui ce monde nouveau libéré du nazisme, cette terre de justice, de sûreté et de dignité, voulue par les vainqueurs de la guerre de 1939-1945 ?

Conformément aux chiffres publiés par les organisations spécialisées des Nations unies, les décès induits par le sous-développement économique et la misère extrême dans les 122 pays du tiers-monde se sont élevés en 2001 à un peu plus de 58 millions. Quant aux invalidités graves et permanentes, conséquence du manque de

1. Jaques Dupâquier, *La Population mondiale au XXe siècle*, Paris, PUF, coll. « Que Sais-je ? », 1999, p. 44.

revenus, de nourriture, d'eau potable, d'accès aux médicaments, elles concernent plus d'un milliard de personnes.

Autrement dit, la faim, les épidémies, la soif et les conflits locaux dus à la misère détruisent chaque année presque autant d'hommes, d'enfants et de femmes que la Seconde Guerre mondiale pendant six ans. Pour les peuples du tiers-monde, la troisième guerre mondiale a bel et bien commencé.

Certains économistes allemands ont forgé un concept nouveau, celui de *Killerkapitalismus* (« capitalisme de tueurs »)[1]. Voici comment fonctionne ce capitalisme de type nouveau :

1. Les États du tiers-monde se battent entre eux pour attirer les investissements productifs contrôlés par des entreprises de services étrangères. Pour gagner cette bataille, ils n'hésitent pas à réduire la protection sociale, les libertés syndicales, le pouvoir de négociation des salariés autochtones déjà particulièrement faibles.

2. En Europe, en particulier, les entreprises industrielles, de gestion, etc., procèdent de plus en plus souvent à la délocalisation de leurs équipements, de leurs laboratoires et de leurs centres de recherche. Cette délocalisation s'effectue souvent au profit de « zones spéciales de production » où les salaires sont misérables et la protection des travailleurs inexistante. Par un effet en retour singulièrement pervers, la simple menace de délocalisation induit l'État d'origine à céder de plus en plus aux exigences du capital, à consentir à une réduction de la protection sociale (licenciements, déréglementations, etc.), bref, à précariser, à « fluidifier » le marché local du travail.

---

1. Rudolf Hickel et Frank Strickstrock, *Brauchen wir eine andere Wirtschaft ?*, Hambourg, Rowohlt, 2001.

3. Les travailleurs de tous les pays entrent ainsi en compétition les uns avec les autres. Il s'agit pour chacun et chacune de s'assurer un emploi, un revenu pour sa famille. Cette situation provoque la concurrence effrénée entre les différentes catégories de travailleurs, la démobilisation, la mort du syndicalisme – bref, le consentement honteux, souvent désespéré, du travailleur à la destruction de sa propre dignité.

4. À l'intérieur des démocraties européennes, la fracture est ouverte entre ceux qui ont du travail et qui tentent par tous les moyens de le conserver en se battant contre ceux qui n'en ont plus et qui, probablement, n'en retrouveront plus. La solidarité des travailleurs est rompue. Autre phénomène : entre la fonction publique et le secteur privé, une antinomie s'installe. Dernier phénomène, le plus grave de tous : le travailleur autochtone, fréquemment, se met à haïr l'ouvrier immigré. Le serpent raciste dresse sa tête hideuse.

Dans les États industriels occidentaux, on comptait 25 millions de chômeurs de longue durée en 1990. Ils sont 39 millions en 2001. En Grande-Bretagne, en 2001, seul un travailleur sur six a un travail stable, régulier et à plein temps. Aux États-Unis, les travailleurs dits dépendants (à l'exclusion des cadres dirigeants), qui formaient 80 % de la population active en 1996, ont subi une diminution de leur pouvoir d'achat de 14 % entre 1973 et 1995.

En France, le chômage frappe, en mars 2002, plus de 9 % de la population active. Alors que la croissance reste insuffisante, un Français sur trois n'a qu'un travail précaire. Quelque 86 000 personnes, dont 16 000 enfants, sont sans domicile fixe (SDF) en France ou bien dorment dans des centres d'hébergement ou des abris de fortune, indique la première enquête réalisée par l'INSEE sur cette population[1]. Ce chiffre ne prend pas en compte les SDF n'ayant eu recours, lors de la période considérée, ni à un centre d'accueil, ni à une distribution de repas chauds. Ce chiffre n'inclut pas non plus les personnes sans logement propre, mais qui vivent à l'hôtel à leurs frais (51 400, selon le recensement de 1999), ni celles qui ont trouvé refuge dans des constructions provisoires, baraques de chantier, locaux agricoles reconvertis, caravanes immobilisées (41 400 selon le recensement). Les SDF en France, enfants compris, avoisineraient ainsi les 200 000.

L'Allemagne compte plus de 4 millions de chômeurs en mars 2002. Environ 30 % des entreprises versent des salaires inférieurs au minimum syndical[2]. Dans les pays industrialisés, selon l'OCDE, 100 millions de personnes vivent au-dessous du seuil de pauvreté. En 2002, dans ces mêmes pays, 37 millions ne disposaient que de l'allocation chômage pour vivre ; or, il faut savoir que, tendanciellement, cette allocation se réduit dans le temps et en quantité. 15 % des enfants en âge scolaire ne fréquentent pas l'école. Londres, à elle seule, compte plus de 40 000 sans-abri. Aux États-Unis, 47 millions de personnes ne disposent d'aucune assurance maladie[3].

Le PNUD (Programme des Nations unies pour le développement) dresse pour sa part le constat suivant : dans les pays du tiers-monde, 1,3 milliard d'êtres humains disposent de moins d'un dollar par jour pour survivre. 500 millions de personnes mourront avant

1. Enquête publiée le 28 janvier 2002 à Paris.

2. Chiffres de l'OCDE.

3. L'Organisation européenne de coopération économique (OECE) est née en 1948, en Europe. Elle a pris le nom d'Organisation de coopération et de développement économique (OCDE) en 1961. Outre les Etats européens, elle regroupe les États-Unis, le Canada, l'Australie, la Nouvelle-Zélande et le Japon.

d'avoir atteint l'âge de 40 ans. La distribution de la propriété, notamment celle de la terre arable, est scandaleuse. Au Brésil, par exemple, 2 % des propriétaires contrôlent 43 % des terres arables. 153 millions d'hectares restent en friche. Et, pendant ce temps, 4,5 millions de familles paysannes spoliées et faméliques errent sur les routes[1].

Évoquant, dans une lettre, le capital financier et le capital industriel, Marx utilise une expression curieuse : *fremde Mächte* (« puissances étrangères »). Ce qu'il veut dire : comme des armées occupantes, étrangères au pays qu'elles asservissent, ces puissances dénaturent, et plus fréquemment encore neutralisent, la libre volonté des hommes agressés.

La maximalisation du profit, l'accumulation accélérée de la plus-value, la monopolisation de la décision économique sont contraires aux aspirations profondes et aux intérêts singuliers du plus grand nombre. La rationalité marchande ravage les consciences, elle aliène l'homme et détourne la multitude d'un destin librement débattu, démocratiquement choisi. La logique de la marchandise étouffe la liberté irréductible, imprévisible, à jamais énigmatique de l'individu. L'être humain est réduit à sa pure fonctionnalité marchande. Les « puissances étrangères » sont bien les ennemies du pays et du peuple qu'elles occupent.

Naomi Klein décrit d'une façon saisissante les conditions de travail des jeunes ouvrières philippines recru-

1. Outre les paramètres économiques classiques, tels que le pouvoir d'achat, le revenu par habitant, le volume du produit national brut, etc., le PNUD, pour réaliser ses rapports, applique des critères qualitatifs, comme par exemple le degré de scolarisation, la situation des droits de l'homme, la pureté de l'eau, la qualité des soins médicaux, celle des aliments, etc.

tées, dans les campagnes reculées, par les sous-traitants – coréens, taiwanais – des multinationales du textile, de l'équipement sportif, des composants d'ordinateurs. On les enferme dans les usines préfabriquées des « zones spéciales de production » près de Manille. Les journées de 14 à 16 heures sont monnaie courante. Aucune loi nationale ne s'applique en ces lieux. Les salaires sont misérables. Les heures supplémentaires rarement payées. Les droits des travailleurs sont superbement ignorés par les contremaîtres et les miliciens armés qui font régner l'ordre du patron à l'usine[1].

De la Chine au Honduras, au Mexique et au Guatemala, de la Corée du Sud aux Philippines, au Sri Lanka et à Saint-Domingue, l'esclavage contemporain frappe aujourd'hui près de 30 millions d'êtres humains. L'Organisation internationale du travail évalue à 850 le nombre de « zones spéciales » réparties dans 70 pays.

Les usines où ces esclaves fabriquent les produits destinés aux sociétés transcontinentales de marque s'appellent en anglais, nous l'avons dit, *sweat-shops* (ateliers de la sueur), *maquiladoras* en espagnol. Elles sont toutes situées dans des zones franches où le propriétaire de l'usine ne paie ni droits d'importation (pour les matières premières) ni droits d'exportation (pour les produits finis en partance pour l'Amérique du Nord ou l'Europe), ni impôts d'aucune sorte.

J'ai vu moi-même les baraquements gris et tristes, entourés de barbelés, qui s'étendent au pied de la vieille ville de Saint-Domingue, dans les Caraïbes. Je me souviens de ces cortèges de jeunes ouvrières, au visage prématurément vieilli, aux gestes lourds, au corps fatigué, qui s'écoulent vers 20 heures au son d'une sirène, depuis la zone de production spéciale de cette République.

1. Naomi Klein, *No logo !*, Arles, Actes Sud, 2001.

En 2001, 65 % de tous les jouets d'enfants – poupées, chemins de fer miniatures, ballons, robots, Monopoly, etc. – importés par les quinze pays de l'Union européenne provenaient de ces zones. Les deux plus grandes sociétés transcontinentales contrôlant le marché sont Mattel (la poupée Barbie) et Hasbro (le Monopoly). Elles appliquent des stratégies différentes : Mattel installe ses propres usines dans les zones, Hasbro confie la fabrication de ses produits à des sous-traitants (chinois, coréens, etc.) opérant dans les mêmes zones[1].

La Chine, on le sait, vit sous le régime du parti unique. Le système d'exploitation mis en place par les apparatchiks communistes avec la complicité des sociétés transnationales du jouet est d'une férocité implacable : dans les « zones spéciales de production » chinoises, les ouvriers et les ouvrières triment jusqu'à 16 heures par jour, sept jours sur sept. Le salaire horaire moyen représente l'équivalent de 50 centimes suisses. Le paiement des heures supplémentaires et du travail de nuit ? Le salaire minimum ? Inconnus dans les zones chinoises. Les congés maternité ? Les ouvrières des zones n'en ont jamais entendu parler.

La pause est chronométrée. Dans nombre d'ateliers, elle ne dépasse pas cinq minutes.

Le système fonctionne à merveille : lorsque les jouets arrivent dans les magasins de Berlin, de Paris, de Rome ou de Genève, les coûts salariaux atteignent à peine 6 % du prix de vente. Les trusts internationaux du jouet font ainsi des affaires en or et les apparatchiks communistes se remplissent joyeusement les poches[2].

---

1. Les sociétés Mattel et Hasbro sont américaines à l'origine.
2. Rapport d'enquête du Collectif de l'éthique sur l'étiquette (une organisation luttant contre les « zones spéciales de production »), in *Cash*, Zurich, 7 décembre 2001.

Quant aux ouvriers et ouvrières chinois, ils mourront prématurément, à coup sûr, des effluves toxiques infestant les ateliers insalubres – les jouets ont de jolies couleurs –, de malnutrition et des nombreuses maladies induites par la misère.

Observons successivement le destin du capital industriel, puis celui du capital financier. Ils sont complètement divergents, selon Pierre Veltz[1].

En ce qui concerne le capital industriel, la mondialisation est beaucoup moins avancée qu'on ne le pense souvent. Les entreprises de production et de services véritablement globalisées sont encore relativement peu nombreuses. Un réseau squelettique de lieux de production « mondialisés » couvre la planète. Autour des cités minières ou des installations de production employant de coûteuses technologies de pointe s'étendent des déserts où les hommes vivent en économie de subsistance ou croupissent dans la misère.

Le capital financier, lui, est affranchi des pesanteurs du temps et de l'espace. Il se meut dans un monde et un cyberspace virtuellement unifiés. Il s'est en outre graduellement autonomisé : des milliards de dollars « flottent » ainsi sans amarres, en toute liberté. Le processus ne date pas d'aujourd'hui, mais il s'accélère à un rythme étonnant. La révolution de la téléphonie, la transmission des données en temps réel, la numérisation des textes, des sons et des images, la miniaturisation extrême des ordinateurs et la généralisation de l'informatique rendent pratiquement impossible la surveillance de ces mouvements de capitaux – plus de 1 000 milliards de dollars par jour. Aucun État, si puissant soit-il, aucune

1. Pierre Veltz, *Mondialisation, villes et territoires, op. cit.*

loi et aucune assemblée de citoyens ne peuvent prétendre exercer un contrôle sur ces mouvements.

La vitalité et l'inventivité des marchés financiers forcent bien sûr l'admiration. De nouveaux produits, tous plus sophistiqués, plus complexes, plus novateurs les uns que les autres, se succèdent à un rythme époustouflant. Prenons la galaxie des produits financiers dits « dérivés[1] ». Ils s'élèvent à plus de 1 700 milliards de dollars. Tout peut faire l'objet de spéculation « dérivée » aujourd'hui : je conclus un contrat pour l'achat à date fixe et à prix fixe d'une cargaison de pétrole, d'un lot de monnaie, d'une récolte de blé, etc. Si, à cette date, la Bourse indique un prix inférieur à celui auquel j'ai conclu l'affaire, je perds. Dans le cas inverse, je gagne.

La folie réside en ceci : je peux monter une opération de spéculation sur des produits dits « dérivés » en n'y investissant que 5 % de mon propre argent. Le reste, c'est du crédit. Or, on peut spéculer sur des produits dérivés d'autres produits dérivés, et ainsi de suite... Extrême fragilité, donc, d'une interminable pyramide de crédits qui grandit sans cesse et pousse vers le ciel.

Ces jeunes génies (hommes et femmes) qui, grâce à leurs modèles mathématiques élaborés sur ordinateur, tentent d'anticiper les mouvements du marché, de

1. Un « dérivé » est un papier-valeur qui porte sur une affaire à terme. Ce papier-valeur procure le droit d'acheter ou de vendre, jusqu'à une date déterminée et pour un prix fixé d'avance, un objet, une action, une obligation ou toute autre valeur. Il existe différentes variations de ce droit, les papiers-valeurs se qualifient alors de « futures », « options », « warrants », etc. Les dérivés ont conquis les marchés boursiers américains durant les années soixante-dix, les bourses européennes au cours de la décennie quatre-vingt. Ces spéculations au moyen de dérivés ont une histoire ancienne : les premiers dérivés ont été mis au point par des marchands de bulbes de tulipes en Hollande, au milieu du XVIe siècle.

maîtriser le hasard et de minimiser les risques, travaillent comme des pilotes de formule 1. Ils doivent réagir en une fraction de seconde. Or, toute décision erronée peut entraîner une catastrophe. La tension est énorme : le marché boursier fonctionne de fait vingt-quatre heures sur vingt-quatre : on l'a dit, quand New York ferme, et que les traders américains s'effondrent dans leur lit, Tokyo ouvre. Et quand la Bourse japonaise clôture, la guerre se déplace à Francfort, Londres et Paris.

Les traders, justement, sont la quintessence du capitalisme financier : une passion démentielle du pouvoir et du profit les anime, une volonté inépuisable d'écraser le concurrent les dévore. Les amphétamines les tiennent éveillés. Ils produisent de l'or avec du vent. Dans les grandes banques multinationales du monde, ces jeunes génies gagnent deux à trois fois plus que le PDG de leur banque. Ils encaissent des gratifications, des participations aux bénéfices astronomiques qu'ils assurent à leurs établissements. Ils sont les Crésus de notre époque. Leur folie rapporte de l'argent.

Mais des catastrophes surviennent.

En mars 1995, un Anglais de vingt-huit ans au visage poupin et au cerveau enfiévré a fait perdre à ses patrons, en l'espace de quarante-huit heures, la modique somme de 1 milliard de dollars. Nick Leeson était un des traders de la Barings Bank de Londres à la Bourse de Singapour. Sa spécialité : les dérivés de papiers-valeurs japonais issus du secteur de la production de l'électricité.

Au début de 1995, un terrible tremblement de terre dévastait la région de Kobe et d'autres contrées fortement industrialisées du Japon. Des centrales électriques, des installations de transmission, des usines en grand nombre furent détruites. À la Bourse de Singapour (de Tokyo, etc.) les papiers-valeurs liés à la production de l'électricité s'effondrèrent en quelques heures. C'est ainsi que les pyramides de dérivés, patiemment édifiées par Leeson, se retrouvèrent par terre.

Plus vaniteux qu'un coq, Leeson refusa d'admettre sa défaite. Il falsifia des documents. C'est pourquoi il fut finalement arrêté et condamné pour fraude à six années de prison[1]. Quant à sa banque, le plus ancien et le plus prestigieux des établissements privés anglais (fondée en 1762), elle a été engloutie par la tempête.

D'autres exemples ? La liste est longue. En avril 1994, la puissante Deutsche Metallgesellschaft de Munich se fait gruger sur des dérivés, par spéculateurs interposés, pour 1,4 milliard de dollars. Aux États-Unis, Orange Country et d'autres entités publiques de l'État de Californie perdent, en spéculant sur des dérivés, des centaines de millions de dollars. Le contribuable américain doit réparer les dégâts.

Un cauchemar hante les responsables des banques centrales : que le système capitaliste lui-même puisse un matin être balayé par la réaction en chaîne et les effondrements successifs des pyramides de crédits, provoqués par des traders malchanceux ou criminels…

En août 1996, le gouvernement de Washington annonçait une série d'excellentes nouvelles : le chômage baissait massivement, l'économie américaine reprenait sa croissance, la productivité industrielle augmentait, la consommation suivait, les exportations progressaient. Comment réagit la Bourse de Wall Street ? Par la panique ! Les principaux titres industriels amorcèrent une forte descente. Pour les spéculateurs, la création de centaines de milliers d'emplois tient du cauchemar. L'augmentation de la consommation intérieure aussi. Elles annoncent toujours une possible reprise de l'infla-

1. Leeson purgea trois ans et quatre mois dans une prison de Singapour. Il vit aujourd'hui à Londres.

tion, et l'augmentation probable des taux d'intérêt. Et, par là, un déplacement massif des capitaux spéculatifs du marché des actions vers le marché monétaire, vers les obligations et les *municipal bonds*.

Aujourd'hui, les banques centrales des principaux États du globe n'ont qu'un seul moyen à leur disposition pour tenter de réguler le marché financier : la fixation des taux de change et des taux d'intérêt. Armes totalement insuffisantes, comme le montre la baisse des cours de la Bourse de Wall Street en août 1996. Ce qui gouverne le monde, ce sont les obscures angoisses, les « intuitions », les désirs, les « certitudes », le goût effréné du jeu et du profit des opérateurs de bourse. Pour tenter de rationaliser tout cela, les banquiers privés genevois engagent volontiers des spécialistes de la physique théorique, généralement issus du CERN[1]. Ces physiciens élaborent des modèles mathématiques complexes destinés à minimiser les risques liés aux décisions d'achat et de vente prises par les traders. Mais rien n'y fait : les mouvements de la Bourse sont directement liés aux réactions affectives, aux « intuitions », aux rumeurs gouvernant l'imaginaire des acteurs...

Environ 1 000 milliards de dollars ont été échangés chaque jour ouvrable durant l'année 2001. 13 % de cette somme seulement a correspondu au règlement d'une dette commerciale (livraison d'une marchandise, paiement de royalties pour un brevet, achat d'un terrain, investissement industriel, etc.), 87 % du montant total relevant de la pure transaction monétaire, sans création de valeur. Dans *L'Éthique protestante et l'esprit du capitalisme*[2], le sociologue allemand Max Weber écrivait

1. Centre européen pour la recherche nucléaire, situé à Meyrin (Genève).

2. Paru en français pour la première fois en 1964 (Paris, Plon).

en 1919 : *« Reichtum ist eine Kette Wertschöpfender Menschen »* (« La richesse est une chaîne d'hommes créateurs de valeur »). Rien de tel aujourd'hui !

De nos jours, la richesse est le fruit des agissements imprévisibles de spéculateurs cupides et cyniques, obsédés par le gain à tout prix et la maximalisation des profits.

La bulle spéculative enfle sans cesse. L'économie virtuelle prend le pas sur l'économie réelle.

IV

La dévastation de la nature

La main invisible du marché globalisé ne détruit pas seulement les sociétés humaines. Elle massacre aussi la nature.

Parmi tous les ravages infligés à la nature par le capital financier multinational, prenons l'exemple de la dévastation des forêts vierges de la planète. En les surexploitant, les sociétés transnationales du bois les détruisent. En outre, de vastes conglomérats agro-industriels sont constamment à la recherche de nouvelles terres pour étendre leurs plantations ou accroître l'élevage extensif des bœufs. C'est pourquoi ils brûlent annuellement des dizaines de milliers d'hectares de forêts vierges.

Aujourd'hui, les forêts tropicales ne couvrent plus qu'environ 2 % de la surface de la terre, mais abritent près de 70 % de toutes les espèces végétales et animales. En quarante ans (1950-1990), la surface globale des forêts vierges s'est rétrécie de plus de 350 millions d'hectares : 18 % de la forêt africaine, 30 % des forêts océanique et asiatique, 18 % des forêts latino-américaine et caraïbe ont été détruites. Actuellement, on estime que plus de 3 millions d'hectares sont détruits par an. La biodiversité : chaque jour, des espèces (végétales, animales, etc.) sont anéanties de façon définitive, plus de 50 000 espèces entre 1990 et 2000. Les hommes : lors du premier recensement, en 1992, il restait dans la forêt amazonienne moins de 200 000 habitants autochtones (9 millions avant la colonisation)[1].

La forêt amazonienne est la plus grande forêt vierge du monde. Le bassin amazonien couvre près de 6 millions de kilomètres carré. L'Institut pour l'exploration de l'espace, dont le siège est à São Paulo, au Brésil, le surveille au moyen de satellites qui photographient régulièrement la progression de la désertification. Durant la seule année 1998, 16 838 kilomètres carrés[2] de forêt amazonienne ont été détruits, soit un territoire correspondant à la moitié de la Belgique. Les destructions s'accélèrent : celles de 1998 ont été de 27 % supérieures à celles de 1997. L'Institut a commencé son travail de surveillance en 1972. Depuis cette date, plus de 530 000 kilomètres carrés ont été anéantis[2].

Or, l'Amazonie est le poumon vert de la planète.

Le gouvernement brésilien édicte sans cesse des lois, plus draconiennes les unes que les autres, contre les incendies volontaires, contre la déforestation non autorisée ; il publie règlement sur règlement à propos de l'exploitation et du transport du bois. Mais ces lois et ces règlements ne sont pas appliqués. La corruption affecte nombre de fonctionnaires, de députés et de gouverneurs. Et puis la surveillance de cet immense territoire est difficile : elle ne peut se faire que par les airs. Or, des nuages épais et blancs recouvrent pendant des mois de larges

1. Voir le rapport du secrétariat exécutif de la Convention de l'ONU pour la lutte contre la désertification (2001).

2. « How to save the rain-forest ? », *The Economist*, 12-18 mai 2001, p. 87 *sq*.

parties du sol amazonien. On considère qu'environ 20 % des incendies volontaires ne sont jamais détectés.

Les conséquences climatiques de la destruction des forêts tropicales par les prédateurs des sociétés transcontinentales du bois et de l'élevage sont désastreuses. La disparition progressive des forêts vierges perturbe le climat. Des sécheresses terribles anéantissent les terres fertiles et privent les hommes de leur subsistance.

Dans plusieurs régions du monde, notamment en Afrique sahélienne, des terres autrefois fertiles sont atteintes par la désertification. L'Afrique est un continent dont les deux tiers de la superficie sont désormais constitués de déserts ou de zones arides. Et 73 % des terres arides africaines sont déjà gravement ou moyennement dégradées. En Asie, près de 1,4 milliard d'hectares sont touchés par la désertification, et ce sont 71 % des terres arides du continent qui sont moyennement ou sévèrement dégradées. En Méditerranée du Sud, près des deux tiers des terres arides sont sévèrement affectés par la sécheresse persistante.

À l'aube du XXIe siècle, près d'un milliard d'hommes, de femmes et d'enfants sont menacés par la désertification. Des centaines de millions de personnes vivent sans pouvoir accéder régulièrement à de l'eau potable.

Dans certaines zones du Sahel, le Sahara progresse de près de 10 kilomètres par an. La culture en mares, si importante pour la survie des peuples nomades et semi-nomades – les Touaregs, les Peuls par exemple –, disparaît sur de vastes étendues. Or, l'orge planté durant l'hivernage a été jusqu'à récemment un apport nutritif souvent décisif pour ces nomades. Et que dire des puits qui conditionnent la survie des villages ! Les nappes souterraines du nord du Burkina, du Mali, du Niger se situent souvent, aujourd'hui, à plus de 50 mètres de profondeur. Creuser à cette profondeur, mettre en place des puits qui tiennent et fournissent de l'eau potable exige des moyens techniques que ne possèdent ni les Peuls, ni les Bambara, ni les Mossi. Il faut, en effet, forer à l'aide de machines, puis consolider les parois des puits, c'est-à-dire les bétonner ; enfin, installer des pompes puissantes permettant de faire monter l'eau. Tout cela coûte cher et exige du ciment et du matériel. Or, les villageois pour l'essentiel sont pauvres comme Job. Ils sont donc graduellement privés d'eau.

Dans tout le nord et le nord-est du Sénégal, et dans d'autres pays de la région, des centaines de milliers de paysans et de pasteurs – Toucouleurs, Wolofs, Sarakolés, Peuls – sont victimes de la désertification progressive de leurs terres. Que font ces paysans, ces éleveurs et leurs familles quand les terres sont avalées par l'avancement du désert ? Eh bien, ils marchent. Ils se mettent en route vers la ville la plus proche, accompagnés de leurs enfants faméliques, de quelques chèvres et ustensiles de cuisine, d'un âne survivant peut-être. Les femmes portent les hardes. Les hommes ouvrent la route, frappant le sol craquelé de leur bâton, afin de chasser les serpents. Après des jours, des semaines parfois, exténués, ils arrivent en ville.

Ils y rejoignent de sordides bidonvilles.

Sur notre planète, on compte actuellement environ 250 millions de femmes, d'hommes et d'enfants de toutes nationalités, de toutes origines ethniques qui errent sur les routes, quittant une terre natale devenue poussière et pierre. Dans les documents officiels, on les appelle les « réfugiés écologiques[1] ».

En 1992, à Rio de Janeiro, s'est tenu le « Sommet de la Terre », convoqué par les Nations unies pour dresser

1. Contrairement aux réfugiés politiques, ils ne bénéficient d'aucune protection du droit international.

l'inventaire des principales menaces qui pèsent sur la survie de la planète. Presque tous les États y avaient dépêché leurs diplomates et leurs experts. Une Convention pour la lutte contre la désertification y fut créée. Son secrétariat est aujourd'hui installé à Bonn. Un homme exceptionnel le dirige : Hama Arba Diallo.

Du 30 novembre au 11 décembre 1998, les représentants des 190 États signataires de la Convention et des centaines de délégués non gouvernementaux se sont réunis à Dakar afin de faire le point – pour la deuxième fois depuis l'établissement de la Convention. Terrible bilan ! Malgré tous les efforts consentis, les déserts progressent inexorablement dans le monde. La Conférence de Dakar a dressé l'inventaire minutieux de toutes les actions de riposte qu'il est nécessaire d'engager sans tarder et a fixé à 43 milliards de dollars les moyens qu'il faut dégager pour financer ces programmes d'urgence.

La Conférence avait lieu au Centre international des congrès, à l'hôtel Méridien-Président, sur la pointe occidentale du Cap-Vert. Lors d'un déjeuner de travail, je me suis trouvé, par hasard, à côté de Ian Johnson, un rouquin souriant et vif, qui n'est autre que le vice-président de la Banque mondiale. Johnson est un économiste britannique de grande réputation, pragmatique en diable, un vieux renard de la banque où il œuvre depuis plus de vingt ans. Le chiffre de 43 milliards de dollars nécessaires à la mise en route des programmes d'urgence m'avait impressionné. C'est Johnson qui avait présenté en séance plénière les savants calculs. J'ai voulu connaître quelques détails, m'informer sur le mode de calcul adopté, l'identité des bailleurs de fonds qui allaient débourser cette somme. Johnson m'a écouté avec bienveillance. Puis il m'a dit : *« Don't worry. Nobody has this kind of money ! »* (« Ne vous inquiétez pas. Personne au monde ne va débourser une somme aussi énorme ! »).

Dans les pages précédentes, j'ai insisté sur les bouleversements climatiques (et leurs conséquences sociales) provoqués par la destruction des forêts tropicales, elle-même due principalement aux sociétés transcontinentales du bois et de l'élevage. Mais il existe une myriade d'autres cas témoignant des dommages irréparables infligés par les prédateurs à la nature. J'en prendrai un exemple : la dévastation du delta du fleuve Niger par la société pétrolière Shell.

Peuplé de plus de 100 millions d'habitants, quatrième producteur de pétrole au monde, le Nigeria est un pays puissant. Depuis deux décennies, il est gouverné par des dictateurs militaires, généralement issus du Nord musulman, plus corrompus et cruels les uns que les autres. Le régime peut compter sur la solidarité financière des grandes compagnies pétrolières, notamment la société Shell. Parfois, les dictateurs font mine de reculer d'un pas, sous la pression de l'opinion mondiale. Ces embellies, chaque fois, sont de courte durée[1].

Un peuple courageux de pêcheurs et de paysans, à la culture millénaire, vit dans le delta : les Ogoni. Leurs terres, la faune et la flore ont été ruinées par la pollution provoquée par les forages de Shell. Conduits par l'écrivain de réputation internationale Ken Saro-Wivwa, lui-même d'origine ogoni, les habitants du delta ont commencé, au début des années quatre-vingt-dix, à s'organiser pour protester contre le trust pétrolier. Ce mouvement a rencontré un vaste écho et a notamment

1. Au début de l'année 2002, le Nigeria a exceptionnellement à sa tête un président civil, du nom d'Obasanjo. Mais la réalité du pouvoir continue d'être assurée par les généraux.

été appuyé par des organisations écologistes aux États-Unis et en Grande-Bretagne.

Mais la répression impulsée par les généraux nigérians fut féroce : le vendredi 10 novembre 1995, le général Sani Abacha, chef de l'État, fit ainsi pendre dans la cour de la prison d'Harcourt Ken Saro-Wivwa et huit autres militants écologistes.

Concluons. Au sens littéral du terme, les prédateurs sont aujourd'hui en train de détruire la planète.

V

La corruption

La corruption consiste à offrir ou à promettre un avantage à un agent de l'autorité publique (ou à un dirigeant d'une entreprise privée) afin que celui-ci trahisse sa responsabilité envers l'autorité (ou l'entreprise) qu'il représente. Celui qui offre l'avantage est le corrupteur. Celui qui l'accepte et trahit les devoirs de sa charge est le corrompu. Le corrompu peut soit solliciter explicitement l'avantage, soit l'accepter passivement. Mais le lien de cause à effet entre l'acceptation de l'avantage et la trahison des devoirs de sa charge est le même dans les deux cas.

La Banque mondiale estime à plus de 80 milliards de dollars par an les sommes affectées aux transactions de corruption. Quant aux dommages économiques causés par la conduite des corrompus (factures surévaluées, acceptation intentionnelle de marchandises défectueuses, etc.), ils atteignent des sommes astronomiques. Ceux qui, en bout de chaîne, paient le prix de la corruption, ce sont évidemment les peuples, et le plus souvent les peuples les plus pauvres.

Mohamed Lebjaoui avait été chef de la Fédération de France du FLN et membre du premier Conseil national de la Révolution algérienne (CNRA). Arrêté, il a passé de longues années en prison, à Fresnes. En 1962, il devint le premier président de l'Assemblée consultative de l'Algérie libérée. Dès le coup d'État de Houari Boumediene contre Ahmed Ben Bella en 1965, il choisit l'exil et s'installa à Genève. Révolutionnaire exemplaire, écrivain doué, d'origine kabyle, Lebjaoui avait été à l'origine un homme d'affaires prospère à Alger. Il avait mis sa vie et ses biens au service de la lutte de libération de son pays[1].

Nous étions voisins au chemin des Crêts-de-Champel à Genève. Durant nos longues promenades, nous parlions souvent de la corruption. Lebjaoui me dit, un jour : « La plus urgente et la plus importante nomination à laquelle tout gouvernement révolutionnaire doit procéder dès son entrée dans la capitale libérée, est celle d'un comptable. »

En Suède, en Finlande, en Norvège, au Danemark, en Suisse les membres du gouvernement se rendent à leurs bureaux à pied, à bicyclette, ou empruntent les moyens de transport publics. Dans un pays protestant un (ou une) ministre se déplaçant de son domicile à son lieu de travail accompagné du bruit des sirènes et encadré par des motards de police serait extrêmement mal vu. Je ne donnerais pas cher de sa carrière politique ! Mais avez-vous déjà assisté – à Port-au-Prince, Teguciguálpa, Ouagadougou ou Djakarta – au déplacement d'un ministre, d'un président d'assemblée ou de quelque autre dignitaire autochtone ? Rues bloquées, sirènes hurlantes, gardes du corps aux aguets… Un cortège de Mercedes et de Cadillac, de Toyota aux vitres fumées, de Land-Rover blindées transporte l'important personnage. René Dumont avait

1. Mohamed Lebjaoui, *Vérités sur la révolution algérienne*, Paris, Gallimard, 1970 ; *Bataille d'Alger ou bataille d'Algérie ?*, Paris, Gallimard, 1972.

coutume de dire : « Le principal instrument d'oppression en Afrique est la Mercedes. »

Après la voiture, le logement. Dans les pays dominants, les dirigeants habitent souvent bourgeoisement, parfois même modestement (je pense à l'appartement à Stockholm d'Olof Palme et à la petite maison à Nussdorf près de Vienne où logea toute sa vie durant Bruno Kreisky). Le roi du Maroc, de son côté, entretient dans chacune des villes de son territoire un coûteux palais, doté d'une armée de serviteurs et de gardes. Quant au nouveau palais présidentiel, édifié sur le plateau mossi près de Ouagadougou par Blaise Campaore après l'assassinat de Thomas Sankara, c'est un gouffre à millions (de dollars).

Une règle semble présider aux dépenses somptuaires des gouvernants d'Afrique, d'Asie et d'Amérique latine : plus pauvre et plus endetté est leur pays, plus luxueux est leur train de vie personnel et celui de leur famille et de leurs courtisans.

Mais la pratique régulière de la corruption a des conséquences plus graves encore : à terme, elle détruit le lien de confiance indispensable entre les citoyens et l'État. En ce sens, la corruption constitue une des causes essentielles de l'affaiblissement de l'État national que nous avons évoqué plus haut.

Les prédateurs utilisent la corruption comme un moyen privilégié de domination. Il serait toutefois injuste de leur imputer à eux seuls la responsabilité des distorsions, perversions et misères physiques et morales provoquées par la corruption. Hollenweger parle à ce sujet de la « responsabilité écrasante » de certaines « élites du tiers-monde[1] ». Il a raison. De grands et rusés klepto-

1. Walter Hollenweger, *Das Kindermorden von Bethleem geht weiter* (Le massacre des innocents de Bethléem se poursuit), *op. cit.*

crates ravagent un grand nombre de pays du tiers-monde. Les relations qu'ils entretiennent avec leurs complices dans l'hémisphère nord sont complexes. Car les frontières entre corrupteurs et corrompus se brouillent bien vite.

La plupart d'entre ces kleptocrates sont dépourvus de savoir bancaire ou financier. C'est par la violence sèche qu'ils sont le plus souvent parvenus au pouvoir. Mais ils ne s'en intéressent pas moins à tout ce qui peut enrichir leur patrimoine. Exemples.

Joseph Désiré Mobutu, propriétaire d'un empire financier international estimé à plus de 4 milliards de dollars, a pillé le Zaïre (aujourd'hui République démocratique du Congo) de 1965 à 1997. Sa seule formation professionnelle, il l'avait reçue en tant que sergent de la Force publique coloniale belge.

Anastasio Somoza Debayle[1], appelé le Gouverneur des cimetières, dont la dynastie a régné sur le Nicaragua jusqu'au 19 juillet 1979, n'avait reçu aucune formation scolaire digne de ce nom. Or, ses héritiers contrôlent aujourd'hui une holding internationale de chaînes hôtelières, d'immeubles de rapport, de participations industrielles en Europe et aux États-Unis d'une valeur de plusieurs milliards de dollars.

Jean-Claude Duvalier, connu sous le nom de « Bébé-Doc[2] », est un quasi-analphabète. Durant son règne à Port-au-Prince, en Haïti, il a accumulé un magot considérable. Sa famille est aujourd'hui propriétaire d'un

1. Chassé par l'insurrection des jeunes sandinistes, le Gouverneur des cimetières s'était réfugié à Asunción, au Paraguay. Il y fut exécuté, en 1980, par un commando dirigé par deux révolutionnaires italiens.

2. François Duvalier, père et prédécesseur de Jean-Claude, avait été un « docteur » craint du « vaudou », ce culte propre à la diaspora africaine (d'origine fon) qui peuple la République de Haïti. D'où le surnom de son fils : « Bébé-Doc ».

complexe écheveau de sociétés industrielles, financières, commerciales actives sur trois continents.

Pour piller leur pays et créer à l'extérieur de leurs frontières des holdings financières qui géreront leurs affaires personnelles, les kleptocrates ont nécessairement recours aux experts des grandes banques et des sociétés financières transcontinentales. Ces sociétés financières, fiduciaires ou bancaires ont elles-mêmes besoin des capitaux pillés ; elles y prélèveront de juteuses commissions qu'elles utiliseront pour financer leurs propres affaires internationales (boursières, immobilières, de crédit, etc.).

Pour comprendre cet univers incertain, compliqué, crépusculaire où le corrupteur devient corrompu et le corrompu corrupteur, examinons plus en détail un cas particulier : celui de Ferdinand et Imelda Marcos, ci-devant despotes de la République des Philippines. Ce cas présente, en effet, l'avantage d'être documenté avec précision grâce au nombre impressionnant de procédures judiciaires en cours aux États-Unis et en Suisse.

Ferdinand Marcos aura donc régné vingt-trois ans dans son palais de Malacanang. À partir de 1973, il gouverne par la répression des syndicats, de l'Église, des organisations paysannes ; par l'assassinat systématique des opposants d'envergure ; par la torture méthodique, la « disparition » fréquente d'hommes, de femmes et d'adolescents contestant tant soit peu sa mégalomanie, son despotisme, son insondable corruption[1]. Voici comment le kleptocrate organisait le pillage de son peuple :

1. Pour l'analyse du système Marcos et de sa chute, voir Lewis M. Simons, *The Philippine Revolution. Worth Dying for*, New York, William Morrow, 1987.

1. Chaque année, Marcos prélevait des sommes équivalant à plusieurs millions de dollars dans les caisses de la banque centrale et sur les fonds destinés aux services secrets.

2. En deux décennies, le Japon, ancienne puissance occupante, aura versé au gouvernement de Manille des centaines de millions de dollars au titre des réparations de guerre. Marcos prélevait sa part sur chaque versement.

3. Les Philippines sont un des trente-cinq pays les plus pauvres de la terre. La Banque mondiale, les organisations spécialisées des Nations unies, des œuvres d'entraide privées lui ont versé, au cours des ans, des dizaines de millions de dollars et ont investi d'autres millions dans de nombreux projets dits de développement. Marcos, sa cour, ses complices se sont servis avec une belle constance sur quasiment tous ces transferts et chacun de ces projets.

4. Vu la fâcheuse insoumission du peuple affamé, Marcos dut rapidement proclamer l'état d'urgence et le reconduire d'année en année. Concentrant entre ses mains à peu près tous les pouvoirs civils et militaires, il utilisait l'armée pour occuper puis exproprier des centaines de plantations, sociétés commerciales, sociétés immobilières et banques appartenant à ses critiques, pour en attribuer la propriété à ses propres généraux, courtisans et hommes de main. De nombreuses sociétés et plantations passèrent ainsi directement entre les mains de sa famille et de celle d'Imelda.

Mais Ferdinand Marcos – vaniteux, avide et cruel – était aussi un homme prévoyant. Or, il ne se faisait guère d'illusions sur les sentiments qu'il inspirait à son peuple. C'est ainsi qu'un consortium de banquiers helvétiques l'aida à évacuer son butin. Un banquier suisse fut même détaché spécialement auprès du satrape de Manille. Il le conseillait en permanence sur la manière la plus discrète, la plus efficace, de transférer à l'étranger et d'y réinvestir ses capitaux détournés.

Quel est le montant total du butin placé à l'étranger, principalement en Europe et aux États-Unis ? Une estimation sérieuse évalue le magot déposé au Crédit suisse, et dans une quarantaine d'autres banques, à une somme comprise entre 1 et 1,5 milliard de dollars[1].

Le camouflage du butin de Marcos et des siens obéissait à une stratégie complexe. Le banquier zurichois qui avait été détaché à Manille et son état-major s'occupaient pratiquement à temps plein (depuis 1968) de l'évacuation et du recyclage de l'argent. Ils réussiront à maintenir un contact quotidien avec le kleptocrate, y compris lorsqu'il sera (à partir de mars 1986) interné à la base aérienne américaine de Hickham, à Honolulu[2].

Dans un premier temps, ces fleuves d'argent sale étaient dirigés vers de multiples comptes numérotés au Crédit suisse de Zurich. Premier lavage. Puis le butin était transféré à la société fiduciaire Fides, qui appartient au Crédit suisse où le magot changeait une deuxième fois d'identité. Finalement, troisième lavage : Fides ouvrait ses écluses, les fleuves boueux repartaient, vers le Liechtenstein cette fois. Là, ils s'engouffraient dans des structures préparées avec soin, les fameuses *Anstalten* (terme intraduisible, propre au Liechtenstein, signifiant approximativement : établissement). Au stade actuel des procédures, on en a découvert onze. Elles portent toutes des noms fort poétiques : « Aurora », « Charis », « Avertina », « Wintrop », etc.

1. Voir *Le Monde*, 4 novembre 1989.
2. Marcos fut renversé par une insurrection populaire à Manille en mars 1986.

Détail pittoresque : dès 1978, afin de rationaliser le transfert des capitaux, Marcos nomma consul général des Philippines à Zurich un directeur du Crédit suisse !

Dans sa correspondance avec les banquiers, le nom de code utilisé par Marcos était, dès 1968, « William Sanders » ; celui de sa femme, « Jane Ryan ». Les banquiers suisses créeront des dizaines de sociétés d'investissement au Liechtenstein, au Panama, achèteront des centaines d'immeubles à Paris, Genève, Manhattan, Tokyo, traiteront des centaines de milliers d'opérations en bourse pour le compte du mystérieux couple Sanders-Ryan.

Malgré l'habileté proverbiale des banquiers suisses, le domaine américain de Sanders-Ryan ne résistera que partiellement à la chute du satrape. Les juges new-yorkais inculpent bientôt Ryan-Imelda. Ils lui reprochent d'avoir effectué sur le territoire américain pour plus de 100 millions de dollars d'achats privés avec l'argent volé au Trésor philippin. Des dizaines d'immeubles achetés de la même manière par Sanders-Marcos (ou leurs sociétés-écrans) sont alors mis sous scellés.

Mais qu'est devenu le magot placé en Suisse, ailleurs en Europe et aux États-Unis ? Des régiments d'avocats internationaux compétents et brillants sont mobilisés depuis des années par Imelda Marcos, son clan et les autres clans déchus alliés au kleptocrate défunt afin de saboter le plus efficacement possible les innombrables procédures en restitution engagées par le gouvernement de Manille. C'est pourquoi, en 2002, une petite partie seulement du butin des Marcos a été restituée à l'État philippin.

Manille est la capitale asiatique de la prostitution enfantine[1]. Des millions de coupeurs de canne à sucre vivent dans le dénuement le plus complet. Leurs enfants

1. Cf. Jean Dallais, *Philippines : les enfants du mépris*, Paris, Fayard, 1989.

tentent de survivre comme ils peuvent. La sous-alimentation, les maladies endémiques dues à la faim ravagent des centaines de milliers de familles sur les îles de Luçon, Mindanao et Vebu. Des centaines de milliers de Philippines et de Philippins sont forcés d'émigrer. En Arabie Saoudite, au Qatar, au Koweït, les jeunes filles philippines, engagées comme bonnes, sont traitées en esclaves, exploitées, humiliées, sans droits.

Plus du cinquième des 70 millions ou presque de Philippins sont des musulmans. Au sein de la jeunesse musulmane notamment, l'opposition contre les latifundiaires catholiques et leur gouvernement à Manille progresse rapidement. Les mouvements de libération islamiques sont actifs sur l'île de Mindanao. Beaucoup de leurs combattants ont été formés dans les camps d'Al-Qaida en Afghanistan. Ils continuent de soutenir Oussama ben Laden.

Bref, aux Philippines, la corruption rampante mise en œuvre par Ferdinand et Imelda Marcos et les prédateurs du Crédit suisse est directement responsable de la menace de désintégration pesant aujourd'hui sur la République, de l'abyssale misère dont souffre la majorité de la population, et de la propagation du terrorisme.

La prévarication des « élites » et la corruption à large échelle sont des fléaux permanents dans de nombreux pays du tiers-monde. Mais la résistance existe. Du sein même des peuples affligés, exploités, humiliés quotidiennement par les corrompus (et les corrupteurs), des voix s'élèvent, des hommes et des femmes se dressent afin de libérer l'État des chacals et des hyènes.

Je me souviens avec émotion de Francisco Peña-Gomez, dit « Chico ». C'était un homme merveilleux, un ami, leader du Partido Revolucionario Dominicano (PRD), vice-président de l'Internationale socialiste et secrétaire général de son comité latino-américain. Peña-Gomez était un Noir magnifique d'intelligence et de joie de vivre. Avocat, il avait étudié aux États-Unis et s'y était assuré – au sein de la gauche démocrate et parmi les syndicalistes – des amitiés sûres. Or, il a voué sa vie à la lutte contre l'hydre de la corruption et les zones spéciales de production. J'ai suivi sur place son ultime campagne pour les élections présidentielles, en 1994.

La République dominicaine est une moitié d'île superbe située dans la mer des Caraïbes. Son histoire récente est tourmentée. De 1930 à 1961, un Ubu-Roi sanguinaire et rusé, du nom de Rafael Leonidas Trujillo, régna sur un peuple de 7 millions d'âmes. Après son assassinat, ses courtisans et ses complices parvinrent à perpétuer son régime.

En 1994, l'ancien secrétaire du despote, Joaquin Balaguer, un vieillard quasiment grabataire, ami fidèle des prédateurs, occupait le palais présidentiel. Partout où passait la caravane de bus et de camions de Peña-Gomez, je pus constater que les coupeurs de canne, leurs femmes faméliques, les enfants joyeux aux ventres gonflés par les vers, se rassemblaient par dizaines de milliers. « Chico » était un orateur extraordinaire, plein d'humour, de chaleur humaine. Sa voix puissante faisait trembler les palmiers. Exemples à l'appui, il dénonçait sans relâche le cancer de la corruption.

Balaguer et ses maîtres étrangers entreprirent bien entendu de discréditer Peña-Gomez. Ils prétendirent ainsi qu'il n'était point dominicain, mais fils d'un coupeur de canne haïtien immigré clandestinement. Or, la couleur de la peau joue un grand rôle dans l'imaginaire dominicain : la classe dirigeante locale est blanche ou métisse, la petite et moyenne bourgeoisie rêve de se « blanchir ». Les ennemis de Peña-Gomez savaient parfaitement ce qu'ils faisaient en jouant sur les préjugés racistes.

Comme de coutume, les élections présidentielles de 1994 furent truquées. Comme de coutume, le satrape des maîtres des zones spéciales de production sortit victorieux des urnes. Comme d'habitude, les corrompus et les corrupteurs triomphèrent.

Francisco Peña-Gomez mourut peu après l'élection, à la suite d'un cancer.

La corruption, elle, reste bien vivante en République dominicaine.

Paradoxalement, c'est le triomphe des ayatollahs de la doxa néo-libérale qui provoqua l'adoption des premières mesures sérieuses contre la corruption internationale.

Pendant des décennies, l'attitude des dirigeants des sociétés transcontinentales avait été la suivante : la corruption est un mal nécessaire. Pour s'assurer d'un marché – notamment dans les pays de l'hémisphère sud – il est indispensable de graisser la patte aux ministres, chefs d'État, dirigeants religieux ou économiques. Cette « aide à la décision » est évidemment variable. On l'adapte aux circonstances. Il n'existe pas de règles fixes. À l'occasion de transactions portant sur de l'armement lourd – blindés, canons, avions de combat –, il faut tout de même savoir qu'un pot-de-vin s'élevant à 40 % de la somme totale n'est pas rare[1]. En tout état de cause, aucune affaire sérieuse ne saurait être conclue sans cette petite (ou grande) aide extralégale. Les États occidentaux avaient d'ailleurs adapté leur législation en conséquence. Certes, tous connaissaient le délit de corruption active et passive. Mais leur code pénal ne prévoyait de sanction qu'en matière de corruption de fonctionnaires

1. Chitra Subramaniam, *Bofors, the Story Behind the News*, Londres, Vicking, 1993. Bofors est le nom de ce fabricant d'armement suédois, fournisseur de l'armée de l'Inde, impliqué dans un retentissant scandale de corruption au début de la décennie 1990.

nationaux. Corrompre une autorité étrangère n'était pas punissable. En outre, le code des impôts de la plupart des pays de l'OCDE prévoyait jusqu'à peu la possibilité de déduire de ses impôts les pots-de-vin versés à l'étranger...

Mais les ayatollahs de la Main invisible frappent tout cela d'anathème. Le marché, et le marché seul, doit décider de l'allocation des ressources, du taux de profit, de la localisation des entreprises, etc. Or, tout acte de corruption introduit une distorsion dans le libre jeu des forces du marché. Il doit donc être banni.

L'organisation internationale qui est à l'origine des récentes mesures prises contre la corruption s'appelle Transparency International. Fondée en 1993 par un homme exceptionnel du nom de Peter Eigen, elle se réclame très exactement des convictions néo-libérales mentionnées plus haut.

Eigen est un ancien haut cadre allemand de la Banque mondiale. Pendant onze années, il a occupé des postes à responsabilité dans six pays latino-américains. Son expérience pratique est vaste. Sa formation théorique solide.

L'organisation de Transparency est calquée sur celle d'Amnesty International. Son budget annuel est modeste : 2,5 millions de dollars (en 2001), et il est financé par les cotisations de ses membres et par des fondations indépendantes. Au siège central de Berlin, un état-major d'économistes, de fiscalistes, de juristes de grande compétence est à l'œuvre. Quarante personnes en tout.

Transparency International compte des milliers de membres répartis dans quatre-vingts pays. Mais les sections nationales jouissent d'une grande autonomie : les actions anticorruption qu'elles entreprennent doivent être adaptées à la situation de chaque pays.

Un exemple. En Argentine, Transparency compte plus de 3 000 membres. Ceux-ci postent régulièrement des

« patrouilles de citoyens » devant les mairies et les immeubles administratifs. Ces « citoyens » abordent systématiquement les usagers des administrations publiques, leur demandant par exemple si, pour obtenir tel ou tel papier officiel, tel ou tel acte administratif, ils ont dû payer un pot-de-vin. Si oui, à quel fonctionnaire ? De quel montant ? Les militants de Transparency Argentine notent alors soigneusement les réponses des usagers et, le cas échéant, les rendent publiques, par voie de presse.

Depuis 1995, Transparency International publie annuellement un *Index de la corruption*. Comment est-il établi ? Dans chaque pays examiné, environ une centaine d'acteurs économiques de confiance – entrepreneurs nationaux et internationaux, banquiers connus de l'état-major de Berlin, fonctionnaires de l'ONU, responsables de programmes de développement, etc. – rédigent des rapports répondant à un questionnaire précis. À partir de ces documents, la centrale berlinoise rédige une synthèse. Puis elle dresse une échelle de la corruption, du pays le plus corrompu à celui qui est le moins frappé par ce fléau.

Eigen est doué d'un solide sens pratique : Transparency publie un *National Integrity Source Book*, une sorte de livre de cuisine de la corruption. Comment les corrupteurs opèrent-ils ? Quels sont généralement les premiers cadeaux offerts ? Les premières prébendes proposées ? Comment résister ? À qui dénoncer les corrupteurs ? Ou le collègue corrompu du bureau d'à côté ? Les méthodes, évidemment, varient de continent à continent, de pays à pays[1]. Ce livre est aujourd'hui

1. Voir Eberhard Schade, « Beamte bitte nicht fuettern ! » (« Prière de ne pas jeter de la nourriture aux fonctionnaires ! »), *Die Weltwoche*, Zurich, 5 juillet 2001.

disponible en vingt langues. Les données qu'il renferme sont constamment actualisées sur Internet.

Bien sûr, Transparency International ne s'attaque qu'aux États et à ceux qui les corrompent. L'organisation ne dispose pas encore des moyens matériels nécessaires pour s'occuper des *non-state actors*, et notamment des sociétés transcontinentales de l'armement, de la pharmacie, de l'alimentation, des agents de change, etc. Or, il est évident qu'entre elles, certaines de ces sociétés pratiquent également la corruption, et parfois à une large échelle. Un dirigeant d'une société A peut, par exemple, verser de considérables pots-de-vin aux dirigeants d'une société B afin que ceux-ci s'abstiennent d'entrer en compétition avec lui sur un marché donné. Dans ce cas de figure, les perdants sont les actionnaires de la société B.

Le combat de Transparency International est-il efficace ? Jusqu'à un certain point. Certes, les différents pays épinglés n'aiment pas apparaître tout en haut de la liste annuelle des pays les plus corrompus. Ensuite et surtout, l'OCDE s'est rangée aux côtés de Transparency International : la convention élaborée par elle, et que la plupart des États-membres ont signée, prévoit des sanctions sévères pour les corrupteurs comme pour les corrompus et met fin à la pratique de la déduction fiscale. Mais si admirable que soient le travail de Transparency International et la vigilance de l'OCDE, la corruption n'en continue pas moins de prospérer.

Les États-Unis sont membres de l'OCDE. Ils se prononcent régulièrement en faveur de tout instrument national et international susceptible de combattre le cancer de la corruption. Le *Federal Corrupt Practice Act* fait d'ailleurs de la corruption d'un fonctionnaire ou d'un agent d'une autorité étrangère un délit fédéral. Mais en même temps, l'empire cherche à promouvoir ses exportations. Comment résoudre la contradiction ? Le gouvernement de Washington a trouvé l'astuce : il autorise désormais les sociétés transcontinentales de l'industrie, du commerce, de la banque à inscrire aux îles Vierges, un paradis fiscal sous administration américaine, des *foreign sales corporation* (sociétés étrangères de vente). Celles-ci tiennent la comptabilité des exportations de certaines des principales sociétés transcontinentales dont le quartier général se trouve à New York, Boston ou Chicago. Et ce sont ces *foreign sales corporations* qui versent les pots-de-vin à leurs partenaires étrangers.

En toute légalité. Puisque le *Federal Corrupt Practice Act* ne s'applique qu'aux sociétés américaines et que les *foreign sales compagnies* ne sont pas des sociétés américaines, mais des sociétés offshore, régies par la loi des îles Vierges[1]...

Les Européens ne se conduisent pas beaucoup mieux. Nombre de sociétés transcontinentales d'origine française, allemande, britannique, italienne ou espagnole créent aux Bahamas, à Curaçao ou à Jersey des sociétés offshore ou des succursales prétendument « indépendantes » afin de contourner les dispositions de la Convention de l'OCDE que leurs gouvernements ont pourtant signées.

Un jugement français de février 2000 fait aujourd'hui jurisprudence. Un tribunal métropolitain devait statuer sur le cas du président-directeur général de la société Dumez-Nigeria. Le PDG en question était soupçonné d'avoir fait transiter une somme de 60 millions de dollars par un paradis fiscal afin de verser des pots-de-vin à plusieurs généraux et hauts fonctionnaires nigérians. Le procureur et la partie civile défendirent la thèse

1. Sur les paradis fiscaux, voir le chapitre suivant.

selon laquelle Dumez-Nigeria faisait partie de la société Dumez-France, que la France avait signé la Convention de l'OCDE et que les transferts opérés par le PDG de la succursale de Dumez à Lagos étaient donc illégaux[1]. Le tribunal en jugea autrement. Prétendant que Dumez-Nigeria était une structure indépendante opérant à partir d'un pays non signataire de la Convention, le prévenu ne pouvait commettre un acte délictueux[2].

Bref, en dépit des mesures prises par certains, au nom même des principes sur lesquels prospère la mondialisation libérale, l'hypocrisie des prédateurs triomphe et prospère.

La corruption également.

1. Pierre Abramovici, « La corruption : un mal nécessaire ? », *Le Monde diplomatique*, novembre 2000.

2. Voir *Le Monde*, 4 avril 2000.

VI

Les paradis des pirates

Entre les prédateurs et les États républicains et démocratiques, l'incompatibilité est absolue. Les seigneurs veulent instaurer l'ordre de la *stateless global governance*, du gouvernement planétaire sans État où les quelques règles indispensables au bon fonctionnement du capitalisme financier monopolistique – de ses investissements, du commerce, de la protection de la propriété intellectuelle, etc. – seraient fixées par l'OMC et quelques autres agences travaillant à leur service.

Les valeurs principales qui inspirent les stratégies de la privatisation du monde sont la maximalisation du profit, l'expansion constante des marchés, la mondialisation des circuits financiers, l'accélération du rythme d'accumulation et la liquidation la plus complète possible de toute instance, institution ou organisation susceptible de ralentir la libre circulation du capital. Au fondement de l'État républicain et démocratique, en revanche, il y a la défense du bien public, la promotion de l'intérêt général, la protection de la nation, la solidarité, la souveraineté territoriale.

Des années-lumière séparent donc les conceptions sociales des oligarques de celles des démocrates, ou, plus généralement, de celles des partisans de la primauté de la formation étatique. Et la confrontation a lieu sur un terrain privilégié : les impôts et la fiscalité.

Pour la plupart des pirates, il est ontologiquement intolérable de payer des impôts (il en va de même pour les prélèvements sociaux, les taxes, etc.). Ils assimilent l'impôt à une confiscation. Le seigneur se regarde lui-même comme l'unique moteur de l'économie, et considère les fonctionnaires de l'État comme des êtres inutiles, gaspilleurs, improductifs, arrogants et pour tout dire : nuisibles.

Pour le prédateur, l'inspecteur du fisc est l'incarnation du mal. Transférer, sous la contrainte, une partie – substantielle – de ses gains à la machine inefficace et superflue de l'État ? Vision d'horreur ! Bref, pour lui, l'impôt c'est le vol.

Partout au nord, mais aussi au sud, le combat prioritaire mené par les oligarchies contre la puissance publique se concentre sur l'impôt. Combat, hélas, très souvent victorieux. Notamment en Europe.

Les plus puissants parmi les prédateurs recourent à une méthode radicale : ils installent une ou plusieurs sociétés holdings gouvernant leurs empires dans un paradis fiscal. Ils échappent ainsi totalement à toute forme d'impôt ou de contrôle public de leurs activités.

Ces paradis fiscaux sont connus : îles des Caraïbes ou de la Manche, Bahamas, Bermudes, îles Vierges, Curaçao, Aruba, Jersey ou Guernesey.

Examinons de plus près le fonctionnement d'un de ces paradis fiscaux : celui des Bahamas.

L'histoire des Bahamas a commencé par une escroquerie suivie par un massacre. La *Santa Maria*, la *Niña* et la *Pinta*, les trois caravelles commandées par Christophe Colomb, étaient parties le 3 août 1492 du petit port de Pallos, dans le sud de l'Espagne. But de l'expédition :

ouvrir par l'ouest une route vers l'Asie en sillonnant des mers jusqu'alors inconnues. La reine Isabelle d'Espagne avait promis 10 000 maravédis à celui des membres de l'équipage qui serait le premier à découvrir la nouvelle terre. À l'aube du 12 octobre, le matelot Rodrigo de Triana se trouvait dans la corbeille tout en haut du mât principal de la *Santa Maria*. Brusquement, une nuée d'oiseaux fit son apparition, puis Triana aperçut une bande sombre à l'horizon. « *Tierra ! Tierra !* » cria le matelot, assuré d'obtenir les 10 000 maravédis. Mais ce fut l'amiral Christophe Colomb qui les encaissa grâce à un rapport truqué.

Triana avait pourtant aperçu la côte de Guanahani, une des 700 îles qui constituent l'archipel des Lucayans, c'est-à-dire les Bahamas actuelles. Les pacifiques Indiens Lucayans, au nombre de 50 000 environ, pêcheurs, planteurs de manioc ou producteurs de vannerie, accueillirent les Espagnols de la manière la plus amicale qui soit. Ils furent néanmoins massacrés par leurs envahisseurs. Les Espagnols recherchaient de l'or, mais les Lucayans n'en possédaient pas. L'archipel (désormais quasiment inhabité), situé au sud de la Floride et à l'est de Cuba, servit alors, pendant plus de trois siècles, de repaire à des pirates de toutes nationalités, mais surtout anglais, qui jetaient leur dévolu sur les caravelles espagnoles chargées d'or et d'argent croisant dans les Caraïbes. À la fin du XVIIIe siècle seulement s'y développa l'économie de plantation, soit des décennies après la Jamaïque, Cuba, Saint-Domingue et les autres îles déjà enrichies par la production sucrière. L'archipel de Nassau fut alors rattaché à la couronne britannique. Des esclaves y furent importés par milliers depuis le golfe de Guinée.

Le 10 juillet 1973, cette colonie britannique devint une république indépendante. Grâce à la généralisation du droit de vote, les fils et les filles des esclaves noirs obtinrent la majorité absolue. C'est ainsi que cet archipel de 275 000 habitants (dont 80 % de Noirs) devint, par la grâce de son île principale, New Providence, dont la capitale est Nassau, un des centres offshore les plus importants et les plus profitables du monde : 430 banques se sont, en effet, établies dans la ville très colorée de Nassau depuis cette date. Prises ensemble, elles gèrent actuellement des dépôts pour un montant cumulé de plus de 1 000 milliards de dollars, principalement d'origine européenne.

Dans la guerre qui voit s'affronter les paradis fiscaux du monde entier, les Bahamas disposent de deux armes de choix : l'IBC (*International Business Company*) et le trust.

L'IBC est une institution incomparable : elle permet en effet d'offrir une protection maximale contre toute indiscrétion, procédure légale ou autre désagrément au gros client d'une banque privée de Genève pratiquant l'évasion fiscale, au baron syrien de la drogue, au mollah iranien corrompu ou au parrain de la mafia russe. Ni l'État des Bahamas ni les autres États du monde ne sont autorisés à consulter les bilans des IBC, pas plus qu'ils ne peuvent être informés sur les mouvements de leurs comptes et connaître l'identité de leurs propriétaires.

Pour fonder une IBC, il suffit de rendre visite à l'un des avocats portant perruque de Nassau. La ville est presque aussi peuplée que Genève : 160 000 habitants. Elle a à peu près le même nombre d'avocats : un millier environ. L'*International Business Companies Act* date de 1990. Pour créer une IBC, il suffit d'un capital de départ de 5 000 dollars ! Tout est réglé en vingt-quatre heures maximum moyennant quelques centaines de dollars pour les honoraires d'avocats et les frais d'enregistrement.

L'IBC est une société par actions. Mais ni les noms des actionnaires, ni ceux des gérants ou des délégués du conseil d'administration ne seront enregistrés. C'est ainsi que la plupart des IBC se réduiront à une boîte aux lettres au nom d'un homme de paille....

Un paradis fiscal international se doit d'être au service presque exclusif des pirates car la plupart d'entre eux ont horreur de la publicité. C'est pourquoi la législation des Bahamas autorise que les assemblées générales se tiennent par téléphone. Un décret de 1994 stipule, en outre, que les documents des IBC ne doivent pas être conservés. Le secret bancaire y est presque absolu. Le gouvernement ne condescend à l'assistance judiciaire internationale que très exceptionnellement, lorsque, par exemple, le puissant voisin du Nord, le gouvernement de Washington, tape violemment du poing sur la table.

Au paradis des Bahamas, l'impôt sur le revenu, la fortune ou les successions est inconnu.

Combien y a-t-il d'IBC à l'heure actuelle ? Les chiffres sont bizarrement divergents. Julian Francis, le gouverneur de la banque centrale de l'archipel, évalue leur nombre à 75 000. Les publications officielles du Bahamas Financial Service Board de 2002 donnent le chiffre de 95 000. Ces deux sources sont néanmoins d'accord pour signaler aujourd'hui l'augmentation rapide du nombre d'IBC. En moyenne, 10 000 nouvelles IBC sont créées chaque année. Le Financial Service Board indique même que, au cours des trois années à venir, les IBC (et les trusts, nous y venons) de Nassau pourraient offrir un abri totalement sûr à une grande partie des fortunes privées offshore du monde, soit peut-être 35 à 40 % d'entre elles.

Les trusts constituent la deuxième arme de choc de ce paradis fiscal. Contrairement à l'IBC, qui est une création de Nassau, le trust est une institution bien connue du monde anglo-saxon, et en particulier des Caraïbes et des îles Anglo-Normandes. Un trust est en fait un contrat par lequel un *settler* (une personne fortunée) confie ses biens à un *trustee*. Ce dernier gère (investit, etc.) les actifs qui lui sont transmis, en vertu des dispositions d'un contrat, pour le compte du *settler* ou de tout autre bénéficiaire identifié dans le contrat. Ici aussi, comme dans le cas de l'IBC, l'opacité est la règle absolue, et il ne saurait être question de la transgresser.

L'île principale de New Providence, où est située Nassau et où habite plus de la moitié de la population des Bahamas, fait à peine 30 kilomètres de long sur 15 kilomètres de large. Son paysage somptueux est dégradé par plus de 100 000 voitures, des douzaines d'hôtels de luxe en béton, des restaurants, des banques et des bâtiments gouvernementaux à colonnes blanches. De l'autre côté de l'île, comme on dit là-bas, se trouvent les piscines, les terrains de golf et les villas luxueuses des quelques milliers de « résidents permanents ». Ces « résidents » sont les clients les plus fortunés des banques spécialisées dans l'évasion fiscale. Il s'agit évidemment de résidents fantômes, les seigneurs vivant, agissant, spéculant dans les grands centres financiers de la planète, à Londres, New York, Zurich, Paris ou Francfort.

Les bureaux de centaines d'informaticiens, de spécialistes en audit, d'analystes financiers, de juristes et de notaires bordent la rue principale de Nassau. Ils proviennent de tous les pays du monde, mais la plupart sont anglais ou américains. Ils constituent l'armature de ce paradis offshore. On compte parmi eux environ 300 Suisses qui sont, la plupart du temps, directeurs ou employés d'une des trente-quatre banques suisses qui gèrent les affaires de très gros clients triés sur le volet.

Dans le bar climatisé de l'Atlantis ou un peu plus loin à l'Ocean Club, sur Paradise Island, on peut ainsi entendre des banquiers à l'accent genevois de chez Pictet ou de chez Darier-Hentsch défendre des « thèses » identiques à celles de leurs collègues de Genève ou de Zurich. Leurs arguments ? Les paradis fiscaux sont une nécessité absolue ! Dans le monde entier, et plus exactement en France, en Allemagne et en Suisse, les fonctionnaires du fisc se conduisent comme des bandits. Par une fiscalité abusive, ils pillent la fortune de gens honnêtes dont le seul crime est d'avoir « réussi » dans les affaires, et donc de s'être enrichis. L'archipel des Bahamas – comme tous les autres paradis fiscaux d'ailleurs – offre aide et protection aux justes. L'IBC est le château fort de l'honnête homme en butte aux procureurs fanatiques et aux inspecteurs impitoyables du fisc. En bref, pour les banquiers, le paradis fiscal est une conquête de la civilisation.

Dans *Les Damnés de la terre*, Frantz Fanon évoque ce qu'il appelle les « nègres blancs[1] ». Il désigne par là les dirigeants des anciennes colonies qui, bien que leur pays soit devenu indépendant, se comportent comme des laquais. À cet égard, on peut regarder le Premier ministre actuel des Bahamas et les deux personnages les plus influents de l'archipel, le gouverneur de la banque centrale, Julian Francis, et le ministre des Finances, William Allen, comme des nègres plus blancs que blancs. Ils vendraient leur propre mère s'ils pouvaient intéresser à la transaction l'un des nombreux pirates fréquentant l'archipel.

Cependant, les paradis fiscaux – Bahamas en tête – constituent un danger mortel pour le capitalisme

1. Frantz Fanon, *Les Damnés de la terre*, Paris, Maspero, 1961. Voir aussi Alice Cherki, *Frantz Fanon*, Paris, Seuil, 1999.

mondialisé. Voici pourquoi. Grâce à la vitesse extrême avec laquelle les capitaux circulent autour du globe, aux facilités offertes par le cyberspace unifié, l'impossibilité technique de contrôler l'identité de ces capitaux en constante migration, la symbiose entre capitaux d'origine légale et capitaux d'origine criminelle est aujourd'hui presque achevée. Eckart Werthebach, l'ancien chef du contre-espionnage allemand, constate : « Par sa puissance financière gigantesque, la criminalité organisée influence secrètement toute notre vie économique, l'ordre social, l'administration publique et la justice. Dans certains cas, elle dicte sa loi, ses valeurs, à la politique. De cette façon disparaissent graduellement l'indépendance de la justice, la crédibilité de l'action politique, et finalement la fonction protectrice de l'État de droit. La corruption devient un phénomène accepté. Le résultat est l'institutionnalisation progressive du crime organisé. Si cette évolution devait se poursuivre, l'État se verrait bientôt incapable d'assurer les droits et libertés civiques des citoyens[1]. »

Dans les paradis fiscaux, les capitaux légalement accumulés se mêlent aux capitaux provenant de la traite des êtres humains, du trafic d'armes, des matières nucléaires et des stupéfiants, du chantage et du meurtre. Le commissaire principal Schwerdtfeger a été pendant de longues années directeur de la division « Criminalité organisée » de la police judiciaire du plus grand Land allemand, la Rhénanie-Westphalie. Aujourd'hui conseiller spécial du préfet de police de Düsseldorf, il résume

1. Eckart Werthebach a présidé jusqu'en 1997 le *Bundesamt für Verfassungschutz*, la DST allemande. Cf. Eckart Werthebach, en collaboration avec Bernadette Droste-Lehnen, « Organisierte Kriminalität », *Zeitschrift für Rechtspolitik*, n° 2, 1994.

mon propos : « La criminalité organisée, c'est du capitalisme aggravé *(verschärfter Kapitalismus)*[1]. »

Sans les paradis fiscaux, il est clair notamment que les cartels transcontinentaux de la criminalité organisée ne pourraient prospérer. Ils représentent donc ainsi une menace mortelle pour les maîtres du monde eux-mêmes[2].

1. Conversation avec Uwe Mühlhoff, cité in Jean Ziegler, en collaboration avec Uwe Mühlhoff, *Les Seigneurs du crime*, Paris, Seuil, 1998, p. 46.

2. Jean de Maillard, *Le marché fait sa loi. De l'usage du crime par la mondialisation*, Paris, Mille et une Nuits, 2001.

TROISIÈME PARTIE

Les mercenaires

En haut et en bas ce sont deux langages,
Deux poids, deux mesures,
Les hommes ont même figure
Et ne se reconnaissent plus.

Mais ceux qui sont en bas sont maintenus en bas
Pour que restent en haut ceux qui y sont déjà.

Bertolt Brecht
Sainte Jeanne des abattoirs

I

L'OMC comme machine de guerre

Warren Allmand, président de l'organisation non gouvernementale canadienne Rights and Democracy, dit : « Nous habitons un monde où il est infiniment plus grave de violer une règle du commerce international qu'un droit de l'homme[1]. » Et l'Organisation mondiale du commerce (OMC) est certainement la machine de guerre la plus puissante entre les mains des prédateurs.

Grâce à l'unification progressive des marchés, le volume du commerce mondial a augmenté sans cesse, et d'une façon toujours plus rapide ces dix dernières années. Dès 2000, le volume des échanges exprimé en termes monétaires a dépassé les 6 000 milliards de dollars. En même temps, la structure du commerce mondial change : elle fait une place de plus en plus importante aux sociétés transnationales privées.

L'OMC inventorie plus de 60 000 sociétés transnationales (de la finance, du commerce, des services, etc.) à travers le monde. Celles-ci gèrent ensemble plus de 1,5 million de succursales dans pratiquement tous les pays du monde (excepté l'Afghanistan et quelques autres

1. Cf. http//www.ichrdd,ca/frame.

lieux déshérités de la planète)[1]. Mais seules comptent réellement les quelque 300 à 500 entreprises nord-américaines, européennes et japonaises qui, ensemble, dominent le commerce. En 2002, le tiers environ des échanges commerciaux s'est effectué à l'intérieur des mêmes sociétés transcontinentales. Prenons l'exemple de Philips, Exxon ou Nestlé. Comme toutes les sociétés transcontinentales, elles sont organisées de façon décentralisée. Leurs nombreux *profit-centers* (usines, sociétés commerciales, sociétés de leasing, etc.) à travers le monde fonctionnent de façon quasiment autonome et commercent entre eux ou avec la holding mère. Un autre tiers du commerce mondial s'est effectué en 2001 entre les sociétés transnationales. Seul un dernier petit tiers des échanges de biens et de services durant cette même année a relevé du commerce au sens classique du terme : échange entre États, entre entreprises relevant du capital national, etc.

Dans ces conditions, on ne s'étonnera pas que les stratégies mises en œuvre par l'OMC soient l'exacte traduction de la vision du monde des seigneurs du capital mondialisé. Pour s'en convaincre, il suffit de prendre connaissance de n'importe laquelle des déclarations d'intention produites périodiquement à l'adresse de ses actionnaires ou de ses pairs par l'un ou l'autre des seigneurs en question. Celle de Percy Barnevik, prince d'un empire intercontinental de la métallurgie et de l'électronique, par exemple : « Je définirais la mondialisation comme la liberté pour mon groupe d'investir où il veut, le temps qu'il veut, pour produire ce qu'il veut, en s'approvisionnant et en vendant où il veut, et en ayant à

1. L'OMC applique une méthode d'identification et de calcul différente de celle utilisée par la CNUCED, cf. p. 107 *sq.*

supporter le moins de contraintes possible en matière de droit du travail et de conventions sociales[1]. »

Le 1er avril 1994, les ministres du Commerce des États signataires du GATT[2] ont signé à Marrakech l'acte de fondation de l'Organisation mondiale du commerce (OMC). Le lieu n'est pas innocent : il s'agissait de donner un coup de pouce à l'un des tyrans les plus corrompus, mais aussi les plus dociles du tiers-monde, le roi Hassan II du Maroc. À l'époque, le souverain était fortement attaqué en raison des nombreuses violations des droits de l'homme pratiquées par les polices de son royaume.

L'OMC succédait au GATT. Elle reprenait, en les actualisant, ses objectifs fondamentaux : promouvoir la libéralisation la plus extensive possible en matière de circulation de capitaux, de marchandises, de services, et, plus récemment, de brevets TRIPS[3] à travers la planète. Mais, entre l'OMC et le GATT, il existe une différence fondamentale : le GATT était une simple union douanière quand l'OMC, elle, est une organisation interétatique aux pouvoirs de coercition et de sanction étendus.

À l'aide d'un mécanisme compliqué de conventions et d'accords multiples, l'OMC fixe les règles du commerce mondial. Elle étend sans cesse ce mécanisme à des

---

1. Déclaration faite en 1995 par Percy Barnevik, alors président d'ABB, reproduite in Attac, *Enquête au cœur des multinationales*, ouvrage collectif dirigé par Georges Menahem, Paris, Mille et une Nuits, 2001, p. 9. Cf. p. 114 *sq*.

En 2002, ABB est au 15e rang mondial des sociétés transcontinentales les plus puissantes.

2. General Agreement on Tariffs and Trade. En français : Accord général des tarifs douaniers et du commerce.

3. TRIPS : Trade Related Property Rights. Le sigle officiel en français est ADPAC : Accord sur les aspects des droits de propriété intellectuelle qui touchent au commerce.

sphères d'activité, à des produits et à des objets nouveaux. L'OMC est une formidable machine de guerre au service des prédateurs. En décembre 2001, elle comptait 144 États-membres. Toutes les décisions s'y prennent par consensus.

Pourtant, l'OMC ne dispose que de structures administratives faibles. Environ 350 personnes travaillent à son secrétariat. Son budget est faible : 134 millions de francs suisses, soit un peu plus de 82 millions d'euros pour l'année 2002. *The Economist* ironise : « Le budget de l'OMC s'élève à la moitié de la somme que la Banque mondiale dépense en une année pour les billets d'avion de ses experts[1]. » Par ailleurs, l'OMC est logée au centre William Rapard, triste bâtiment de béton gris construit dans les années vingt pour le Bureau international du travail, entre la route de Lausanne et le lac, à la sortie septentrionale de Genève. Depuis trois ans, l'OMC cherche bien à faire construire ou acheter un bâtiment pour y installer son organe « judiciaire », mais elle ne parvient pas à trouver les fonds nécessaires pour cette installation. Et quand elle veut organiser une conférence ministérielle, il n'est pas rare qu'elle soit contrainte de mener d'humiliantes négociations avec des gouvernements douteux[2]... Étrange machine de guerre !

En fait, l'OMC n'est pas une machine du tout. Elle n'est, au sens strict du terme, qu'un ensemble de conventions commerciales en évolution permanente. Ou, comme le dit Renato Ruggiero, son premier directeur : *« A perpetual process of negociation. »*

1. *The Economist*, Londres, 28 juillet 2001.

2. La plus récente Conférence mondiale du commerce a eu lieu en novembre 2001, sur les rives du golfe Arabique, à Doha, capitale de l'émirat du Qatar.

Même pour un observateur qui se trouve sur place et qui entretient des rapports de confiance avec certains fonctionnaires critiques de l'OMC, il est difficile de dire à chaque instant où en est l'évolution de tel ou tel rapport de forces, de telle ou telle négociation sur tel ou tel produit précis. Car dans le morne immeuble du 154 de la rue de Lausanne, les négociations sont pratiquement permanentes : des comités siègent cinq jours sur sept, vacances d'été comprises.

Au sommet, il y a le Conseil général, l'assemblée des ambassadeurs des États-membres accrédités auprès de l'OMC. Chaque État, lorsqu'il en a les moyens, y nomme un ambassadeur spécial. L'exemple du Canada est assez largement imité par les États occidentaux : c'est un ancien ministre du Commerce extérieur qui assume le poste d'ambassadeur auprès de l'OMC. Mais trente-sept États-membres sont à ce point démunis qu'ils ne peuvent se payer l'entretien d'une mission diplomatique permanente à Genève. La Suisse, pays hôte, joue alors les assistantes sociales.

Créée en 1998 par la Suisse, l'Agence de coopération et d'information pour le commerce international (ACICI) assiste ainsi les pays pauvres, ceux qui n'ont ni les moyens financiers ni le personnel nécessaire pour suivre les négociations complexes qui se déroulent à Genève. Elle fournit des notes de synthèse, un appui logistique ainsi qu'un système d'alerte assez sophistiqué.

Ce système d'alerte a pour but d'informer chacun de ces États prolétaires de l'évolution des dossiers qui les concernent. Car, on l'aura compris, tandis qu'au siège de l'OMC, les négociations en petit comité portant sur tel ou tel secteur du commerce international (les tarifs, les contingents, les brevets, etc.) ou sur tel ou tel produit se déroulent pratiquement en permanence, les États prolétaires, eux, sont la plupart du temps tout simplement absents. Les maîtres du monde leur communiqueront donc par fax (l'e-mail étant rare en Afrique et en Amérique andine) les décisions « démocratiquement prises » qui les concernent. C'est une dame bonne et souriante, Esperanza Duran, qui patronne ce service d'assistance sociale aux États-membres nécessiteux de l'OMC.

Lorsqu'un nouveau round de négociations mondiales se prépare, voici comment les choses se passent. Dans un premier temps, des comités opèrent ce qu'on appelle un *reality check*. Ils analysent, sondent, examinent sur quels produits ou services, dans quel domaine économique de nouvelles négociations seraient éventuellement possibles. Ensuite, un autre comité se réunit, déblaie le terrain, fixe un ordre du jour provisoire. Les grandes négociations globales – les « rounds » – sont formellement décidées par une Conférence mondiale du commerce.

Mais le pouvoir le plus significatif appartient au Conseil général, à la réunion quasiment permanente des ambassadeurs des États-membres accrédités à Genève. Ceux-ci chapeautent aussi les conseils sectoriels (pour les brevets, l'agriculture, etc.).

L'objectif avoué des négociations de l'OMC est la réduction du pouvoir d'État et du secteur public en général. La déréglementation et la privatisation en sont les leviers.

Les États qui ont une économie fragile, une industrie naissante, ont évidemment tout intérêt à maintenir des barrières douanières pour protéger leur marché et leurs entrepreneurs, artisans et marchands nationaux. Mais ont-ils la possibilité de s'opposer à l'OMC ? La réponse est non : les États-Unis, le Canada, le Japon et l'Union européenne contrôlent ensemble plus de 80 % du commerce mondial. Résister à ces molosses équivaudrait à un suicide.

Pour l'honneur du tiers-monde, il faut signaler certaines tentatives de résistance. En 1999, le groupe des représentants africains a tenté, par une action concertée, de modifier certains articles particulièrement sévères de l'Accord sur les droits de propriété intellectuelle liés au commerce, le fameux TRIPS déjà évoqué. Les Africains ont avancé des exigences qui, toutes, reflétaient les intérêts les plus élémentaires de leurs peuples. Ils ont notamment demandé que les sociétés transnationales privées n'aient plus le droit de déposer des brevets (à des fins d'utilisation monopolistique) sur les micro-organismes, les plantes ou les animaux fournissant la base de l'activité du paysan ou de l'éleveur africain[1].

Les semences, et notamment la question de leur capacité de reproduction, ont constitué un autre point d'achoppement. Les Africains voulaient éviter que le trust Monsanto, par exemple, impose sur le marché agricole des semences donnant des épis, des agrumes et des racines, certes d'un plus gros volume à la première récolte, mais ne pouvant être utilisés une deuxième fois. En utilisant la semence Monsanto, le paysan ne peut prélever sur la récolte les semences nécessaires pour la plantation de l'année suivante.

Le mémorandum déposé par les Africains protestataires visait aussi à protéger l'environnement naturel contre les vols pratiqués par les sociétés pharmaceutiques. Celles-ci prélèvent en effet, en Afrique comme sur d'autres continents, des molécules et des structures cellulaires sur le vivant, en déposent le brevet et poursui-

1. Voir aussi le *Rapport de la commission indépendante sur l'Afrique et les enjeux du troisième millénaire : vaincre l'humiliation*, PNUD, 2002.

vent en justice toute communauté ou personne utilisant d'une façon pourtant parfaitement traditionnelle la même matière.

Inutile de dire que la tentative africaine a lamentablement échoué. Le mémorandum fut classé sans suite comme étant contraire à la liberté du commerce.

Il faut, si l'on veut peser sur les choix politiques, que ceci soit bien clair : à l'OMC, ce sont certes les représentants des États qui négocient, mais ils le font de fait, la plupart du temps, au nom des sociétés transcontinentales qui dominent leurs économies nationales respectives. Les mécanismes institutionnels sont complexes. Prenons l'exemple de l'Union européenne (UE). Le négociateur en chef s'appelle Pascal Lamy[1]. C'est un personnage sympathique, mais hybride : un socialiste néo-libéral. En tant que commissaire au commerce de l'UE, il négocie formellement au nom des quinze États-membres qui ont préalablement fixé leurs positions. Mais les États-membres de l'UE ne déterminent pas librement le mandat de négociation. Une instance bien énigmatique, appelée « Comité 133 », composée essentiellement de hauts fonctionnaires provenant des quinze États-membres de l'UE, prépare les documents. C'est au sein de ce « Comité 133 » – dont la composition varie – que sont implantés les agents des sociétés transcontinentales. Et le comité n'est soumis à aucun contrôle. Comme il se prévaut de sa qualité purement « technique », tout questionnement sur la motivation de ses membres est a priori exclu. Il tient son nom de l'article 133 du Traité d'Amsterdam, qui définit les compétences des États-membres de l'UE en matière de négociations commerciales.

1. Cf. p. 81 *sq*.

Quand j'écris « Les États-Unis, ou l'UE négocient », je me fais donc moi-même le complice d'une opération d'opacité. Car de fait, ce sont les 200 plus puissantes sociétés transcontinentales de la planète, celles qui contrôlent ensemble plus du 25 % du produit mondial brut[1], qui donnent le ton. C'est pourquoi la rationalité des sociétés privées transcontinentales domine les négociations au sein de l'OMC, jamais l'intérêt des peuples et de leurs États respectifs.

Si Pascal Lamy est l'homme de l'Europe, Robert Zoellick est celui des États-Unis. Les deux hommes se ressemblent. Brillamment intelligents, ils sont maigres et secs. Ils aiment courir les marathons, vivent une vie de spartiate et travaillent comme des mules. Ils sont liés par une amitié déjà ancienne. Ils aspirent, en outre, l'un et l'autre, à un monde où la Main invisible du marché résoudrait tous les problèmes de la pauvreté et de la richesse, de la santé et de la maladie, de la survie et de la faim. Dans la vitrine, ces deux personnages jouent les premiers rôles.

Mais Zoellick occupe un poste bien plus agréable que Lamy. Il n'a pas besoin de concilier constamment quinze positions contradictoires. Il n'est responsable que devant le président des États-Unis. Il a rang de ministre et participe aux séances du cabinet.

Je me souviens d'un déjeuner sur une terrasse inondée d'un soleil printanier, au bord de la rade à Genève, en compagnie d'un diplomate expérimenté du Cameroun. Nous discutions des prémisses de la Conférence de Doha. Mon convive semblait soulagé. « Elle est partie ! me dit-il avec un large sourire. Enfin ! Bon débarras ! »

---

1. Par produit mondial brut, j'entends le cumul des activités économiques quantifiables déployées sur la planète.

Elle, c'était la redoutable Charlene Barshevsky[1] – lunettes cerclées de métal, coiffure brune impeccable, tailleur strict –, la *Trade Representative* du président Clinton. De sa voix cassante, elle morigénait volontiers ses collègues du tiers-monde, traitant d'« incompétent » quiconque osait s'opposer à elle.

J'ai revu mon ami camerounais fin février 2002. Il était beaucoup moins enthousiaste. C'est qu'entre-temps, il avait fait la connaissance de Zoellick...

Impossible d'énumérer, sans prendre le risque de lasser le lecteur, tous les accords négociés ou en voie de négociation par l'OMC. Je ne citerai que les plus controversés, non sans avoir rappelé au préalable que chaque accord a son propre comité qui veille à son application, à son extension, à son développement constant. D'abord l'Accord sur l'agriculture. À Marrakech, les États dominants du Nord avaient promis aux États du Sud la libéralisation rapide des marchés agricoles. Rien ne s'est fait. Ni à Singapour, ni à Seattle, ni à Doha, ni lors d'aucune autre Conférence du commerce. La plupart des produits agricoles du Sud sont toujours exclus des marchés riches du Nord. Et les États du Nord continuent à déverser leur surproduction agricole vers le Sud, moyennant des subventions astronomiques à l'exportation. Les gouvernements du Nord subventionnent en effet massivement leur propre production agricole. Un seul chiffre : en 2002, les États de l'OCDE ont versé à leurs agriculteurs 335 milliards de dollars sous forme de subsides à la production et à la stabilité des prix.

Comment un paysan congolais, bolivien ou birman pourrait-il s'en sortir dans ces conditions ? C'est ainsi que les pays du tiers-monde n'ont pas l'ombre d'une

---

1. Pour le portrait de Charlene Barshevsky, voir *Cadernos do Terceiro Mundo*, Rio de Janeiro, avril 2001, p. 26.

chance de faire accéder leurs produits – qui sont pourtant souvent leurs seuls biens d'exportation – aux marchés du Nord.

Il y a ensuite l'Accord général des tarifs douaniers et du commerce (GATT), qui n'est pas mort en 1994 comme on le croit parfois, mais a été amendé.

Les services de toutes sortes (assurance, transports, etc.) font l'objet d'un autre accord important qui est, lui aussi, constamment renégocié, amendé, amélioré (dans le sens du libre-échange).

J'ai déjà parlé des TRIPS, de cet accord mortellement dangereux pour la nature, l'environnement, les méthodes de production traditionnelles des communautés ancestrales d'Afrique, des Caraïbes, d'Asie et d'Amérique latine.

L'accord TRIPS couvre également le vaste domaine des médicaments. Il permet aux sociétés transcontinentales de la pharmaceutique médicale de contrôler mondialement la fabrication, la distribution et les prix des principaux produits. Prenons l'exemple des trithérapies, destinées à contenir le sida. La protection mondiale des brevets détenus par les sociétés transcontinentales exclut pratiquement les malades des pays pauvres de l'accès aux soins. Aucun paysan sidéen du Rwanda ne peut, en effet, payer les prix imposés par les trusts. Or l'Organisation mondiale de la santé (OMS) dénombre 40 millions de porteurs du virus du sida, dont 34 millions vivent dans un pays du tiers-monde.

En violation totale des Accords de Rio de Janeiro de 1992, concernant la protection de la biodiversité, l'accord TRIPS permet, on l'a compris, de pratiquer en toute liberté ce que Susan George appelle la « biopiraterie[1] ».

1. Susan George et Attac, *Remettre l'OMC à sa place*, Paris, Mille et une Nuits, 2001, p. 26.

Outre l'AMI[1], dont il a déjà été question, d'autres accords sont à mentionner : sur l'élimination des obstacles techniques au libre commerce ou sur l'introduction des mesures phytosanitaires et sanitaires dont certains États pourraient se servir pour protéger leur population contre des produits ou procédures présentant des dangers. L'OMC exige la liquidation de la compétence des États sur ces questions. Au nom de la libre circulation des marchandises, des capitaux et des brevets.

Un des accords certainement les plus menaçants pour la liberté des peuples du monde porte le nom anodin d'Organe de règlement des différends (ORD). C'est par lui que quiconque viole un contrat signé est menacé de sanctions immédiates et sévères. Car cette OMC qui se donne à voir comme un lieu de pure négociation, une simple auberge où le patron met à la disposition de ses hôtes la table et les chaises leur permettant de parler sereinement ensemble, est en fait une puissance impériale, redoutable dans ses colères et souveraine dans les sanctions qu'elle inflige.

Et c'est précisément l'ORD qui renferme le mécanisme judiciaire par lequel l'OMC impose sa volonté. Ce mécanisme est complexe, suivons-le pas à pas.

Un État se considère lésé par la décision d'un autre État. Exemple : l'État X édicte des prescriptions qui grèvent de lourdes taxes des produits provenant de l'État Y. L'État Y s'adresse à l'OMC. Celle-ci tente une conciliation.

Si elle échoue, commence la deuxième étape : un « panel » est constitué. C'est le terme technique. De fait, il s'agit d'une sorte de tribunal arbitral. Chacune des parties concernées choisit des experts sur une liste déposée à l'OMC. Ce « panel » examine le cas et fait un rapport. Deux solutions : soit les deux parties acceptent

---

1. Accord multilatéral sur l'investissement, cf. p. 123 *sq*.

le rapport, c'est-à-dire la décision des experts, soit l'une d'elles ou les deux le refusent.

Lorsque l'une des parties rejette le rapport du « panel », elle fait appel à une nouvelle instance. Celle-ci n'est plus maintenant un « panel », mais une sorte de cour de cassation. Son nom officiel est « Organe d'appel ». Cet Organe d'appel doit juger dans les soixante jours. S'il juge l'affaire « complexe », il peut prolonger son délai de trente jours maximum.

Les membres de l'Organe d'appel ne sont plus des diplomates, des spécialistes du commerce ou des avocats spécialisés dans le droit commercial (comme le sont les membres du « panel » d'experts), mais des universitaires internationaux de renom. Ils sont au nombre de sept. Les trois principales puissances commerciales – les États-Unis, l'Union européenne et le Japon – disposent toujours au moins chacune d'un juge. Actuellement, le juge européen vient d'Allemagne. À côté des ressortissants des trois puissances commerciales, l'Organe d'appel comptait en 2002 des juristes originaires d'Égypte, des Philippines, d'Uruguay et de l'Inde. Certains de ces juristes sont des sommités mondiales du droit international public. Tel est, par exemple, le cas du juge égyptien, le professeur Georges Abi-Saab.

Les membres de l'Organe d'appel sont élus par le conseil de l'ORD. Ils ne jugent jamais les faits, ils ne se prononcent que sur le droit. Ils ne prétendent donc pas refaire le travail du « panel » d'experts. Juger en droit signifie interpréter la lettre du traité contesté[1].

1. Les juristes de l'Organe d'appel siègent en chambres. Chaque chambre est composée de trois juges ; vu la multiplicité des cas à traiter, chaque juge siège dans plusieurs chambres. Une jurisprudence se développe. Les décisions de l'Organe d'appel peuvent être consultées sur Internet.

Or, les traités sont en général – de l'avis même d'un membre éminent de l'Organe d'appel – affreusement mal rédigés. Et pour cause ! Ils sont le fruit d'interminables et rudes marchandages. Par ailleurs, leurs auteurs sont des diplomates, rarement des juristes. Souvent, dans ces traités, un unique article s'étale sur plus de deux pages ! Certains sont truffés de contradictions. D'autant que ces traités tentent de régler le moindre détail, d'anticiper le moindre événement, de prévoir toutes les conduites possibles.

Chaque téléspectateur a aperçu au moins une fois au 20 heures ces visages blêmes, ces gestes hésitants, entendu peut-être aussi la voix fatiguée de ces négociateurs commerciaux qui émergent après des nuits et des jours sans sommeil d'un de ces marathons du marchandage international. Les produits finaux, les fameux traités, se ressentent de cette méthode archaïque de travail.

Quoi qu'il en soit, pour l'emporter devant l'Organe d'appel, un gouvernement doit avoir recours à des avocats. Les ambassades des États puissants auprès de l'OMC emploient elles-mêmes nombre d'avocats spécialisés. Mais les pays du tiers-monde qui n'ont pas d'ambassade auprès de l'OMC, ou n'ont qu'une ambassade au personnel réduit et peu qualifié, doivent faire appel à des cabinets privés. C'est ainsi qu'une nuée de cabinets privés d'avocats-conseils s'est installée depuis quelques années à Genève. Leurs honoraires sont généralement exorbitants. Beaucoup de gouvernements d'Afrique, d'Amérique latine et d'Asie ne peuvent payer ces honoraires[1].

1. Les gouvernements scandinaves financent à Genève un fonds d'assistance judiciaire qui prend en charge certains des frais de justice et d'avocats contractés par les pays les plus démunis.

Deux choses étonnent lorsqu'on examine ce mécanisme compliqué. D'abord, nulle part n'apparaissent les mots « juges », « tribunal », « jugements » ou « cour ». L'OMC maintient la fiction d'une pure organisation commerciale, alors que dans l'une de ses dimensions essentielles, elle est une machine judiciaire aux pouvoirs de coercition étendus. Second motif d'étonnement : les États-Unis perdent souvent devant l'Organe d'appel. Or, en 2001 par exemple, le gouvernement de Washington a été impliqué – généralement comme partie accusée – dans plus de 50 % des cas traités.

Pourquoi, au fait, autant de litiges ? Parce que, pour les raisons que j'ai indiquées, les traités sont effroyablement complexes, mal rédigés et ouverts à des interprétations divergentes nombreuses. Du coup, comme me le dit un haut fonctionnaire de l'OMC, « certaines délégations ne savent pas ce qu'elles signent ! ». En clair, certaines formulations juridiques de certaines conventions sont à ce point complexes qu'elles ne sont accessibles qu'à des experts de haut niveau (dont les délégations du Sud, rappelons-le, sont souvent dépourvues).

The Economist constate : *« Rich countries call the shots and poor countries follow »* (« Les pays riches décident, les pays pauvres suivent »)[1]. Autrement dit, fondamentalement, les États-Unis et dans une moindre mesure l'Europe dictent leur loi. Mais lorsque les États grugés se réveillent ils font parfois un procès, et vu l'indépendance et la qualité des membres de l'Organe d'appel ils ont de bonnes chances de le gagner. Mais ils ne l'emporteront que sur un article précis, un point limité. Jamais l'ORD ne leur permettra de secouer la camisole de force de ces accords de l'OMC qui les

1. *The Economist*, 28 juillet 2001, p. 26.

privent de leur liberté et les mettent à la merci des sociétés transcontinentales privées.

Le poste de directeur général de l'OMC est évidemment l'un des plus convoités par les mercenaires du capital mondialisé. Le premier avait été un ancien grand manager de Fiat (Turin), Renato Ruggiero. Après sa démission en 1999, une guerre de succession éclata. Différentes fractions de l'oligarchie défendirent diverses candidatures. Finalement un armistice fut conclu, un compromis trouvé : le mandat fut coupé en deux. Le Néo-Zélandais Mike Moore fut nommé directeur jusqu'au 1er septembre 2002, le Thaïlandais Supachai Panitchapakdi devant lui succéder à cette date[1].

L'évolution récente de l'OMC a été fortement marquée par la personnalité de Mike Moore, un homme massif au regard bleu. C'est donc sa stratégie et sa personnalité complexes qui sont au cœur du présent chapitre.

Moore est un ancien syndicaliste qui a retourné sa veste. Les convertis sont toujours les adversaires les plus terribles de leurs anciens amis. Jean Starobinski écrit : « L'être humain est une énigme subtile où la lumière et la nuit se côtoient dans un équilibre instable. »

Dans une autre vie, Moore avait été ouvrier maçon, puis militant politique, enfin premier ministre du gouvernement de Wellington. Sa conversion au capitalisme de la jungle est récente.

Beaucoup de ses anciens amis et camarades s'interrogent sur les causes profondes de sa volte-face. L'explication la plus plausible est celle-ci : Moore a grandi dans le

---

1. Le choix du directeur général adjoint (qui contrôle l'appareil) ne fit de doute pour personne : il ne pouvait s'agir que d'Andrew Stoller, haut fonctionnaire américain détaché du ministère du Commerce à Washington.

monde des combats ouvriers néo-zélandais, et ceux-ci sont d'une dureté extrême. Il s'est fait lui-même, grâce à son intelligence, sa vitalité, son endurance et son goût de la bagarre. De la cantine enfumée des ouvriers des chantiers d'Auckland, il est monté jusqu'aux salons feutrés de la résidence des premiers ministres à Wellington. Tout seul. Parti du prolétariat de la cité de Vhakatane, où il est né en 1949, il a rejoint l'*upper class*. Marquée profondément par les traditions coloniales britanniques, l'*upper class* est, en Nouvelle-Zélande, encore plus snob, plus arrogante, plus élitiste qu'ailleurs.

Le monde féroce des sociétés transnationales a dû le fasciner. Les maîtres du monde séduisent par la tranquille arrogance que leur confère le sentiment de leur toute-puissance. Moore s'est mis à leur service. Corps et âme. En mai 2001, il répondait aux questions de Ram Etwareea. Celui-ci demande : « Que pensez-vous de José Bové, l'activiste anti-mondialiste français ? »

Rayonnant de mauvaise foi, Moore répond : « C'est le plus grand showman politique de toute l'Europe… José Bové est un protectionniste[1]. »

De 1990 à 1993, Mike Moore avait été, en Nouvelle-Zélande, président du parti travailliste et leader de l'opposition. Il ne semble avoir gardé que peu de souvenirs de ses combats démocratiques passés. Aujourd'hui, il n'hésite pas à calomnier quiconque s'oppose à la politique de l'OMC.

En juillet 2001, 800 banquiers, ministres et dirigeants de sociétés transnationales se réunirent dans les jardins luxuriants du casino d'Interlaken, une cité touristique de l'Oberland bernois, en Suisse. La journée était splendide. Cette conférence s'intitulait pompeusement *Win-Conference* (la Conférence des gagnants). Une douzaine

1. Voir *Le Temps*, Genève, 9 mai 2001.

de gardes du corps munis de pistolets-mitrailleurs protégeaient l'hôte du jour : le Prince des marchands. De sa voix de stentor, ce dernier lut le texte de son intervention. Thème : « Les mutations du monde – les défis. »

Les journalistes de la presse internationale restèrent sur leur faim. À la conférence de presse suivant l'exposé, ils insistèrent pour connaître l'opinion de Moore sur les manifestations d'opposants à l'OMC qui se déroulaient depuis un certain temps dans différentes villes du monde. Interrompant brutalement la conférence de presse, le Prince répondit : « J'en ai assez de tous ces types masqués qui jettent des pierres[1]. »

Mais Moore, bien entendu, doit s'adapter à la conjoncture. Certains jours, il se montre ouvert, tolérant, compréhensif, plein de sollicitude pour ses opposants. Immédiatement après le sommet du G-8 à Gênes, et la manifestation de plus de 200 000 personnes qu'il avait suscitée, Anne-Frédérique Widmann lui posa cette question : « Quelle est pour vous la raison première de ces manifestations ? Le déficit démocratique des institutions comme le G-8 et l'OMC ? » Et Moore de répondre : « La principale raison est ce sentiment de malaise – compréhensible – que la population ressent à l'égard de la globalisation… Elle signifie aussi que des décisions prises ici affectent les moyens d'existence de ceux qui vivent de l'autre côté de la planète[2]. »

La plupart du temps, cependant, Moore reste fidèle à sa réputation. Dans un article publié par *Le Monde*, il suggère qu'il existerait une parenté d'esprit entre les résistants anti-mondialistes d'aujourd'hui et les nazis des années trente. Moore : « L'extrême gauche et l'extrême droite se sont unies dans la rue contre la

1. *Die Berner Zeitung*, Berne, 6 juillet 2001.
2. Voir *L'Hebdo*, Lausanne, 26 juillet 2001.

mondialisation. Elles l'avaient fait pour la dernière fois dans les années trente contre la démocratie[1]. »

À certains moments, l'ogre de la rue de Lausanne peut se révéler franchement teigneux. En voici un exemple.

La Sous-Commission de la promotion et de la protection des droits de l'homme de l'ONU avait chargé deux experts, le professeur ougandais Oloka Onyango et sa collègue Deepika Udagama, de mener une enquête sur l'influence des sociétés transcontinentales au sein de l'OMC. Leur rapport fut publié le 15 juin 2000, sous le titre « Le contexte institutionnel du commerce international, de l'investissement international et de la finance internationale ».

Les conclusions de cette enquête ? Les voici : « L'OMC est presque totalement entre les mains des sociétés transcontinentales privées. »

Moore sauta au plafond. D'autant plus qu'aucune erreur de fait ne pouvait être décelée dans l'enquête des deux Africains. Il perdit sa contenance diplomatique… et exigea des excuses publiques de la part de… Mary Robinson, haut-commissaire des Nations unies pour les droits de l'homme, alors que celle-ci n'avait strictement rien à voir dans cette affaire. Puis il insulta les deux Africains, se prétendant personnellement calomnié.

Mais rien n'y fit. Le rapport ne fut pas retiré. Il s'agit désormais d'un document officiel des Nations unies[2].

Négligeant la demande expresse des mouvements écologistes et des organisations de solidarité avec les peuples du tiers-monde, les signataires de Marrakech ont refusé d'inclure dans la Charte de l'OMC une « clause sociale » et une « clause écologique ». Ces deux clauses

1. Mike Moore, « Mondialisation contre marginalisation », *Le Monde*, 26 mai 2001.

2. Référence documentaire : E/CN 4 / Sub. 2 / 2000 / 13.

auraient pourtant permis d'exclure de la libre circulation les marchandises produites dans des conditions sociales ou écologiques intolérables.

Prenons des exemples. Dans les villes et les villages de la basse vallée de l'Indus, au Pakistan, des petites filles et des petits garçons tissent de précieux tapis de soie. Leurs salaires sont misérables. Il faut en outre que ces enfants soient âgés de moins de quinze ans, puisque seuls de petits doigts très fins peuvent manier les minces fils de soie. Le travail est dur et use les yeux. À l'adolescence, beaucoup d'enfants perdent la vue. Les patrons les renvoient. Dans les magasins luxueux des Champs-Élysées à Paris, de la Fifth Avenue à New York ou de Carnaby Street à Londres, ces tapis de soie sont vendus à prix d'or.

En Chine, on l'a dit, la bureaucratie au pouvoir pratique une politique inspirée autant par le capitalisme de la jungle que par l'antique terreur d'État communiste. Des centaines de milliers de prisonniers politiques, de gens appartenant à des mouvements religieux tel le « Falung Gong », à des minorités ethniques ou au peuple asservi du Tibet sont enfermés dans des camps de travail forcé. Ils fabriquent, sous la contrainte, des composants électroniques utilisés dans les appareils électroménagers. Ces produits sont ensuite exportés par l'État chinois au Japon, en Corée du Sud et à Singapour. Grâce à l'OMC, les produits du travail esclave jouissent donc, eux aussi, d'un libre accès au marché mondial.

Susan George résume par une jolie formule cette tare initiale de l'OMC. « La réalité du commerce actuel s'explique ainsi : lorsqu'un produit arrive sur le marché, il a perdu tout souvenir des abus dont il est la conséquence, tant sur le plan humain que sur celui de la nature[1]. »

1. Susan George, *Le Rapport Lugano*, Paris, Fayard, 2000, p. 320.

L'OMC attire nombre des meilleurs économistes du monde. Certains – notamment ceux qui travaillent dans la division de l'agriculture – portent sur leur propre fonction un regard critique, même si la puissance des États-membres, notamment celle des États-Unis et de l'Union européenne, a le plus souvent raison de leurs doutes, de leurs hésitations et de leurs scrupules. Je connais même certains fonctionnaires de l'OMC qui partagent totalement les idées du Forum social mondial de Porto Alegre. Ils pratiquent au sein de l'institution l'intégration subversive. Par leur travail quotidien, leurs interventions et leurs analyses, ils tentent de saboter le diktat des maîtres et de promouvoir les intérêts des peuples. Mais leur poids, cependant, est insignifiant.

Les dirigeants de l'OMC sont très fiers de ce qu'ils appellent la « démocratie intégrale » qui, à les entendre, préside aux destinées de l'organisation. L'unanimité de tous les membres est en effet requise pour chacune des décisions importantes. Aucun accord n'entre en vigueur si tous les membres ne l'ont pas accepté. Or, vu de plus près, l'hypocrisie est sur ce point totale : les États du Nord et leurs sociétés transnationales contrôlent, on le sait, 82 % du commerce du monde. Et dans l'hémisphère nord, les États-Unis occupent une position dominante. C'est pourquoi ils font la pluie et le beau temps dans la forteresse du 154 rue de Lausanne, à Genève.

Si d'aventure le Mali, la Malaisie, le Honduras ou le Basutoland avaient l'intrépidité de s'opposer au diktat américain (ou de l'Union européenne), mettant ainsi en danger l'unanimité requise à l'OMC, ils subiraient illico des rétorsions bilatérales extra-institutionnelles.

Le chantage qu'exerce en permanence le riche contre le pauvre assure l'unanimité de façade de l'OMC, la fameuse « démocratie intégrale ».

Un passage de l'entretien mené par Ram Etwareea avec Mike Moore est révélateur de ce climat.

Question d'Etwareea : « Quelles sont les principales leçons que vous avez retenues après l'échec de la conférence ministérielle de Seattle en décembre 1999 ? »

Réponse de Moore : « L'agenda était trop ambitieux et les objectifs des pays trop disparates. Cela exigeait trop de concessions de part et d'autre… Ensuite, les pays qui n'ont pas de missions à Genève ne pouvaient pas comprendre les enjeux de Seattle[1]. »

Formidable aveu ! Moore dit en clair : n'ayant pas les moyens financiers nécessaires pour participer réellement à la vie internationale, les pouilleux ne comprendront jamais rien aux véritables enjeux de l'OMC.

Moore, d'ailleurs, n'a pas complètement tort : la part du commerce mondial assurée par les quarante-neuf pays les plus pauvres du monde s'élève très exactement à 0,5 %[2].

Une formidable hypocrisie gouverne les relations entre les puissances dominantes de l'OMC et les pays les plus démunis. Les accords que ces derniers sont forcés de souscrire leur imposent de fait un « désarmement économique unilatéral ». Le terme est de Rubens Ricupero, secrétaire général de la CNUCED, dans son dernier rapport 2002 sur le commerce et le développement.

Soumis à la libéralisation forcée de leur économie, ces pays doivent ouvrir pratiquement sans restriction leur

1. Entretien cité.

2. À l'intérieur du système des Nations unies, c'est la CNUCED (Conférence des Nations unies sur le commerce et le développement) qui produit les analyses les plus critiques et formule les propositions alternatives les plus intéressantes à propos de l'organisation du commerce mondial. Cf. notamment CNUCED, *Trade and Development, Report 2000, Global Trends and Prospects, Financial Architecture.* (Pour les commandes auprès de la CNUCED [UNCTAD en anglais], utiliser le numéro E.01.II.D.10 qui identifie le document cité.)

territoire aux implantations d'usines étrangères et aux importations de biens, de capitaux et de brevets.

Godfrey Kanyenze, du Congrès des syndicats du Zimbabwe, énonce une évidence : « Aucun pays ne s'est jamais développé par la simple vertu du libre-échange[1]. » Pour qu'une industrie naissante puisse vivre et se développer, le pays qui l'abrite doit avoir le droit de la protéger, par des droits douaniers levés aux frontières sur les produits industriels concurrents, par des contingentements, etc. Mais l'OMC l'interdit.

L'immense majorité des pays les plus pauvres sont des pays agricoles. L'hémisphère sud abrite 87 % des paysans du monde. Les pays du Nord, au pouvoir d'achat élevé, ferment leurs marchés aux produits agricoles et agro-alimentaires du Sud[2].

Simultanément, les pays dominateurs de l'OMC subventionnent massivement la production et l'exportation de leurs propres biens agricoles. Ces produits excédentaires se déversent dans le tiers-monde et provoquent alors la destruction des fragiles structures agricoles autochtones.

En 1998, les subventions accordées par les pays de l'OCDE à leurs paysans ont, pour la première fois, dépassé le chiffre astronomique de 330 milliards de dollars. Elles n'ont fait qu'augmenter depuis lors[3].

1. Dossier du RENAPAS (Rencontre nationale avec le peuple d'Afrique du Sud), Arcueil, 2002.

2. Il existe des exceptions : l'Union européenne autorise l'importation de raisin provenant de Namibie, deux mois par an et selon un quota strict.

3. *Rapport sur le commerce et le développement 2002*, préface de Kofi Annan. On peut obtenir des renseignements complémentaires sur ce sujet auprès de la Division Globalisation et stratégies du développement, CNUCED, Palais des Nations, 1211 Genève 20.

Regardons seulement l'exemple du Zimbabwe. La production autochtone de beurre y a chuté de 92 % entre 1994 et 1999, car celle-ci ne pouvait rivaliser – en termes de qualité et de prix – avec la production européenne subventionnée[1].

Rubens Ricupero constate sobrement : « [La source de la misère], c'est le fossé entre la rhétorique et la réalité d'un ordre international libéral. Nulle part ce décalage n'est plus flagrant que dans le système commercial international[2]. »

Concluons. Tout homme sensé est favorable au commerce entre les nations. L'autarcie et le protectionnisme à outrance sont générateurs de misère. Personne, d'ailleurs, ne peut avoir pour idéal de se barricader derrière ses frontières. Personne ne souhaite le retour des antiques guerres commerciales entre les nations. Il faut du commerce international, et ce commerce a besoin de règles, de conventions et de négociations entre les acteurs. Personne ne veut de la loi de la jungle. Mais, nous l'avons vu : l'OMC est liberticide. Elle crée et légitime la tyrannie du riche sur le pauvre. Il faut donc d'urgence supprimer l'OMC. Attac-France résume mon propos : « Du commerce : oui. Des règles : oui… mais certainement pas celles de l'actuelle OMC[3]. »

---

1. Cf. dossier du RENAPAS déjà cité.
2. Rapport CNUCED, 2002, *op. cit.*
3. Attac, *Remettre l'OMC à sa place*, *op. cit.*, p. 8.

II

Un pianiste à la Banque mondiale

Les mercenaires de l'OMC s'occupent de la circulation des flux commerciaux, ceux de la Banque mondiale et du FMI, des flux financiers. FMI et Banque mondiale forment les plus importantes des institutions dites de « Bretton-Woods[1] ».

Le terme « Banque mondiale » est imprécis. Officiellement, l'institution s'appelle « The World Bank Group ». Elle comprend la Banque internationale pour la reconstruction et le développement, l'Association internationale pour le développement, la Compagnie financière internationale, l'Agence multilatérale pour la garantie des investissements et le Centre international pour la gestion des conflits relatifs aux investissements.

Dans ses propres publications, le groupe utilise le terme « Banque mondiale » pour désigner la Banque internationale pour la reconstruction et le développement et l'Association internationale pour le développe-

1. Bretton-Woods, bourg du New Hampshire aux États-Unis, a vu se réunir en 1944 les délégations des alliés occidentaux. Ils ont mis en place les principes et les institutions (FMI, Banque mondiale, etc.) devant assurer la reconstruction de l'Europe et d'un ordre économique mondial.

ment. Nous procéderons de même ici. Quant aux trois autres instituts faisant partie du groupe, ils assument des fonctions limitées, qui sont marginales par rapport au sujet traité dans ce livre. La Compagnie financière internationale appuie et conseille les investisseurs privés dans les pays du tiers-monde. L'Agence multilatérale de garantie est une sorte d'agence de cautionnement pour les risques non commerciaux encourus par les investisseurs privés. Enfin, le Centre international pour la gestion des conflits met à la disposition des investisseurs privés étrangers des mécanismes de conciliation ou d'arbitrage lorsqu'ils se trouvent en conflit avec le gouvernement d'un pays hôte.

Le « World Bank Group » emploie un peu plus de 10 000 fonctionnaires. Et la Banque mondiale est probablement l'organisation interétatique qui renseigne le plus complètement l'opinion publique sur ses propres stratégies, intentions et activités. Un flot quasi continu de statistiques, de brochures explicatives, d'analyses théoriques s'écoule depuis la forteresse de verre et de béton du numéro 1818 H Street Northwest, à Washington.

La Banque mondiale exerce sur la planète un pouvoir immense. Elle déploie une activité prométhéenne et multiforme. Elle seule, aujourd'hui, alloue des crédits aux pays les plus démunis. Durant la décennie passée, elle a ainsi accordé aux pays du tiers-monde des crédits à long terme pour une somme supérieure à 225 milliards de dollars.

La Banque assure la création d'infrastructures par des crédits d'investissement. Dans certains cas – au Niger, par exemple – elle couvre aussi (en deuxième position, derrière des donateurs bilatéraux) le déficit budgétaire d'un État particulièrement démuni. Elle finance également chaque année des centaines de projets de développement.

En termes de technique bancaire, la Banque mondiale est aujourd'hui partout le « prêteur de dernière instance », *« the lender of last resort »*, celui qui est en situation d'imposer au débiteur les conditions de son choix. Et qui d'autre que la Banque mondiale serait prêt à accorder le moindre crédit au Tchad, au Honduras, au Malawi, à la Corée du Nord ou à l'Afghanistan ?

Entre la Banque mondiale et Wall Street, l'alliance est bien entendu stratégique. La Banque mondiale a d'ailleurs sauvé à maintes reprises certains instituts financiers de Wall Street qui s'étaient imprudemment engagés dans des opérations de spéculation ici ou là sur d'autres continents.

Dans sa pratique quotidienne, la Banque mondiale fonctionne bien sûr selon des critères strictement bancaires. Sa charte exclut expressément toute conditionnalité politique ou autre. Sa pratique est néanmoins surdéterminée par un concept totalisant d'origine non bancaire, et idéologique celui-là : le consensus de Washington[1].

La Banque a connu son âge d'or de la fin des années soixante au début des années quatre-vingt[2]. C'est l'ancien ministre de la Défense des présidents Kennedy et Johnson, Robert McNamara, qui dirigea la Banque de 1968 à 1981. Sous sa présidence, le volume annuel des prêts est passé de 1 à 13 milliards de dollars. Le personnel a été multiplié par quatre, et le budget administratif par 3,5.

Avec l'aide de son trésorier, Eugène Rotberg, McNamara sera parvenu à lever sur les différents marchés nationaux de capitaux près de 100 milliards de dollars d'emprunts. Ironie de l'histoire : une grande partie de

1. Cf. p. 63 *sq*.
2. La Banque a commencé à fonctionner en 1946.

cette somme aura été obtenue auprès des banquiers suisses, ceux-là mêmes qui abritent l'essentiel des capitaux en fuite provenant des nababs, des dictateurs et des classes parasitaires d'Afrique, d'Asie et d'Amérique latine.

Selon Jerry Mander, McNamara a tué plus d'êtres humains à la tête de la Banque mondiale que lorsqu'il était, en tant que ministre de la Défense des États-Unis, préposé aux massacres du Vietnam.

Jerry Mander dessine ainsi le portrait de McNamara : « Honteux du rôle qu'il avait joué pendant la guerre du Vietnam, il voulut se racheter en volant au secours des pauvres du tiers-monde. Il se mit à l'ouvrage en bon technocrate, avec l'arrogance d'un authentique croyant : "Je vois dans la quantification un langage qui ajoute de la précision au raisonnement. J'ai toujours pensé que plus une question est importante, moins nombreux doivent être ceux qui prennent les décisions", écrit-il dans *Avec le recul : la tragédie du Vietnam et ses leçons*. Faisant confiance aux chiffres, McNamara a poussé les pays du tiers-monde à accepter les conditions attachées aux prêts de la Banque mondiale et à transformer leur économie traditionnelle afin de maximaliser la spécialisation économique et le commerce mondial. Ceux qui s'y refusaient étaient abandonnés à leur sort[1]. » Et, plus loin : « Sur ses instances, de nombreux pays n'eurent d'autre choix que de passer sous les fourches caudines de la Banque. McNamara ne détruisait plus les villages pour les sauver, mais des économies entières. Le tiers-monde se retrouve maintenant avec des grands barrages envasés, des routes qui tombent en ruine et ne mènent

1. Jerry Mander, « Face à la marée montante », *in* Edward Goldsmith et Jerry Mander, *Le Procès de la mondialisation* (traduction de Thierry Piélat), préface de Serge Latouche, Paris, Fayard, 2001, p. 42.

nulle part, des immeubles de bureaux vides, des forêts et des campagnes ravagées, des dettes monstrueuses qu'il ne pourra jamais rembourser. Tels sont les fruits empoisonnés de la politique menée par la Banque mondiale, de l'époque de McNamara à nos jours. Aussi grande soit la destruction semée par cet homme au Vietnam, il s'est surpassé pendant son mandat à la Banque[1]. »

L'actuel président de la Banque est un Australien de 68 ans, à la crinière blanche, au beau regard triste, du nom de James Wolfensohn. L'homme est exceptionnel par son destin et ses dons. Ancien banquier de Wall Street, multimilliardaire, idéologue et impérialiste dans l'âme, il est aussi un artiste accompli. D'abord pianiste, il s'adonne actuellement à la pratique du violoncelle. Il déploie une intense activité d'auteur.

Chaque année, la Banque publie une sorte de catéchisme : *The World Development Report*. Cette publication fait autorité dans les milieux universitaires et onusiens. Elle tente de fixer les grands thèmes qui, pendant un certain temps, occuperont les agences spécialisées de l'ONU, les universités et, au-delà, l'opinion publique. Le *World Development Report* porte la marque personnelle de Wolfensohn. Son édition 2001 s'ouvre sur cette profession de foi : *« Poverty amid plenty is the world's greatest challenge »* (« La pauvreté dans un monde riche constitue pour l'humanité le plus grand défi[2] »).

Traditionnellement, les idéologues de la Banque mondiale témoignent d'une admirable souplesse théorique. Malgré les évidents échecs de leur institution, ils n'ont cessé, au cours des cinq décennies passées, de

1. *Ibid.*, p. 43.
2. Préface de James Wolfensohn à *The World Development Report 2001*, Oxford University Press, 2001, p. 5.

multiplier les théories justificatrices. Ils ont réponse à tout. Ils sont infatigables. Ils accomplissent un travail de Sisyphe.

Regardons-y de plus près.

Du temps de McNamara, la théorie préférée de la Banque était celle de la « croissance ». Croissance = progrès = développement = bonheur pour tous.

Vint une première vague de contestations, portée notamment en 1972 par les savants du Club de Rome, sur le thème : « La croissance illimitée détruit la planète. » Les théoriciens de la Banque réagirent au quart de tour : comme vous avez raison, estimés érudits de Rome ! La Banque mondiale vous approuve. Désormais, elle mettra en œuvre le « développement intégré ». Autrement dit, elle ne prendra plus seulement en compte la croissance du produit intérieur brut d'un pays, elle examinera aussi les conséquences produites par cette croissance sur d'autres secteurs de la société. Voici les questions que la Banque entreprit alors de se poser : est-ce que la croissance est équilibrée ? Quelle conséquence produit-elle sur la distribution intérieure des revenus ? Une trop rapide croissance de la consommation énergétique d'un pays ne risque-t-elle pas d'affecter les réserves énergétiques de la planète ? Etc.

D'autres rapports critiques contre le capitalisme débridé vinrent alors à être publiés, notamment ceux établis par des groupes de chercheurs présidés respectivement par Gro Harlem Brundtland et par Willy Brandt. Ces critiques s'adressaient à l'« économisme » de la Banque. Elles revendiquaient d'autres paramètres, non économiques, du développement, ceux notamment de l'éducation, de la santé, du respect des droits de l'homme, et reprochaient à la Banque de ne pas les prendre en considération. Celle-ci réagit illico. Elle produisit une superbe théorie sur la nécessité du « développement humain ».

Nouvelle étape de la contestation : le mouvement écologiste prit de l'ampleur et gagna de l'influence partout en Europe, en Amérique du Nord. Pour développer les forces de production d'une société, disaient les écologistes, il ne suffit pas d'avoir l'œil fixé sur les indicateurs classiques, ni même sur les fameux paramètres du développement humain. Il faut aussi prévoir sur le long terme les effets des interventions dites de développement, notamment sur l'environnement. Les idéologues de la Banque sentirent immédiatement le vent tourner. Désormais, ils seraient les partisans farouches du *sustainable development*, du « développement durable ».

En 1993, se tint à Vienne la Conférence mondiale sur les droits de l'homme. Contre les Américains et certains Européens, les nations du tiers-monde imposèrent la reconnaissance des « droits économiques, sociaux et culturels ». Une conviction présidait à cette révolution : un analphabète se soucie comme d'une guigne de la liberté de la presse. Avant de se préoccuper des droits civils et politiques, donc des droits démocratiques classiques, il est indispensable de satisfaire les droits sociaux, économiques, culturels. James Wolfensohn publia alors rapport sur rapport, déclaration sur déclaration. La Banque mondiale, comme de bien entendu, serait à l'avant-garde du combat pour la réalisation des droits économiques, sociaux et culturels. À Prague, en septembre 2000, le Pianiste fit même un discours émouvant sur le sujet.

Une des dernières en date des pirouettes des intellectuels organiques de la Banque mondiale concerne l'*empowered development*, l'exigence d'un développement économique et social contrôlé par les victimes du sous-développement elles-mêmes.

Pourtant, je l'ai dit, aucune des déclarations d'intention successives de la Banque n'est parvenue à masquer durablement cette évidence : l'échec éclatant des différentes stratégies de « développement » mises en œuvre par ses soins. Que faire ? La Banque n'est jamais à court d'idées. Désormais, elle plaidera les circonstances atténuantes. Elle invoquera la fatalité.

La conférence prononcée le 8 avril 2002 dans la salle XI du Palais des Nations de Genève, devant les cadres de l'ONU et de l'OMC, par le vice-président chargé des relations extérieures de la Banque, était intitulée : *« Will development assistance ever reach the poor ? »* (« L'aide au développement parviendra-t-elle jamais aux pauvres ? »). Réponse de l'éminent vice-président : « Personne n'en sait rien. »

Pour porter la bonne parole au monde, James Wolfensohn s'assure les services d'un certain nombre de messagers triés sur le volet. Ce que les jésuites sont à l'Église catholique, les *missi domini* du Pianiste le sont à la Banque mondiale : ces « envoyés du maître » exécutent les missions les plus diverses. Exemples.

À Lagos, capitale du Nigeria, grande puissance pétrolière et l'une des sociétés les plus corrompues du monde, James Wolfensohn a installé un bureau de la *good governance* (contrôle de la corruption). Son préposé recueille des informations, venues de particuliers, de mouvements sociaux, d'organisations non gouvernementales, d'Églises, de syndicats ou de fonctionnaires d'État révoltés, concernant des affaires de corruption. Il observe les mises aux enchères truquées des grands chantiers de la région, les dessous-de-table payés à des ministres par des directeurs locaux de sociétés multinationales, l'abus de pouvoir pratiqué par tel ou tel chef d'État contre rémunération sonnante et trébuchante. En bref, il enregistre, se documente, essaie de comprendre les multiples voies empruntées par les corrompus et les corrupteurs. Mais que devient ensuite ce savoir ? Mystère.

Wolfensohn a également désigné un vice-président exécutif, tout spécialement chargé de la lutte contre l'extrême pauvreté. Lui aussi se documente et s'informe… Jusqu'à récemment, ce poste était occupé par Kemal Dervis.

Il s'agit d'un économiste d'une cinquantaine d'années, de nationalité turque, chaleureux et fin, qui a grandi en Suisse. Musulman, il a passé son baccalauréat dans un établissement privé catholique, le collège Florimont, au Petit-Lancy, près de Genève. (Au début 2001, il a quitté la Banque. Il est aujourd'hui ministre de l'Économie et des Finances de Turquie.)

Autre personnage totalement atypique travaillant au service de Wolfensohn : Alfredo Sfeir-Younis. Depuis novembre 1999, ce dernier dirige à Genève le *World Bank Office*, la représentation de la Banque auprès du quartier général européen de l'ONU et auprès de l'OMC. L'homme n'est pas banal. Voici comment le journaliste André Allemand décrit le messager du Pianiste : « Avec le charisme un peu retenu d'un Richard Gere barbu, le tout nouveau représentant de la Banque mondiale dépeint une organisation en pleine mutation philosophique, à l'écoute des plus démunis et cherchant activement à éliminer la pauvreté dans le monde. » Allemand surnomme Sfeir-Younis l'« Enjoliveur[1] ».

Sfeir-Younis est un Chilien d'origine libanaise. C'est un cosmopolite et un diplomate-né. Fils d'une grande famille maronite libanaise dont une branche s'est fixée

1. *La Tribune de Genève*, 8 juin 2000.

au Chili, il est le neveu de Nasrallah Sfeir, le patriarche de l'Église maronite. Dès 1967, son père ayant été nommé ambassadeur du Chili à Damas et à Beyrouth, le jeune Alfredo a assisté à toutes les convulsions, guerres et turbulences du Croissant fertile.

L'« Enjoliveur » est un pionnier. Il a été le premier *environmental economist* (économiste de l'environnement) à entrer dans la Banque. Aujourd'hui, elle en compte 174. Il a par ailleurs travaillé pendant sept ans, dans des conditions souvent difficiles, en Afrique sahélienne. Témoignant de convictions antifascistes solides, il s'est autrefois opposé à la dictature de Pinochet.

Bouddhiste, il pratique la méditation.

Mais Don Alfredo est surtout un maître du langage ambigu.

Écoutons-le : « Les difficultés économiques actuelles relèvent d'abord de la distribution des richesses et non pas tant de problèmes relatifs à la production ou à la consommation... Le monde souffre du manque de gouvernance globale[1]. »

Tout pasteur calviniste genevois lisant ces lignes sera saisi d'enthousiasme. Voici un frère ! Enfin un responsable bancaire qui n'a pas la croissance, la productivité et la maximalisation des profits à la bouche ! Mais ce que le naïf lecteur de ces propos ne sait pas, c'est que le messager du Pianiste à Genève est un partisan farouche de la *stateless global governance*, du gouvernement mondial sans État et du Consensus de Washington.

Don Alfredo est un dur. Un agent d'influence de haut vol : à certains moments, et sur ordre du Pianiste, il joue aussi les agents secrets comme lors de la Conférence mondiale du commerce à Seattle en 1999. « En décembre dernier, j'étais dans les rues de Seattle, chargé

1. Alfredo Sfeir-Younis, in *La Tribune de Genève*, 8 juin 2000.

de rapporter à mon organisation les points soulevés par les manifestants[1]. »

Un autre *missus* totalement atypique du Pianiste s'appelle Mats Karlsson. Collaborateur étroit et disciple de Pierre Schori – le principal héritier intellectuel et spirituel d'Olof Palme –, Karlsson a été économiste en chef du ministère suédois des Affaires étrangères et secrétaire d'État à la Coopération. C'est un socialiste convaincu. Outre Pierre Schori, il a pour ami Gunnar Sternäve, la tête pensante des syndicats suédois. Or, Karlsson est aujourd'hui vice-président en charge des affaires étrangères et des rapports avec l'ONU de la Banque mondiale.

Je le dis sans ironie : certains des idéologues de la Banque mondiale me séduisent. Leur brio intellectuel, leur culture sont attachants. Certains sont même de bonne foi. Alfredo Sfeir-Younis et Mats Karlsson, pour m'en tenir à eux, sont des hommes profondément sympathiques. Le problème est que si leurs théories changent et s'adaptent, la pratique, elle, est constante : elle découle de la pure rationalité bancaire, impliquant l'exploitation systématique des populations concernées et l'ouverture forcée des pays aux prédateurs du capital mondialisé.

Car à l'instar de l'OMC et du FMI, la Banque mondiale est, elle aussi, un bastion du dogme néolibéral. En toute circonstance et à tous les pays débiteurs, elle impose le Consensus de Washington. Elle promeut la privatisation des biens publics et des États. Elle impose l'empire des nouveaux maîtres du monde.

En janvier 2000, tremblement de terre ! Le messager le plus important, le plus proche de Wolfensohn, Joseph Stiglitz, économiste en chef et premier vice-président de

1. *Ibid.*

la Banque mondiale, démissionne en dénonçant publiquement la stratégie de privatisation à outrance et l'inefficacité des institutions de Bretton Woods[1].

Wolfensohn, tout à coup, éprouve des doutes. Il en vient même à se poser des questions : les capitaux rentrent, les crédits sortent, les barrages se construisent, donnent de l'électricité... et partout autour les hommes meurent de faim. Partout dans le tiers-monde la malaria revient au galop et tue un million de personnes par an, les écoles ferment, l'analphabétisme progresse, les hôpitaux tombent en ruine, les patients décèdent faute de médicaments. Le sida fait des ravages.

Quelque chose ne va pas. Alors, Wolfensohn interroge, voyage, invite à sa table des militants des mouvements sociaux, les écoute, réfléchit, et tente de comprendre l'échec gigantesque de sa Banque[2].

Des doutes du Pianiste, un nouvel organigramme est né[3]. Le *Social Board*, le Département social dont il a renforcé le personnel, doit désormais être consulté impérativement par tout chef de projet. Ce département a pour tâche d'examiner et d'évaluer les conséquences humaines provoquées dans la société d'accueil par l'intervention de la Banque : construction d'une autoroute, d'un barrage, d'une correction de fleuve, d'un port, d'un conglomérat d'usines, etc. Il s'agit d'évaluer

---

1. Joseph Stiglitz, *La Grande Désillusion*, Paris, Fayard, 2002.

2. Voir notamment l'interview de James Wolfensohn dans *Libération*, 10 juillet 2000.

3. Laurence Boisson de Chazournes, « Banque mondiale et développement social », *in* Pierre de Senarclens, *Maîtriser la mondialisation*, Presses de la Fondation nationale des sciences politiques, Paris, 2001. Du même auteur : « Le panel d'inspection de la Banque mondiale », *Revue générale de droit international public*, 2001, tome 105, n° 1, p. 144 *sq*.

les conséquences sociales et familiales de chaque investissement.

De quelle façon la nouvelle autoroute affectera-t-elle la vie dans les villages qu'elle traversera ? Comment un conglomérat industriel pèsera-t-il sur le marché du travail dans la région ? Que deviendront les paysans chassés par l'expropriation des terres qui précède la construction d'un barrage ? Des plantations extensives de cultures destinées à l'exportation exigent la destruction de milliers d'hectares de forêts : dans quelle mesure le climat de la région en sera-t-il affecté ? Les questions examinées par le Département social sont innombrables. Mais il n'a aucun pouvoir. Même si ses conclusions sont entièrement négatives, même s'il prévoit désastre sur désastre, il ne pourra empêcher la construction du conglomérat industriel, l'arrachage des arbres ou le détournement du fleuve.

La décision des banquiers est toujours souveraine.

Qui, d'ailleurs, collabore avec le Département social ? Des membres d'organisations internationales non gouvernementales réputées « crédibles ». Foin des extrémistes ! La Banque veut des critiques « compétents » et « raisonnables ».

Les organisations non gouvernementales (ONG) posent des problèmes nombreux. Nous y viendrons dans la quatrième partie de ce livre.

Amnesty International, Terre des Hommes, Greenpeace, Human Rights Watch, Oxfam, Médecins du Monde, Médecins sans frontières, le Mouvement des travailleurs sans terre, Via Campesina, Action Contre la Faim, etc., sont des ONG. Elles font un travail magnifique. Leurs militants et militantes sont le sel de la terre. Mais beaucoup d'autres ONG sont d'origine et de composition ambiguës, douteuses, et elles se conduisent parfois de façon franchement crapuleuse. C'est ainsi que nombre d'entre elles procèdent des plus grandes sociétés capitalistes transcontinentales, qui financent chacune une, deux, voire plusieurs ONG qu'elles ont créées de toutes pièces.

Les dirigeants de ces ONG ne sont élus par aucune assemblée publique. Leurs sources de financement sont couvertes par le secret des affaires. Les versements se font par l'intermédiaire de fondations domiciliées au Liechtenstein ou d'une IBC des Bahamas[1].

Comment les choses se passent-elles avec la Banque mondiale ?

Celle-ci met sur pied des programmes d'accompagnement social pour adoucir les conséquences humaines de ses investissements industriels, d'infrastructures, etc. Elle confie la gestion de ces programmes à des organisations non gouvernementales dites « crédibles ». C'est évidemment le Pianiste qui fixe le degré de « crédibilité » d'une ONG. Ces organisations prélèvent au passage une commission qui s'élève, au minimum, à 5 % des crédits alloués au programme qu'elles gèrent.

Nombre d'ONG collaborant avec le Pianiste s'assurent ainsi un précieux financement.

Conséquence : les discours tenus lors des grandes conférences internationales et les critiques adressées à la direction de la Banque s'adoucissent soudain. Ces ONG se conduisent finalement en courtisanes.

Voici un autre effet de la manipulation de certaines ONG par l'habile Wolfensohn. Nombre de dirigeants et de cadres d'ONG, consultés comme « experts » par le Département social, sont ensuite discrètement intégrés dans les étages supérieurs de la Banque. Ils s'achètent une belle carrière à la Banque par des critiques « raisonnables », « mesurées », « compétentes », à l'encontre

1. Cf. p. 170 *sq.*

des projets d'investissements et de la politique de privatisation à outrance menés par elle. Au quartier général de la Banque, une division spéciale s'occupe de la sélection, du traitement et de la surveillance des ONG. C'est la *Civil Society Unit*, placée sous la direction de William Reuben.

Pour prendre la mesure du double jeu du Pianiste, suivons l'élaboration et la réalisation d'un projet concret, celui de l'oléoduc Tchad-Cameroun dont les études de faisabilité ont été achevées depuis le milieu des années quatre-vingt-dix. Il s'agit du projet industriel impliquant l'investissement financier privé le plus élevé de tout le continent africain. Au milieu de l'année 2001, l'investissement nécessaire au démarrage du projet était estimé à 3,7 milliards de dollars. Mais celui-ci sort des cartons de sociétés pétrolières multinationales : la participation de la Banque mondiale est donc essentielle, car elle seule peut faire admettre aux peuples concernés le tracé de l'oléoduc. La Banque mondiale apportera, au cours de la première phase de réalisation, près de 200 millions de dollars : il s'agit d'assurer le forage et la mise en valeur des champs pétroliers récemment découverts dans le bassin de Doba, au sud du Tchad. Mais il faudra ensuite construire un oléoduc de 1 000 kilomètres à travers la forêt vierge afin d'évacuer le pétrole jusqu'à la côte atlantique du Cameroun, à Kribi. Pour cette deuxième phase, 300 millions de dollars seront mobilisés par la Banque.

Depuis plus de vingt ans, le Tchad souffre d'une série de dictatures militaires féroces. Des clans fratricides de Toubous du Nord ou d'autres tribus du Tibesti se sont succédé au pouvoir à N'Djamena. Les exécutions extrajudiciaires, la torture, les disparitions forcées sont la règle au Tchad. Aucune société civile digne de ce nom ne saurait se développer dans ces conditions.

Le Cameroun est doté d'un régime politique tout aussi corrompu que celui du Tchad. Sur la liste 2001 de Transparency International, annuaire des régimes les plus corrompus du monde, le Cameroun figure en quatrième position[1]. Mais contrairement à ce qui se passe au Tchad, au Cameroun l'emprise de l'État sur la société est faible. Entre le général président Idriss Déby et le falot Paul Byha, il n'y a guère de comparaison possible. Déby règne par la terreur et fait assassiner ses opposants. Le président camerounais en revanche – qui passe le plus clair de son temps à l'Hôtel Intercontinental de Genève – ne dirige pas grand-chose : il préside un régime en pleine déliquescence. Le tissu social se défait. L'État camerounais n'est plus qu'une fiction.

La déréliction du pouvoir au Cameroun favorise l'éclosion dans le pays d'ONG, de mouvements sociaux, de groupes écologiques critiques. C'est ainsi que différentes composantes de la société civile camerounaise entretiennent des liens solides avec le parti des Verts et avec Greenpeace en France. Et lors du sommet des chefs d'État franco-africains tenu à Yaoundé en 2000, la société civile camerounaise a procédé à une mobilisation impressionnante : elle a organisé un contre-sommet qui a éclipsé, dans l'opinion publique, le sommet présidé par Jacques Chirac. Bref, bien vite, James Wolfensohn et ses amis pétroliers se sont heurtés à la résistance vive et obstinée des mouvements camerounais alliés à Greenpeace France et à des députés Verts au Palais-Bourbon (notamment à Marie-Hélène Aubert). Cette opposition revendiquait le partage équitable des futures

1. Transparency International mène sur le pays concerné une enquête pendant trois ans. Cinq groupes de personnes y participent (hommes d'affaires, universitaires, ONG, etc.). La liste de TI fait autorité. Cf. p. 162 *sq*.

rentes du pétrole, des garanties contre la corruption et la modification du tracé de l'oléoduc, afin que soit épargnée la forêt où habitent les Pygmées.

En juin 1997, la Banque mondiale dut reculer. Wolfensohn récusa la première étude qu'il avait lui-même commandée à propos de « l'impact sur l'environnement écologique et sociologique » du projet. Mais les sociétés pétrolières ne désarmèrent pas. Elles mobilisèrent leurs complices à Wall Street et à Washington[1]. Résultat ? Dix-huit mois après le refus de la première étude d'impact, Wolfensohn céda aux pétroliers.

Son argument : nous avons tenu compte des « objections raisonnables ». C'est ainsi que le tracé du pipeline sera légèrement modifié. En outre, l'État tchadien a dû abandonner une partie de sa « souveraineté gestionnaire[2] ».

Que s'est-il passé ? Les pétroliers ont travaillé le général-président au corps. Quoi qu'il en soit, le gouvernement de N'Djamena a fait voter une loi stipulant que 80 % des futures recettes pétrolières seront affectées au développement économique, à l'éducation et à la santé, et que 10 % seront bloqués dans un « Fonds spécial pour les générations futures ». Idriss Déby signant une loi contre la corruption ? La chose est à peu près aussi crédible que si Pinochet s'était engagé en 1973 à lutter en faveur du socialisme, des droits de l'homme et contre la torture. Comble du ridicule : le despote a annoncé la constitution d'un « Comité de contrôle public » pour surveiller l'application de la nouvelle loi.

Le Pianiste, de son côté, a pris prétexte de l'annonce du despote pour balayer les dernières oppositions à la

---

1. Il s'agit de sociétés politiquement et financièrement extrêmement puissantes : Exxon-Mobile, Chevron, Petronas, etc.
2. *Libération*, 7 juin 2000.

réalisation de l'oléoduc. Observateur de longue date des agissements de la Banque, Bruno Rebelle, président de Greenpeace France, a alors eu ce commentaire lapidaire : « Les discours s'habillent, les pratiques restent. Voilà un exemple emblématique d'investissement non éthique que la Banque mondiale ne devrait pas faire[1]. »

En mai 2000, le journal britannique *The Guardian* publia un mémorandum secret provenant de la Banque mondiale elle-même. Plusieurs de ses économistes se désolidarisaient de Wolfensohn et de ses amis pétroliers. Selon eux, l'oléoduc comporterait des risques de dérapages politiques et écologiques « significatifs[2] ».

Toute question posée par des journalistes à propos de l'oléoduc a le don d'irriter le Pianiste. En témoigne, par exemple, son interview de juin 2000 à *Libération*. Les deux journalistes (Christian Losson et Pascal Riche) s'étaient montrés pourtant courtois et objectifs.

Question : « On vous reproche souvent aussi de ne pas savoir penser petit, et de financer d'énormes chantiers, comme l'oléoduc Tchad-Cameroun. »

Réponse : « Cet oléoduc, c'est le résultat d'années de dialogues avec deux gouvernements, la société civile et le secteur privé. Le Tchad est un pays très pauvre : 230 dollars de revenu par tête et par an. Sa seule chance, ce sont ses ressources en pétrole. Peut-on l'aider à exporter en respectant l'environnement et les droits de l'homme, et éviter que les profits soient détournés ? On a pris toutes les précautions : 41 experts ont rédigé 28 volumes sur la seule question écologique, on a photographié chaque arbre et longé, à pied, l'intégralité du futur oléoduc ! J'ajoute que le projet répondait à une

1. *Ibid.*
2. *The Guardian*, 20 mai 2000.

demande initiale du gouvernement français, désireux d'aider une ex-colonie[1]. »

« On a photographié chaque arbre... longé à pied l'intégralité du futur oléoduc... » La remarque serait amusante si le mensonge était moins gros.

Dans la forêt promise à la dévastation habitent pourtant des êtres humains, et depuis des millénaires. Ce sont les Pygmées-Bagyeli. Mais les mercenaires de la Banque mondiale n'en ont cure.

Les Pygmées-Bagyeli comptent environ 4 500 âmes, leurs campements sont éparpillés dans l'immense forêt vierge. Ils vivent de la cueillette et de la chasse. C'est donc à travers leurs terres que les bulldozers vont, sur une distance de 1 000 kilomètres, tracer une route pour l'or noir, de 30 mètres de large. C'est dans leurs forêts que seront construites les stations de pompage, de surveillance, les pistes d'atterrissage pour les ingénieurs de l'oléoduc, les dépôts et ateliers de réparation, les logements des contrôleurs, etc.

Les Pygmées-Bagyeli sont soutenus par l'ONG londonienne Survival. En juin 2000, celle-ci a invité à Londres le leader du peuple forestier, Jacques Nung. En Europe, celui-ci s'est exprimé avec une infinie prudence : « Je ne dis pas que la forêt sera totalement détruite. Mais des arbres seront arrachés que nous utilisons pour les produits ligneux ou la médecine. Moi qui ai l'habitude de trouver le gibier tout près, il [me] faudra [désormais] faire 15 ou 20 kilomètres. Nous ne sommes pas contre le projet, nous demandons à être davantage impliqués. » Et, plus loin : « Au premier contact, le Pygmée a tendance à dire oui à tout, pour vous mettre à l'aise, mais, deux jours plus tard, il peut dire non. Il faut prendre du temps avec eux, expliquer davantage. Jusqu'à

1. *Libération*, 10 juillet 2000.

présent, les autres ont toujours décidé pour nous. Maintenant, nous prenons notre destin en main. » Nung conclut : « On nous a dit : on va vous construire des maisons. Mais est-ce que j'ai demandé une maison [1] ? »

Les chances des Pygmées-Bagyeli face à James Wolfensohn et aux pétroliers sont minces. D'astronomiques profits sont en jeu : les revenus des dix ans à venir du bassin de Doba et de l'oléoduc sont estimés à plus de 10 milliards de dollars. Selon les contrats actuellement en vigueur, les trois quarts de cette somme reviendront aux sociétés multinationales pétrolières.

Le Département social instauré par Wolfensohn et ses experts « indépendants » se sont bien sûr penchés sur le projet de l'oléoduc Tchad-Cameroun. Ils ont conseillé la création d'un « Fonds spécial pétrolier de lutte contre la pauvreté ». Qui en sont les bénéficiaires statutaires ? Des associations de paysans ? Des ONG ? Des syndicats ? Des citoyennes et citoyens des pays ravagés ? Pas du tout ! Les uniques bénéficiaires du Fonds spécial sont les gouvernements de Yaoundé et de N'Djamena. Aucun mouvement de la société civile, aucune ONG, aucun syndicat ne sont mentionnés dans les statuts du Fonds.

En novembre 2000, le gouvernement tchadien, avec l'accord de la Banque, a prélevé 17 milliards de francs CFA (environ 25 millions de dollars) sur le Fonds. Prétexte : la famine menaçait le nord du pays. Mais Jean-Bawoyeu Alingué, le chef de l'opposition à Déby, a publié des documents indiquant que la majeure partie de la somme prélevée était destinée à des achats d'armes[2]. Le Fonds de lutte contre la pauvreté institué par la Banque mondiale a ainsi servi à financer la guerre menée par le despote contre une partie du peuple tchadien.

1. *Ibid.*
2. *Le Temps*, Genève, 30 novembre 2000.

III

Les pyromanes du FMI

Une démocratie d'un type particulier règne au sein du Fonds monétaire international (FMI). Les 183 États-membres votent chacun selon leur pouvoir financier respectif, « *One dollar – One vote* ». Ce qui fait que les États-Unis détiennent 17 % des droits de vote. Leur puissance financière et le fait que le dollar joue le rôle de monnaie de réserve internationale leur confèrent un poids déterminant au sein de l'organisation.

Les mercenaires du FMI sont un peu les sapeurs-pompiers du système financier international. Mais, à l'occasion, ils n'hésitent pas à se faire pyromanes...

En temps de crise aiguë, intervenant sur des places financières exotiques, ils veillent ainsi avant tout à ce qu'aucun spéculateur international ne perde sa mise initiale. Un commentaire britannique résume la situation : *« ... So when sceptics accuse rich country governements of being mainly concerned with bailing out western banks when financial crisis strikes in the world, they have a point »* (« Quand certains sceptiques accusent les gouvernements des pays riches d'être avant tout désireux d'éviter des pertes aux banques occidentales lors des crises, ils ont raison[1] »).

Je suis parfaitement conscient de l'importance des questions que le FMI tente de résoudre. Il est absolument nécessaire de rechercher la stabilité monétaire et des changes. Par ailleurs, un grand nombre de pays, et notamment les 49 plus pauvres, ne sont pas en mesure de financer un minimum d'infrastructures, ce qui fait obstacle au développement. Il est donc parfaitement normal que le FMI réfléchisse au problème, de même qu'il faut trouver des solutions à l'inefficacité d'un service public souvent hypertrophié, à la corruption, etc. Mais si le FMI s'attaque parfois à de vrais problèmes, il applique des méthodes erronées.

Un mouvement social transnational, issu des milieux chrétiens britanniques, « Jubilé 2000 », a, par une mobilisation populaire exemplaire, obtenu du G-8 une réduction de la dette extérieure des pays les plus pauvres. Un mécanisme compliqué a été mis en place : afin de pouvoir participer au programme, les gouvernements débiteurs doivent élaborer un *debt reduction strategy paper*, un plan de développement indiquant de quelle façon ils entendent utiliser l'argent rendu disponible. Ce sont les institutions de Bretton Woods qui examineront la validité de ces plans. Leur verdict conditionne la réduction de la dette (plus précisément : le volume de la réduction concédée).

Je suis personnellement favorable aux *debts reduction strategy papers*. Le régime du président Arap-Moï du Kenya est pourri jusqu'à l'os. Sans conditionnalité et sans plan de réinvestissement, la réduction de la dette kenyane ne servirait qu'à grossir les montants déposés

1. « A Plague of Finance », *The Economist*, Londres, 29 septembre 2001.

par Arap-Moï et ses compères sur leurs comptes privés à Zurich et à Londres. Mais je suis radicalement opposé à ce que ce soient le FMI et la Banque mondiale qui examinent les plans évoqués. Cette tâche, logiquement, devrait revenir au PNUD ou à la CNUSED qui, au sein du système des Nations unies, sont préposés aux questions de développement.

Les séides du Consensus de Washington pratiquent, en fait, une remise de dette d'un genre bien particulier : s'ils annulent partiellement la dette des pays pauvres, c'est afin que ceux-ci puissent rembourser plus sûrement les tranches et le service de la dette restante...

Jeffrey Sachs n'est pas un révolutionnaire. C'est un homme qui provient de la droite conservatrice. Il enseigne l'économie à l'Université Harvard. Or, Sachs est révolté par l'hypocrisie de l'opération « remise partielle de la dette ». Écoutons-le : « Au lieu de réfléchir à l'ampleur de l'allègement de la dette, qui permettrait réellement aux pays concernés de combattre les maladies et de donner une éducation de base à leurs enfants, les dirigeants du G-8 réunis à Cologne en 1999 ont arbitrairement défini un niveau "supportable" de la dette égal à 150 % des exportations. Ce seuil, toujours applicable, est d'une absurdité totale. » Et, plus loin : « Des dizaines de pays ont besoin, non seulement de voir leurs dettes effacées dans leur totalité, mais aussi de recevoir une aide massive. [...] Les sommes nécessaires sont importantes en termes absolus, mais infimes au regard des énormes revenus des pays riches. Une aide supplémentaire de 20 milliards de dollars par an, qui permettrait de réaliser beaucoup de choses, ne représente que 20 dollars par personne pour le milliard d'habitants des pays riches. Soit le G-8 dépense plus d'argent – et à bon escient – pour lutter contre la pauvreté, soit ses dirigeants continueront à se murer dans leurs forteresses, à l'abri d'une large partie de l'humanité toujours plus désespérée[1]. »

Les méthodes utilisées par le FMI ne sont pas bonnes… quand elles ne sont pas carrément désastreuses. Regardons du côté de l'Amérique latine.

Durant les années soixante-dix, la dette extérieure cumulée des États d'Amérique latine s'élevait à environ 60 milliards de dollars. En 1980, elle se chiffrait à 204 milliards. Dix ans plus tard, cette somme avait plus que doublé : 443 milliards de dollars. Aujourd'hui, la dette extérieure de l'Amérique latine oscille autour de 750 milliards de dollars[2]. Cette dette est à l'origine d'un transfert vers les créanciers d'une moyenne de 25 milliards de dollars chaque année, depuis trente ans. Bref, pendant trois décennies, le continent a dû consacrer chaque année au remboursement de la dette entre 30 et 35 % des revenus tirés de l'exportation de ses biens et services. Et en 2001, chaque habitant d'Amérique latine (vieillards et bébés compris) doit, en moyenne, 2 550 dollars US aux créanciers du Nord[3].

Parmi les nombreuses catastrophes provoquées par les pompiers pyromanes du FMI en Amérique latine, évoquons d'abord la plus spectaculaire, celle de l'Argentine :

---

1. Jeffrey Sachs, « Arrêtez de compter vos dollars ! », *The Financial Times,* Londres, traduit dans *Courrier international*, n° 561, 2 août 2001.

2. Sur l'origine et l'évolution de la dette extérieure des différents pays sud-américains, cf. Marcos Arruda, *External Debt*, traduit par Peter Lenny, Londres, Pluto Press et Transnational Institue, 2000.

3. Cf. Maurice Lemoine, « État national et développement », exposé présenté aux Rencontres socialistes internationales, Rio de Janeiro, 2-4 août 2001. Maurice Lemoine est rédacteur en chef adjoint du *Monde diplomatique*.

Accablée d'une dette extérieure démesurée et pratiquant une stratégie effrénée de privatisation du secteur public et de dérégulation des marchés financiers, l'Argentine – autrefois prospère – a longtemps subi la férule du FMI. Celui-ci lui a dicté une politique économique et financière servant en priorité les intérêts des grandes sociétés transcontinentales étrangères, notamment américaines. C'est ainsi que le peso a vécu sous le régime de la parité avec le dollar.

En 2001, la croissance économique s'établissait à moins de 1,9 % et le produit intérieur brut à 7 544 dollars par tête d'habitant. L'Argentine se rapprochait ainsi dangereusement des 49 pays les moins avancés de la planète. La crise éclata finalement début décembre 2001. La dette extérieure avait atteint 146 milliards de dollars. Afin de stopper l'hémorragie des capitaux s'enfuyant vers les places offshore et les banques étrangères (notamment nord-américaines et suisses), le président De La Rua ordonna le blocage des comptes bancaires privés. Ce gel prit le nom de *corralito*[1]. Une panique s'ensuivit. L'économie s'effondra. Le taux de chômage grimpa à 18 %. Les faillites d'entreprises se succédèrent à un rythme accéléré. Le FMI refusa alors tout nouveau crédit. La révolte populaire balaya De La Rua et trois de ses successeurs.

En février 2002, la Cour suprême a déclaré le *corralito* inconstitutionnel. Mais le mal était fait, la catastrophe accomplie. L'économie argentine est exsangue et la plus grande partie de la classe moyenne est ruinée.

En 2002, en Argentine, deux habitants sur cinq vivent dans la misère extrême[2].

---

1. *Corralito* signifie « petit enclos », les retraits très partiels étant permis.
2. *Le Monde diplomatique*, mars 2002.

Pendant des décennies, les pays d'Amérique latine ont dû appliquer d'innombrables plans d'ajustement structurel concoctés par les corbeaux noirs de Washington. Le FMI a également dicté des réformes fiscales nombreuses (toujours en faveur du capital étranger et des classes dominantes autochtones). Il a imposé des réductions massives aux budgets sociaux, éducatif et de la santé, la libéralisation des importations, l'extension des terres de plantation, la réduction des terres consacrées aux productions vivrières et la mise en place de politiques d'austérité en tous genres. Deux générations de Latino-Américains ont ainsi payé de leur sang, de leur sueur, de leur humiliation, de l'éclatement de leurs familles, les diktats du FMI.

Tournons-nous maintenant vers le Brésil, un des pays les plus complexes et fascinants du monde. Lui aussi est soumis depuis des décennies à la férule du FMI. Cependant, le pays présente une particularité : si en Argentine, depuis des décennies, des gouvernants plus incompétents et corrompus les uns que les autres se sont succédé à la Casa Rosada, siège du pouvoir exécutif, au centre de Buenos Aires, au Brésil, en revanche, l'avènement en 1995 du gouvernement du président Fernando Henrique Cardoso avait soulevé un immense espoir dans la population (et sur le reste du continent). Espoir aujourd'hui fracassé.

Jeudi 14 mars 2002, dans la grande salle de l'archevêché de São Paulo. L'été austral tire à sa fin, mais l'air est encore lourd, la chaleur accablante. Autour de la grande table blanche de conférence ont pris place plusieurs dizaines de femmes et d'hommes, parmi les plus courageux et les plus lucides du Brésil : des avocats, des médecins, des journalistes, des paysans, des prêtres, des pasteurs, des syndicalistes, représentant les principaux secteurs d'activité de la société civile. Francisco Whitacker, de la Commission Justice et Paix de l'épiscopat brésilien, résume la situation : « Quel effroyable gâchis ! Quelle chance perdue ! » Autour de la table, tout le monde partage son opinion.

Rarement dans l'histoire des grandes nations modernes un pays aura été dirigé par autant de gens capables et brillants que le Brésil entre 1995 et 2002. À commencer par le président de la République lui-même, Fernando Henrique Cardoso, qui est l'un des sociologues contemporains les plus célèbres. Son œuvre rayonne dans le monde entier. *Esclavage et capitalisme* est même devenu un classique[1]. Fuyant la dictature militaire, il avait été un professeur influent et apprécié à l'Université de Nanterre dans les années soixante-dix.

Son ministre des Affaires étrangères, Celso Lafer, est philosophe. À l'Université Cornell, il avait été l'un des plus brillants élèves de Hannah Arendt. Il a publié un livre remarquable sur la philosophie des droits de l'homme.

Aloysio Nunez, ministre de la Justice, avait été, durant les années de plomb, le représentant personnel de Carlos Marighella à Paris. Communiste convaincu, il avait noué en France des solidarités utiles pour l'organisation de la résistance armée au Brésil. Quant au ministre de l'Éducation, Paulo Renato de Souza, il avait été le recteur novateur de l'Université de Campinas. Sans oublier le secrétaire d'État aux droits de l'homme, Paulo-Sergio Pinheiro, lui aussi résistant courageux à la dictature, qui avait soutenu à Paris une thèse de doctorat remarquée (sur la répression ouvrière) sous la direction de Georges Poulantzas… Et je pourrais multiplier les exemples.

Tous ces ministres avaient donc été naguère des intellectuels radicalement critiques, des hommes de gauche. Or, à l'exception de Paulo-Sergio Pinheiro, beaucoup semblent avoir joyeusement tourné leur veste. Adeptes

1. Paru pour la première fois au Brésil en 1962.

convaincus, ou contraints à l'être, de la doxa néo-libérale, ils ont livré le pays aux prédateurs. Alors qu'ils ne ménageaient pas leurs critiques au Consensus de Washington, résistant à l'arrogance des institutions de Bretton Woods, ils sont devenus des serviteurs serviles – pour ne pas dire des laudateurs – du Département du Trésor nord-américain et de ses mercenaires de la 19e Rue à Washington.

Les conséquences sont dramatiques. Combien d'entre les 173 millions de Brésiliens et de Brésiliennes souffrent actuellement de sous-alimentation chronique et grave, celle qui entraîne l'invalidité et parfois la mort ? La réponse officielle du gouvernement est (en mars 2002) : 22 millions[1]. L'opposition parlementaire indique 44 millions de victimes[2], la Conférence nationale des évêques : 55 millions[3].

En juin 2001, je discutais à Genève avec la nouvelle maire de São Paulo, la psychanalyste Marta Suplicy. C'est une femme cultivée et élégante, issue de la haute bourgeoisie pauliste, mais habitée par une idée de justice ardente. Elle est membre du PT (Parti des Travailleurs). Courageuse, déterminée et vive, elle occupe la mairie de cette mégapole de 8 millions d'habitants depuis le 1er janvier 2001. Face à la bourgeoisie locale, pétrie d'égoïsme, elle est bien décidée à changer sa ville.

Nous évoquons la question de la sous-alimentation, qui fait tant de ravages dans les banlieues. Elle me dit dans un sourire triste : « Vous savez, au Brésil, nous

1. Chiffres de l'IPEA, Instituto de Pesquisa Economica Applicada, organisme dépendant du ministère du Plan.

2. *Projeto Fome Zero*, élaboré par le Parti des Travailleurs.

3. Indications fournies par Dom Mauro Morelli, président du Forum national pour la sécurité alimentaire.

avons un dicton. Nous disons : la faim est au nord, parce qu'au sud, il y a les poubelles. »

Deux mois plus tard, je me trouvai sur la Praça da Sé, au centre de São Paulo. Autour des fontaines, sur l'escalier de la cathédrale, le long des murs gris se pressaient les miséreux. Chômeurs permanents au regard vide, aux sandales élimées ; enfants sales, hirsutes, mais joyeux ; femmes sans âge traînant des sacs en plastique. Tous examinaient avec attention les poubelles entreposées dans l'avenue toute proche et en bordure du jardin public. Ils y plongaient la tête, la main, retiraient un bout de pain gris, des légumes pourris, un os, un morceau avarié de viande.

La bourgeoisie est opulente à São Paulo. Les poubelles sont pleines.

Aujourd'hui, la dette extérieure du riche et puissant Brésil atteint 52 % du produit intérieur brut. Les intérêts à payer représentent 9,5 % du PIB.

En août 2001, le gouvernement Cardoso s'est de nouveau mis à genoux. Il a supplié le FMI de lui accorder un nouveau crédit de 15 milliards de dollars. Supplique accordée ! Au taux de 7,5 % par an.

Le même mois, le ministre des Finances, Pedro Malan se présente devant la presse internationale et nationale à Brasília pour se réjouir de l'« heureuse conclusion » des négociations de Washington. Mais au peuple, il annonce de « nouveaux et douloureux sacrifices ». Ceux-ci sont « indispensables[1] », dit-il. Avant d'accorder son crédit d'urgence, le FMI avait en effet exigé de Malan de nouvelles et sévères restrictions budgétaires. Malan avait obéi. Il s'était engagé à réduire les dépenses. Dans quels domaines ? Formation, éducation, santé publique,

1. Pedro Malan, in *Globo*, 4 août 2001 ; in *Dario Popular*, 4 août 2001 ; in *International Herald Tribune*, 9 août 2001.

évidemment ! On ne touche pas aux privilèges fiscaux ni aux prébendes de la bourgeoisie brésilienne.

Comme tous les autres ministres de l'Économie et des Finances du monde obsédés par la doxa néo-libérale, Pedro Malan croit, lui aussi, dur comme fer à l'effet de ruissellement promis par Ricardo et Smith[1]. Induite par la libéralisation totale des marchés, la croissance apportera nécessairement un jour le bonheur aux peuples. En attendant, la misère est terrifiante.

Une véritable guerre des classes ravage d'ailleurs les mégapoles du Sud-Est et du Centre. En 2001, on notait plus de 40 000 assassinats ou de morts violentes au Brésil[2]. La criminalité organisée transcontinentale existe au Brésil comme dans de nombreux autres pays. Mais 90 % de la violence qui déchire les mégapoles est due à l'extrême misère dans laquelle végètent la majeure partie des Brésiliens.

À São Paulo, les très riches ne se déplacent plus qu'en hélicoptère, les riches en voiture blindée. Des milices privées, des murs hauts de quatre mètres protègent les demeures des nababs. Se rendre à l'invitation d'un ami appartenant à la moyenne bourgeoisie ressemble au parcours du combattant. Pour pénétrer dans les immeubles, prendre un ascenseur, accéder à l'étage, la connaissance d'une multitude de codes se révèle indispensable. Toutes les portes sont blindées. Même la moyenne bourgeoisie vit dans des appartements qui ressemblent à des coffres-forts.

À la misère, le gouvernement répond par la répression. La justice de l'État de São Paulo est particulière-

1. Cf. p. 88 *sq*.
2. L'ONU parle de « guerre de basse intensité » lorsque, dans un pays donné, le nombre des victimes d'assassinats et de mort violente dépasse les 15 000 personnes par an.

ment inhumaine et répressive. *« Pegar e stockar »* (« Arrêter et enfermer ») est sa devise. La réhabilitation sociale des délinquants n'est pas prévue ici. Actuellement, l'État de São Paulo compte un peu plus de 100 000 détenus[1]. Leur âge moyen est de 24 ans. La peine maximale au Brésil est de trente-cinq ans de réclusion. Le taux de récidive approche des 72 %. Environ 80 % des détenus sont noirs ou métis.

L'après-midi du vendredi 15 mars 2002, j'ai visité à Guaianases, dans la banlieue orientale de São Paulo, le commissariat n° 44. Ce que j'y ai découvert dépasse en horreur tout ce qu'on peut imaginer. Six cellules de béton sont disposées des deux côtés d'un minuscule patio, lui-même couvert d'un toit de tôle ondulée. Construites il y a dix ans pour accueillir trente détenus, elles en abritent actuellement 173. Munies chacune d'un unique trou d'aisance et d'un tube où parfois coule de l'eau, ces cellules sont dépourvues de tout équipement.

Les détenus s'organisent en trois équipes afin que chacun d'eux puisse dormir quelques heures, à tour de rôle, étendus à même le sol bétonné. Les hommes ont la peau grise, par manque de lumière. Sous la peau, les os saillent.

Des adolescents de 18 ans se mêlent aux hommes de 65 ans. Leur situation au regard de la loi n'est pas la même : les uns ont déjà été condamnés, les autres sont en préventive, d'autres encore ont été pris dans l'une des nombreuses rafles effectuées périodiquement par la police militaire dans les bidonvilles environnants. J'ai découvert deux détenus qui, ayant purgé leur peine depuis plusieurs mois déjà, avaient purement et simple-

1. Les lieux de détention sont les pénitenciers (généralement de haute sécurité), les prisons et les cellules des commissariats.

ment été oubliés par le délégué titulaire (commissaire principal), le Dr Luiz.

On ne trouve évidemment ni livres ni radio dans le bloc cellulaire. Les visites sont rares. La plupart des prisonniers portent un short marron ou gris, un maillot de corps souvent troué, des nus-pieds.

Tous les jours – sauf les samedis et dimanches et durant les fêtes – les grilles des cellules s'ouvrent afin que les détenus puissent faire quelques pas dans le minuscule patio. Munis de barres de fer, les gardiens veillent au-delà de la porte blindée qui ferme le patio côté commissariat. Entre eux et les détenus, le contact est réduit aux opérations de surveillance et de contrôle.

Des impacts de balles à hauteur d'un mètre sur le mur latéral du patio témoignent d'une habitude bien connue des policiers militaires, dont la petite caserne se situe immédiatement en face du commissariat : lors des promenades, fréquemment, ils terrorisent les détenus en tirant à la mitraillette, les forçant à se jeter à terre.

La puanteur, partout, est insupportable.

En mission pour les Nations unies, j'avais choisi le commissariat n° 44 au hasard parmi les quatre-vingt-treize que comprend l'État. Après ma visite surprise, j'avais peur que les prisonniers avec lesquels mes collaborateurs et moi-même nous étions entretenus subissent des représailles. Des émissaires de la Commission des droits de l'homme de l'Ordre des avocats s'étaient donc rendus le lundi 18 mars, à ma demande, au commissariat. Voici quelques extraits du rapport que m'adressa par la suite Me Alexandre Trevizzano Marim :

« Nous nous sommes rendus à la prison du commissariat de Guaianases qui – comme les quatre-vingt-douze autres prisons du même type dans cet État – ressemble à un véritable camp de concentration, comparable aux pires camps qui ont marqué l'histoire de l'humanité, notamment ceux construits par les nazis durant la Seconde Guerre mondiale. Des malades mentaux sont mêlés aux gens souffrant de maladies contagieuses, notamment de la tuberculose, du sida, mais aussi à des gens en bonne santé. Quatre personnes sont entassées dans le même espace au même moment, ce qui est contraire à la dignité humaine. Les hommes prennent leur tour pour pouvoir s'étendre quelques heures sur le sol. Beaucoup hurlent de désespoir[1] ».

Les séides du FMI n'entendent pas ces cris.

Les privatisations sont au cœur du dogme des maîtres et de leurs mercenaires. Chaque fois qu'un ministre quémandeur se rend à Washington pour obtenir une rallonge de crédit, les charognards du FMI lui arrachent un nouveau lambeau de l'industrie ou du secteur public de son pays.

La méthode est toujours la même. Le FMI exige – et obtient – la vente aux sociétés transnationales, généralement américaines ou européennes, des industries, entreprises de services (assurances, transport, etc.) relevant d'un secteur rentable. Les secteurs non rentables de l'économie restent, bien entendu, entre les mains du gouvernement local.

Sur ce point encore, le Brésil « progresse » en flèche. En huit ans de règne, le président Fernando Henrique Cardoso aura ainsi bradé le puissant et profitable secteur public presque tout entier. Seule exception pour l'instant : la société nationale Petrobras, défendue bec et ongles par ses employés et leurs syndicats.

1. Alexandro Trevizzano Marim, assesseur exécutif de la Commission des droits de l'homme de l'Ordre des avocats du Brésil, section de São Paulo. Le document peut être consulté auprès du Haut-Commissariat des Nations unies pour les droits de l'homme, Palais Wilson, Genève.

En août 2001, la crise énergétique étrangle le Brésil. Les entreprises, les institutions publiques, tous les ménages doivent impérativement – sous peine d'amende – réduire de 20 % leur consommation quotidienne d'électricité. Cette crise est en conséquence directe de la privatisation chaotique de la société publique Electrobras, ainsi que d'une sécheresse persistante asséchant les réserves hydrauliques du pays.

Pedro Parente, ministre de la « Casa civil » de la présidence de la République (directeur du cabinet du président), justifie ainsi les privatisations : « Nos sociétés publiques sont saines et très convoitées. Nous allons utiliser les sommes tirées de leur vente pour faire sortir le peuple brésilien de sa misère[1]. » Résultat ? Les ventes ont été excellentes, mais les dizaines de milliards de dollars se sont évaporés. Où ? Les spécialistes émettent des hypothèses : le budget courant comportant traditionnellement des trous nombreux en a englouti une partie. Mais une autre partie a été transférée sur des comptes privés à l'étranger. Elle a disparu dans les profondeurs abyssales des poches des ministres, généraux, juges, hauts fonctionnaires et banquiers d'État…

À Brasília, les scandales de corruption se multiplient. En août 2001, c'est le troisième personnage de l'État, le président du Sénat fédéral, Jader Barbalho, qui a été démis de ses fonctions à la suite des accusations portées contre lui par le procureur général Brindeiro pour prévarication, détournement de fonds et corruption passive.

Pendant ce temps, la misère du peuple s'accroît, tirant vers l'abîme de nouveaux millions de familles brésiliennes[2].

---

1. Alvaro Queiroz, « O fracasso das privatizacões », *Cadernos do Terceiro Mundo*, Rio de Janeiro, décembre 2000 et janvier 2001.
2. *Rapport 2000 de la Commission Justiça e Paz*, organe de la Conférence nationale des évêques brésiliens (CNBB), Brasília, 2001.

Au milieu de l'année 2000, Joseph Stiglitz (qui avait alors démissionné de son poste de vice-président et économiste en chef de la Banque mondiale), se lança dans la dénonciation publique des pratiques du FMI. Il ouvrit un site Web spécial sur Internet, accorda de nombreuses interviews et publia divers articles dans la presse[1].

Prix Nobel d'économie en 2001, Stiglitz porte à travers ses lunettes cerclées de métal un regard impitoyable sur les activités des institutions de Bretton Woods, en particulier du FMI. Il reproche à leurs fonctionnaires de contribuer puissamment à la misère des peuples du tiers-monde, de répéter sans cesse les mêmes erreurs et de se couper de la réalité. Il accuse les pompiers-pyromanes du FMI d'autisme. Il écrit : « *Smart people are more likely to do stupid things when they close themselves off from outside criticism and advice* » (« Des gens intelligents font plus facilement des choses stupides lorsqu'ils se coupent de toute critique et de tout conseil extérieurs[2] »).

Stiglitz accuse notamment le FMI d'avoir aggravé, par son intervention, la crise financière qui a englouti, dans la deuxième moitié des années quatre-vingt-dix, plusieurs économies asiatiques et d'être directement responsable de la fermeture de milliers d'usines, de sociétés commerciales et, ce faisant, de l'état de misère dans lequel ont sombré des millions de travailleurs et leurs familles.

---

1. Voir notamment Joseph Stiglitz, « The Insider, What I learned from the world economic crisis », *New Republic*, 4 juin 2000. Pour un commentaire, voir Renaud de Rochebrune, « Une attaque venue de l'intérieur », *Jeune Afrique – L'Intelligent*, Paris, 8 août 2000.
2. Joseph Stiglitz, « The Insider, What I learned from the world economic crisis », *art. cit.*

Ce qu'il dénonce précisément ? Ceci par exemple. Au début du mois de juillet 1997, une crise financière éclate en Thaïlande. Le bath, la monnaie nationale, perd rapidement de sa valeur et les capitaux spéculatifs quittent massivement le pays. Pour faire face à la situation, la banque centrale de Bangkok prélève des centaines de millions de dollars sur ses réserves pour racheter des baths et soutenir ainsi la monnaie nationale. En pure perte.

Après trois semaines de cette saignée, la Thaïlande se trouve virtuellement en cessation de paiement.

Très rapidement, la crise thaïlandaise entraîne dans sa chute les économies de l'Indonésie, de Taiwan, de Corée du Sud et d'autres pays de la région. Les émissaires du FMI appliquent alors partout dans la région les méthodes qu'ils avaient expérimentées, avec un certain succès il faut le dire, au milieu des années quatre-vingt en Amérique latine. Le gouvernement mexicain, en particulier, avait, pendant ces années-là, pratiqué une politique budgétaire et monétaire laxiste, assistant sans bouger à la fuite des capitaux, à la fraude massive au détriment du fisc, à la corruption des dirigeants et à l'endettement sans fin de l'État. Conséquence ? Une hyper-inflation qui menaçait de détruire, à courte échéance, tout le tissu social. Ayant un besoin urgent d'argent frais, le gouvernement du Mexique avait alors fait appel au FMI. Celui-ci exigea une stricte réduction des dépenses publiques et des mesures radicales de lutte contre l'hyper-inflation – dont le blocage des salaires. Le FMI avait fait de l'adoption de ces mesures la condition préalable à la délivrance d'un nouveau crédit.

Stiglitz écrit : « Au Mexique, le FMI a appliqué une politique raisonnable[1]. »

---

1. *Ibid.*

Mais appliquer la même politique, dix ans plus tard, en Asie du Sud-Est relevait de la folie. Stiglitz : « Un étudiant en économie qui aurait proposé, à l'occasion d'un exercice théorique, des mesures du type de celles qui ont été imposées à la Thaïlande aurait été recalé à ses examens pour erreur grossière de raisonnement[1]. »

Pourquoi ? Parce que la crise asiatique de 1997 a des racines différentes de celles du Mexique ou de l'Argentine des années quatre-vingt.

Stiglitz situe l'origine de la crise thaïlandaise (indonésienne, taiwanaise, sud coréenne, etc.) au début des années quatre-vingt-dix. Sous la forte pression des États-Unis, soutenue par les institutions de Bretton Woods, la Thaïlande, la Corée du Sud, Taiwan, l'Indonésie, etc. avaient dû supprimer toute entrave à l'entrée et à la sortie des capitaux. Leurs marchés financiers respectifs avaient été en quelque sorte totalement libéralisés.

Conséquence ? Un afflux massif de capitaux s'investissant à court terme, en quête de gains rapides et élevés. Ces capitaux pervertirent rapidement l'économie des pays d'accueil : au lieu de financer des investissements à long terme et d'accepter des rendements modestes, ils se mirent en quête de gains spéculatifs, élevés, rapides – en bref d'affaires juteuses. C'est ainsi qu'à Bangkok, à Djakarta, à Séoul, la spéculation sur les terrains prit un tour insensé : des gratte-ciel de bureaux poussèrent comme des champignons, des tours gigantesques abritant des casinos ou des clubs de loisirs constellèrent bientôt les mégapoles. Des quartiers entiers d'appartements de luxe, de villas pompeuses défigurèrent le paysage urbain.

Mais l'offre de mètres carrés construits dépassa bientôt la demande. La bulle immobilière creva. Les

1. *Ibid.*

capitaux spéculatifs étrangers quittèrent le pays aussi facilement et aussi rapidement qu'ils étaient arrivés. Et l'économie s'effondra.

Les gouvernements appelèrent à l'aide les pompiers du FMI, afin que ceux-ci leur procurent des capitaux neufs. Et ceux-ci répondirent positivement dans un premier temps : il s'agissait d'éviter la faillite des banques, des fonds de pension, des fonds d'investissement, des spéculateurs particuliers – surtout américains – qui avaient investi des sommes colossales dans la spéculation immobilière en Asie. Ces premiers crédits, bien entendu, et comme convenu avec le FMI, furent utilisés par les gouvernements thaïlandais, indonésien, sud-coréen, etc. pour honorer les créances des spéculateurs étrangers.

Puis vint le remède de cheval appliqué aux populations locales : l'austérité budgétaire et monétaire, ordonnée avec le FMI, la réduction drastique des dépenses sociales et des crédits aux entreprises.

De la Corée du Sud à l'Indonésie, en l'espace de quelques semaines, des centaines de milliers de travailleurs perdirent leur emploi. Les États durent suspendre toute assistance publique aux nécessiteux. Les repas scolaires furent supprimés. Dans les hôpitaux, rapidement, les médicaments vinrent à manquer. La sous-alimentation et la faim s'aggravèrent dans les bidonvilles. Tout un secteur des classes moyennes, bénéficiaire de la relative croissance des années quatre-vingt, fut ainsi balayé. Comme toujours les couches les plus humbles de la population furent les plus durement touchées : toutes les subventions publiques des biens de première nécessité furent supprimées sous le diktat du FMI.

Pourquoi une réaction aussi aberrante de la part des pompiers-pyromanes du FMI ?

Stiglitz n'y va pas avec le dos de la cuillère. Selon lui, le dogmatisme obtus, l'arrogance et l'indolence bureaucratiques règnent en maître aux étages directoriaux du FMI. Le remède avait marché en Amérique latine ? Il allait fonctionner en Asie. D'ailleurs, les modules et les schémas modélisés se trouvaient déjà dans les ordinateurs. Il n'y avait plus qu'à changer le nom des États « traités » et à alimenter les modules avec les données statistiques fournies par les banques centrales respectives des pays concernés.

J'aime lire et écouter Stiglitz. Rien de plus beau qu'un déserteur qui s'attaque à son ancien patron ! Sur son site Web, par exemple, je lis un passage où il explique comment une équipe d'émissaires du FMI voyageant vers un pays africain surendetté qui avait appelé à l'aide, s'était trompé d'équipement électronique au départ de Washington. Pour analyser la situation dans le pays X, ils avaient embarqué le disque dur concernant le pays Y. Pendant toute la durée de leur séjour au pays X, ils avaient donc travaillé sur la base de données du pays Y... sans s'en rendre compte !

Les mercenaires du FMI se disent apolitiques. C'est un grossier mensonge. Dans la pratique, le FMI est en effet au service direct et constant de la politique extérieure des États-Unis.

Cette évidence a été particulièrement aveuglante à l'automne 2001, lorsque Washington déclara la guerre au « terrorisme ». Un commentateur britannique écrit : « Le Fonds monétaire international et la Banque mondiale font partie de l'arsenal antiterroriste américain [...]. Les États-Unis n'ont pas perdu de temps pour récompenser leurs alliés dans leur guerre contre le terrorisme[1]. »

Ainsi, sur ordre du Département du Trésor, le FMI a débloqué, fin septembre 2001, 135 millions de dollars en

1. *The Economist*, Londres, 29 septembre 2001.

faveur du Pakistan. Au plan bilatéral, il a obtenu des États-Unis la levée de l'embargo décrété contre le Pakistan lors des essais nucléaires de 1998. Conny Lotze était chargé du dossier pakistanais au FMI. Il avait déclaré quelques jours auparavant : « Une ligne de crédit de 596 millions de dollars en faveur du Pakistan a expiré dimanche [le 23 septembre 2001] [...]. Nous sommes satisfaits des réformes mises en place par le gouvernement. On discute maintenant d'un [éventuel] allongement du programme. Une décision est imminente[1]. »

Les cadeaux actuellement à l'étude à l'intention de la dictature militaire pakistanaise comprennent un crédit de 2,5 milliards de dollars et l'annulation pure et simple d'une importante partie de la dette. Celle-ci s'élève à un total de 37 milliards de dollars.

Même chose en ce qui concerne l'Ouzbékistan. Depuis 1995, le FMI avait rompu toute relation avec le régime ouzbek pour cause de gestion désastreuse des crédits. En septembre 2001, le président Bush décida d'aligner sur l'aéroport de Tachkent, en vue d'une intervention en Afghanistan, des avions de combat F-16 et F-18, ainsi que des appareils d'observation AWACS. Miracle ! Le FMI retourna lui aussi en Ouzbékistan. Pourquoi ? Conny Lotze répond : « Le gouvernement ouzbek vient de nous faire part de son intention de reprendre un programme de stabilisation économique[2]. » Des centaines de millions de dollars de prêts vont pleuvoir sur Tachkent.

L'hypocrisie de la haute nomenklatura du FMI se révèle avec une particulière évidence en Asie centrale et méridionale dès l'automne 2001. Les institutions de Bretton Woods prétendent faire de la « bonne gouver-

1. *Ibid.*
2. *Ibid.*

nance », et notamment de l'absence de corruption, une condition *sine qua non* pour l'attribution de crédits ou le rééchelonnement de la dette. Or, les présidents Islam Karimov, d'Ouzbékistan, et Pervez Musharraf, du Pakistan, comptent parmi les satrapes les plus détestables du tiers-monde. Pourtant, l'argent de la Banque mondiale et du FMI ne leur fait pas défaut. Leur soumission à la politique américaine explique leur bonne fortune.

IV

Les populations non rentables

Observons ce qu'il advient aujourd'hui des quarante-neuf pays les plus pauvres du monde, les PMA (pays les moins avancés) comme les appellent le FMI et la Banque mondiale. Les opérateurs privés, eux, préfèrent parler de « populations non rentables ».

Les PMA forment une catégorie à part. L'admission au club, si l'on ose dire, dépend d'un certain nombre de critères : le candidat doit notamment avoir un revenu par tête d'habitant inférieur à 700 dollars par an[1]. D'autres critères concernent la santé, le degré d'alphabétisation de la population, la diversification économique, etc.

Les seigneurs, bien sûr, consentent quelques avantages aux PMA : l'exemption de quotas et de taxes pour certaines exportations vers les marchés du Nord, l'allongement des délais pour la mise en œuvre des mesures de libéralisation interne, décidées par l'OMC, l'aménagement de certains prêts, un traitement particulier de la dette extérieure.

1. Par comparaison : le revenu par tête d'habitant de la Suisse oscille chaque année autour de 26 000 dollars. La Suisse est le pays le plus riche du monde.

Les PMA totalisent en 2002 une population de 640 millions d'êtres humains, soit un peu plus de 10 % de la population mondiale. Mais les peuples non rentables génèrent à eux tous moins de 1 % du revenu mondial. Trente-quatre d'entre eux se trouvent en Afrique, neuf en Asie, cinq dans le Pacifique et un dans les Caraïbes. Lorsque la catégorie a été créée, il y a trente ans, ils n'étaient que vingt-sept.

Depuis la création, en 1971, de la catégorie « pays les moins avancés », seul le Botswana a quitté le peloton. Grâce à une politique agricole autocentrée, il a réussi à sortir de la misère extrême. En revanche, en 2001, le Sénégal, qui a subi plusieurs plans d'ajustement structurel du FMI et dont l'économie ne cesse de dégringoler, a rejoint le groupe.

La Campagne du Jubilé 2000, conduite essentiellement par des chrétiens d'Angleterre (et d'Allemagne), indique que la dette extérieure des quarante-neuf États les plus endettés représente 124 % du produit national brut cumulé des États concernés[1]. Ces États dépensent beaucoup plus pour le service de leur dette que pour l'entretien des services sociaux : la plupart d'entre eux affectent, en effet, annuellement plus de 20 % de leurs dépenses budgétaires au service de la dette[2]. En outre, depuis 1990, la croissance du produit intérieur brut de chacun des PMA est inférieure à 1 % en moyenne

1. La Conférence mondiale de l'alimentation de 1996 constate l'existence d'un lien direct entre le fardeau de la dette et la malnutrition. Avec des chiffres actualisés, la Campagne Jubilé 2000 arrive à la même conclusion (voir notamment le site Web suivant : http://www.jubilee2000uk.org).

2. Banque mondiale, *Rapport sur le développement dans le monde 2000. Combattre la pauvreté*, Paris, Éditions de la Banque mondiale, septembre 2000.

annuelle, ce qui empêche tout accroissement du taux d'épargne des ménages.

Pourtant, exprimée en valeur réelle par habitant, l'aide publique accordée par les pays riches aux quarante-neuf a diminué de 45 % entre 1990 et 2000[1]. En même temps, l'apport de capitaux étrangers privés à long terme par habitant (en dollars constants) a baissé de 30 % depuis 1990. En outre, les plans d'ajustement structurel du FMI et des banques régionales, imposés en vue d'équilibrer le budget des pays concernés, aggravent souvent la situation alimentaire, particulièrement quand ces plans exigent l'élimination des subventions publiques aux aliments de base.

En 2000, le revenu par tête d'habitant était en régression dans cent des soixante-quatorze pays examinés[2]. Il a le plus fortement baissé dans les quarante-neuf PMA. Mais l'inégalité qui habite actuellement la société planétaire n'est pas seulement monétaire. Elle concerne aussi, bien entendu, l'espérance de vie dans les différents pays.

L'Organisation mondiale de la santé (OMS) vient de mettre au point un nouveau mode d'évaluation, à la fois quantitatif et qualitatif, mesurant les années passées en bonne santé. Cet indicateur a pour nom EVCI (espérance de vie corrigée de l'incapacité).

Voici les résultats obtenus. Dans les trente-deux pays les plus pauvres du monde, l'EVCI est de moins de 40 ans. La plupart de ces pays prolétaires sont africains. La meilleure performance EVCI est réalisée par le Japon. Les gens y vivent en bonne santé en moyenne durant 74,5 ans[3].

---

1. CNUCED, *Les pays les moins avancés, Rapport 2000* (publication des Nations unies, numéro de vente : F.00.II.D.21), Nations unies, Genève, 2000.
2. PNUD, *Human Development Report 2000, op. cit.*
3. *OMS 2000, Rapport sur la santé dans le monde 2000, Pour un système de santé plus performant*. Document édité par les services de l'OMS, Genève, 2000.

Le bilan de trois décennies d'aide dite au développement – en réalité d'aide à l'intégration au capitalisme mondialisé des économies africaines, asiatiques, latino-américaines – est calamiteux. Rubens Ricupero : « Il est apparu à l'évidence que malgré trente ans d'action internationale en faveur des PMA, et malgré les efforts de ces pays eux-mêmes, les difficultés socio-économiques auxquelles sont confrontés la plupart d'entre eux et leur marginalisation persistante sont accablantes[1]. » Or, face à l'approvisionnement constant des populations non rentables, les émissaires du FMI continuent de proclamer : « Nous allons tirer les PMA de la misère. » Le scandale est là. Prenons quatre exemples.

Le Niger, d'abord, qui est le deuxième pays le plus pauvre de la planète, après la Sierra Leone.

Les 1,7 million de kilomètres carrés de ce superbe pays abritent pourtant quelques-unes des cultures les plus anciennes et les plus riches du monde : les Djerma, les Touaregs, les Haussa, les Bororo, les Songhaï. Mais 3 % seulement du territoire national est composé de terre arable. C'est ainsi que la plus grande partie des 10 millions d'habitants du Niger vivent depuis une dizaine d'années au bord de la famine.

L'analphabétisme frappe 80 % de la population. Le système de santé est inexistant. Depuis la récolte de 2000, il manque 160 000 tonnes de mil pour faire la « soudure », c'est-à-dire nourrir les gens jusqu'à la récolte prochaine.

Le gouvernement dispose pourtant, aujourd'hui, de bases démocratiques solides : les libertés publiques sont respectées, le débat politique est vif et souvent virulent. Le Niger abrite une société debout. Ses citoyennes et

1. *Le Monde*, 11 mai 2001.

citoyens, les nombreux immigrés qui y habitent, travaillent avec acharnement pour arracher leur subsistance à une nature hostile : de juin à septembre, 100 millimètres de pluie suffisent pour transformer la terre arable en un désert calciné ou au contraire en une mare inondée où pourriront les tiges de sorgho. Durant la courte période de trois à quatre mois d'hivernage où l'on plante, soigne, puis récolte le mil, les paysans, leurs femmes et leurs enfants travaillent quatorze heures par jour. Une boule de mil à midi, un peu de gari de manioc le soir composent leurs maigres repas.

Or, avec une dette extérieure dépassant 1,6 milliard de dollars, le Niger est surendetté. C'est pourquoi, à Niamey, les pompiers-pyromanes du FMI dictent leur loi. La presque totalité des revenus des exportations du pays sont affectés au service de la dette.

Je me suis trouvé une fin d'après-midi de l'hivernage 2001, dans le palais gouvernemental, au bord du fleuve Niger. À travers les fenêtres, on apercevait le coucher du soleil dans les flots bruns. Des tapis de jacinthes descendant doucement le fleuve venaient recouvrir les rizières plantées sur les îles et sur les bords du Niger. Dans leurs pirogues, des paysans exténués luttaient contre l'intruse : ils arrachaient à mains nues les jacinthes flottantes, ils tentaient de libérer les plantes de riz et de sauver le labeur de plusieurs mois.

Sur les murs ocre du bureau du Premier ministre, les derniers rayons du soleil jouaient avec d'étranges papillons de nuit pris dans les rideaux de la baie vitrée. Hama Amadou est un Peul élancé, dans la force de l'âge, au beau visage énergique. Il a été douanier, puis sous-préfet. Il a été formé à la dure école de Séni Kountché[1].

1. Séni Kountché a été le dictateur militaire qui a redressé pour un temps l'économie du Niger.

Depuis le début 2001, il dirige le gouvernement de la République du Niger.

La voix de Hama Amadou oscille entre la colère et la lassitude : « Vous savez ce qui se passe ? Avant de s'asseoir sur le canapé où vous êtes, chaque envoyé d'un État, d'une agence de l'ONU ou d'une ONG me pose la même question : "Êtes-vous en ordre avec le FMI ?" »

Je ne comprends pas : l'aide bilatérale – celle qui est pratiquée par les États, les ONG ou l'ONU – ne dépend pas du FMI.

Le Premier ministre s'énerve : « Échapper au FMI ? C'est impossible ! Il régente tout chez nous. C'est le nouveau colon. »

Le programme gouvernemental publié en janvier 2001 par Hama Amadou prévoit la construction d'un minimum de 1 000 écoles par an. Or, au printemps 2001, le Niger a vendu à des opérateurs privés la licence de téléphonie mobile. Tout naturellement, le Premier ministre avait prévu d'affecter la somme ainsi encaissée à la construction d'écoles. Mais, le chef local des mercenaires résidant à Niamey l'en a empêché : priorité au paiement des intérêts de la dette ! Entre l'alphabétisation des enfants du Niger et les intérêts des prédateurs, le satrape n'a pas hésité une seconde. Des enfants, il y en aura toujours – affamés, miséreux, impuissants. Leur analphabétisme ne menace pas la carrière du satrape. Les prédateurs, en revanche, par un simple coup de téléphone au directeur général du FMI, peuvent le faire révoquer à n'importe quel moment.

La richesse du Niger, c'est avant tout 20 millions de têtes de bétail. Des vaches zébus, des dromadaires blancs, des chèvres et des moutons dont la qualité est célèbre dans toute l'Afrique occidentale et soudanaise. Le sel minéral qui imprègne le sol de plusieurs zones de pâturage donne à ces animaux une extraordinaire résistance et une chair particulièrement succulente.

Après la fin de chaque hivernage, et pendant plusieurs jours, a lieu à In Gall, une oasis du désert située à quelque 100 kilomètres à l'ouest d'Agadez, la principale fête des peuples du Niger : la « Cure salée ». C'est l'étape essentielle de la grande transhumance lorsque, à la fin des pluies, les éleveurs du Sud migrent vers les pâturages du Nord. Quelques-unes des cérémonies les plus anciennes et les plus mystérieuses des antiques nations d'Afrique s'y célèbrent alors : ainsi, le Gerewol, concours de beauté des pasteurs bororo, artistiquement maquillés et ornés de plumes ; au cours de cette fête, les jeunes filles bororo choisissent leur mari. Ou encore l'Illoudjan, la grande fantasia des chameliers qui réaffirme et théâtralise la complexe hiérarchie des Touaregs blancs régnant sur leurs vassaux noirs. Le président de la République, le gouvernement *in corpore*, les sultans et les rois de la tradition, mais aussi une foule innombrable se réunissent dans l'oasis, sur le marché et au bord de la « cure salée » où des dizaines de milliers d'animaux lèchent le sol.

Or, ignorant superbement ces magnifiques traditions, les satrapes du FMI ont imposé la privatisation de l'Office national vétérinaire du Niger (ONVN) et des pharmacies vétérinaires publiques. Résultat ? Les vaccins, les médicaments, les vitamines, bref, tous les produits pharmaceutiques vétérinaires, sont maintenant vendus par des représentants locaux de sociétés transnationales pharmaceutiques ou par des commerçants privés – nigérians, libanais la plupart du temps – qui s'approvisionnent sur la côte atlantique (distante de plus de 1 000 kilomètres) et revendent leurs produits au marché. Souvent les délais de vente des produits sont échus. Tout contrôle public de ces marchandises a été aboli.

Et surtout : les prix sont tels que la plupart des éleveurs ne peuvent les payer.

Quant aux médecins vétérinaires de l'État, ils ont été congédiés, ont émigré ou sont partis à la retraite. Il existe bien encore quelques agents vétérinaires appartenant au ministère de l'Élevage, mais leurs déplacements sont payants.

Les conséquences économiques et sociales de la privatisation de l'ONVN sont désastreuses : des troupeaux entiers disparaissent, victimes d'épidémies, de parasites, voire de médicaments avariés ; incapables de payer les prix du marché libre, des centaines de milliers de familles d'éleveurs perdent leur gagne-pain et viennent grossir les masses miséreuses des villes.

Pourtant, même dans le malheur, les Nigériens conservent un grand sens de l'humour : ils appellent les grandes banques créancières les « talibanques », et le dollar qui les terrorise le « mollah dollar »…

Pour la survie du Niger, le commerce transfrontalier du bétail constitue une source de revenu indispensable. L'un des principaux marchés du bétail du Niger est celui de la petite cité rurale de Belayara.

Chaque dimanche à l'aube, les longues caravanes de dromadaires conduites par les Bellahs, les serviteurs noirs des Touaregs, se dirigent vers la petite cité rurale. Les paysannes songhaï s'installent par milliers sur la place, sous les arbres. Belayara se trouve à quelques heures de voitures au nord de Niamey, sur la route qui mène à Albala, à l'intersection des zones agricole et pastorale.

Des sultanats de Kano, de Sokoto et de Katsina au Nigeria voisin arrivent de gros marchands revêtus de leurs boubous blancs, lunettes de soleil sur le nez, conduisant de luxueuses Toyota tout-terrain, munies d'antennes de radio démesurées. Ils ressemblent à des personnages mafieux tout droit sortis d'un film de Francis Coppola. Ils achètent des oignons, du maïs, du mil, mais surtout des dromadaires, des bœufs, des vaches, des moutons et des chèvres.

Les commerçants maliens sont plus dignes, plus secs, plus discrets. Eux aussi achètent des bêtes par milliers et les poussent en de longs cortèges vers l'ouest.

À Belayara, une chèvre noire à cornes vaut 11 000 francs CFA[1]. Sur un marché du nord du Nigeria ou du Mali, le marchand la revend facilement au triple du prix. Afin de lutter contre la dissémination des épidémies qui voyagent avec les bêtes malades, l'OMC édicte des normes sanitaires vétérinaires très strictes. Ces prescriptions sont parfaitement justifiées. Elles s'appliquent à toute bête destinée à l'exportation. Mais l'Office national vétérinaire du Niger (ONVN) a été privatisé sur ordre du FMI. La plupart des éleveurs ne peuvent donc plus obtenir les certificats vétérinaires exigés par l'OMC. Il existe, certes, à Niamey un laboratoire privé soutenu par la FAO, appelé INSPEX. Mais seuls les très gros marchands ont les moyens de payer les tarifs qu'il impose pour effectuer les contrôles.

La liquidation par le saint-office du FMI du secteur public de la pharmacie vétérinaire a ainsi des conséquences néfastes, non seulement pour la santé du bétail nigérien, mais également pour sa valeur marchande. Les arrogants marchands nigérians, notamment, se font ainsi un plaisir d'exiger de l'éleveur touareg, peul ou djerma la production du fameux certificat de vaccination, comme préalable à toute discussion sur le prix de vente. L'éleveur étant dans l'incapacité de le faire, le marchand lui imposera une baisse substantielle du prix…

1. J'indique le prix moyen pour une chèvre vendue sur pied au début de septembre 2001.

En plus de ses 20 millions de têtes de bétail, le Niger produit un nombre équivalent de poules. Or, ces poules font également l'objet de la sollicitude des bureaucrates du 154 de la rue de Lausanne, à Genève. L'OMC interdit en effet le franchissement des frontières à toute poule provenant d'un pays abritant, en quelque zone de son territoire, un foyer d'infection. Mais, même phénomène, comme le FMI a liquidé les services vétérinaires du Niger, l'attestation en question ne peut être obtenue par personne. Le marchand nigérian tourne autour de l'immense corbeille posée devant la paysanne au pagne coloré où se débattent les volailles. Il soupèse chaque poule, exige de voir l'attestation… et impose son prix.

Jusqu'à récemment, la République disposait d'une autre institution efficace et utile : l'Office national des produits vivriers du Niger (ONPVN). Cet Office, par tradition, veillait à la sécurité alimentaire des populations. Il y parvenait parfois, lorsque ni les tempêtes de l'hivernage ni les sécheresses successives ne détruisaient trop systématiquement les plantations. La fierté de l'ONPVN était sa flotte de camions tout-terrain et ses chauffeurs expérimentés.

Dans le cabinet du ministre du Commerce extérieur, je rencontre un ingénieur corpulent au visage souriant : le directeur général de l'ONPVN. Comme beaucoup de hauts fonctionnaires de la République, il a reçu une solide formation universitaire au Niger, en France et aux États-Unis.

Le sourire du directeur général est trompeur : il est pris dans un combat sans espoir. Le FMI exige la privatisation de l'ONPVN.

Déjà l'Office a dû vendre un grand nombre de ses camions. Les chauffeurs ont été licenciés.

Avec quelles conséquences ? Les quelques entrepreneurs privés qui, désormais, dominent le marché du transport vivrier fonctionnent selon le principe de la maximalisation du profit.

Jusqu'ici l'ONPVN assurait, pour les 11 000 villages et campements nomades du Niger, l'acheminement des semences et des engrais. Après les récoltes, l'ONPVN évacuait vers ses propres silos le mil excédentaire que les communautés villageoises désiraient stocker en prévision d'une vente ultérieure. En période de disette, ses camions apportaient dans les coins de brousse ou de désert les plus reculés les sacs de sorgho ou de riz provenant de l'entraide alimentaire internationale.

Tandis que l'ONPVN est en voie de démantèlement, les entrepreneurs privés, eux, se préoccupent avant tout de rentabilité et refusent de servir les communautés trop éloignées ou trop difficiles d'accès.

Une guerre de dix ans menée contre l'armée nationale par plusieurs fronts insurrectionnels touaregs a laissé des séquelles dans le Nord. Il subsiste une insécurité résiduelle dans certaines zones. Contrairement aux camions de l'ONPVN, ceux des entrepreneurs privés ne s'y rendent pas.

Et tout cela, avec quelles conséquences pour les chauffeurs ? Plus tard, lorsque je voyagerai dans la région de Doss et de Gaya, des chefs de villages me raconteront leur malheur. Un chauffeur d'une entreprise privée, au statut professionnel incertain, refuse généralement de risquer le pont cassé, le pneu crevé ou l'accident en s'aventurant sur un chemin rural constellé de trous ou sur une piste dont des pans entiers se sont effondrés à la suite des pluies. Le taux de chômage dépasse 40 % au Niger. Un chauffeur qui endommage son camion, même sans commettre aucune faute professionnelle, est immédiatement licencié. Il n'a que très peu de chances de retrouver du travail.

Bref, à cause de la privatisation rampante de l'ONPVN, des centaines de milliers de familles, vivant dans la brousse ou dans des campements du désert, seront bientôt coupées de tout approvisionnement.

Au Niger, au lieu de combattre la misère, le FMI l'aggrave.

La Guinée est un pays d'agriculteurs et d'éleveurs situé en Afrique occidentale. Ses paysages sont stupéfiants de beauté. À la saison des pluies, le ciel est couvert de nuages argentés. Le ciel est transparent, léger et bleu en saison sèche.

Après plusieurs programmes d'ajustement structurel imposés par le FMI, faisant suite à des années de corruption et de mauvaise gestion des gouvernants locaux, la Guinée est aujourd'hui à genoux, comme l'illustre le secteur de l'élevage. Or, comme au Niger, ce secteur est essentiel à la stabilité de l'économie nationale.

Fidèle à sa politique de libéralisation totale des marchés, le FMI a imposé en 1986 la dissolution du service vétérinaire de l'État. Or, ce service contrôlait les importations des médicaments à destination du cheptel. C'est ainsi que les stocks d'État de médicaments vétérinaires se sont trouvés épuisés au milieu de 1993.

Que se passa-t-il alors ? Des personnes privées, sans contrôle aucun, se mirent à importer les vaccins, médicaments et instruments vétérinaires dont les éleveurs avaient besoin. Et la situation est aujourd'hui dramatique.

Comme aucune instance publique n'exerce plus aucun contrôle de validité, beaucoup de ces vaccins et médicaments sont périmés lorsqu'ils arrivent sur le marché de Conakry. La méthode des nombreux importateurs privés est simple : ils achètent à bas prix, en Europe (plus particulièrement en France), des stocks de médicaments périmés, changent ensuite l'étiquette et vendent la marchandise sur le marché local. L'éleveur l'achète… et assiste impuissant à la maladie, souvent à la mort de ses bêtes.

Périmés ou pas, les produits de pharmacie vétérinaire vendus par les concessionnaires des sociétés multinationales ou les intermédiaires privés sont de toute façon trop chers pour la plupart des éleveurs. Tous produits confondus, ils se vendent à Conakry environ 50 % plus cher qu'à Paris.

Pour ouvrir une pharmacie vétérinaire ou faire commerce de produits vétérinaires, il n'est besoin d'aucune licence. En Guinée, les pharmaciens vétérinaires sont généralement des immigrés africains, maliens et ivoiriens pour la plupart. Autrement dit, à cause du FMI, les éleveurs guinéens sont aujourd'hui à la merci de n'importe quel filou. L'État guinéen a d'ailleurs renoncé à mettre en œuvre une politique agricole ou d'élevage publique. Plus aucun contrôle n'existe puisque les services publics ont été démantelés. Le marché libre est roi.

J'ai suivi le combat d'un éleveur de mes amis. Il s'appelle Mory Diané. Il possède un troupeau de 120 têtes, dont les deux tiers sont des moutons, le reste des chèvres. Il possède un terrain propice à l'élevage de 25 hectares à Mafrey, en pays soussou, un village d'environ 500 habitants, à 85 kilomètres au nord de Conakry.

Mory, qui est aussi commerçant, habite la capitale. Il se déplace plusieurs fois par semaine dans sa vieille voiture Suzuki jusqu'à Mafrey.

C'est un excellent éleveur, qui a fait des études en France et perfectionne son savoir en permanence. Sur place, il emploie deux familles de bergers. Ce sont des Peuls du Massina, éleveurs de père en fils. Mory leur verse régulièrement leur salaire : 220 francs français par mois et par famille.

Le terrain où évolue le troupeau possède ses propres sources d'eau claire et plusieurs puits. Le pâturage est vert toute l'année. Le terrain est excellent pour les moutons et les chèvres, puisqu'il comporte de l'herbe dense et des arbustes au feuillage fourni.

Les moutons viennent de Guinée, les chèvres du Massina. Deux béliers sont originaires de Mauritanie. D'autres bêtes proviennent des races Bali Bali du Niger ou Bororo du Mali.

Avant 1993, le troupeau de Mory enregistrait environ quatre-vingts naissances par an. Aujourd'hui, il ne réalise guère que la moitié.

Mory peut guider les naissances grâce au lâchage des béliers. Il y procède en mai, afin d'éviter que les brebis naissent à la saison des pluies. C'est en effet à ce moment de l'année que les brebis (insuffisamment vaccinées à cause de l'effondrement des soins vétérinaires) sont le plus faibles et donc le plus exposées aux maladies et aux infections mortelles.

Les naissances interviennent tous les cinq mois. Mory vend les mâles. Tous les cinq mois, le troupeau rapporte ainsi environ 15 000 francs français.

Mory est astucieux. Il remue ciel et terre pour faire survivre son troupeau. Dans la capitale, il démarche les ministres, les généraux, les imams. Pour les fêtes de l'Aïd el-Kébir, ceux-ci lui commandent des moutons. Durant les trois mois précédant la fête, Mory engraisse les bêtes. L'investissement est considérable. Pour engraisser trente bêtes durant deux ou trois mois, il faut acheter au moins deux tonnes et demie de maïs. En plus du maïs concassé, il faut du son de mil, du sel, etc. Mais le prix de vente est bon. À la veille de la fête, le mouton est vendu tout entier, sur pied.

Mory démarche aussi les rares supermarchés des villes guinéennes, notamment de Conakry. Certains lui commandent des bêtes pour les expatriés. Le supermarché vend le kilo d'agneau, sans os, 8 000 francs guinéens, soit 40 francs français. Mory vend aussi sur la prairie. Son prix de vente est de 20 francs français par kilo (avec os, peau, etc.).

Depuis que les mercenaires du FMI ont imposé la « vérité des prix », c'est-à-dire aboli le contrôle des produits pharmaceutiques vétérinaires par l'État, les sociétés multinationales et les margoulins ont le champ libre. Malgré tous les dangers que recèle ce système – marchandises périmées vendues par des intermédiaires à des commerçants privés sans scrupules –, Mory ne peut évidemment se passer des vaccins et des médicaments. Pour protéger son troupeau, il a notamment besoin de Synanthic, un déparasitant du ventre ; d'Oxxtretracline et d'Intramicine, deux antibiotiques ; d'Ivomec et de Cydectin, deux déparasitants du sang ; de vitamines polyvalentes.

En février 2001, les prix de ces médicaments étaient les suivants : les 100 comprimés de Synanthic valaient 250 francs ; les antibiotiques, vendus en bouteilles de 100 millilitres, coûtaient 100 francs la bouteille ; les déparasitants sanguins, qui s'administrent, eux aussi, par injection, se vendaient en bouteilles de 100 millilitres au prix de 400 francs la bouteille.

Mory Diané est certainement l'un des meilleurs éleveurs du pays. Il se tient constamment au courant de la plus récente littérature vétérinaire et pharmaceutique. Il entretient ses relations avec la nomenklatura de la capitale guinéenne. Ses nombreux clients lui font confiance. Bref, Mory Diané est une exception parmi les éleveurs guinéens.

En février 2002, lors de notre dernière conversation, il m'a pourtant dit : « Je ne sais pas combien de temps je pourrai encore garder en vie ce qui me reste de troupeau. »

Imagine-t-on, dès lors, la situation des autres éleveurs guinéens, souvent analphabètes, coupés de la ville, pieds et poings liés aux sociétés multinationales ou aux escrocs du libre marché pharmaceutique local ! En imposant le démantèlement des services vétérinaires publics et du contrôle des prix pharmaceutiques vétérinaires par l'État, les corbeaux noirs du FMI ont ruiné l'élevage en Guinée. Ils ont en même temps contribué à aggraver sérieusement la malnutrition et la faim dans le pays.

Troisième exemple : celui de la production et de la vente du riz en Mauritanie.

La Mauritanie est un superbe et immense pays semi-désertique, dont la façade maritime s'étend de l'embouchure du fleuve Sénégal au sud au cap Blanc au nord. Comme la Guinée et le Niger, elle appartient aux pays les moins avancés (PMA).

Les cycles successifs de sécheresse et l'attraction de la ville ont modifié son organisation sociale[1]. Les conséquences les plus directes sont une réduction de la population nomade et une augmentation des sédentaires ruraux et des citadins. Aujourd'hui, les nomades représentent environ 20 % de la population, les urbains 30 % et les paysans sédentaires environ 50 %.

---

1. Voir Catherine Belvaud, *La Mauritanie*, Paris, Karthala, 1989 et notamment la première partie : « De la Confédération berbère du Sahara occidental à la République islamique de Mauritanie ». Voir aussi François Lefort et Carmen Bader, *Mauritanie, la vie réconciliée*, Paris, Fayard, 1990.

L'économie de la Mauritanie subit depuis les années soixante-dix les effets négatifs et combinés des cycles périodiques de sécheresse et de la diminution, sur le marché international, des prix du fer (dont la Mauritanie est un producteur important).

Moins de 1 % des terres sont propices aux cultures.

Comparée au faible produit intérieur brut, la dette extérieure est écrasante.

C'est pourquoi en Mauritanie, les mercenaires du FMI règnent en maîtres.

Jusqu'en 1983, le régime de la terre avait été fortement marqué par les traditions ancestrales des très vieilles civilisations qui se partagent le pays. Chez les Poulards, population négro-africaine, habitant essentiellement la vallée du fleuve Sénégal au sud du pays, la terre était communautaire. Le chef de chaque village organisait les cycles agricoles et le travail communautaire. Il surveillait la commercialisation des produits et la juste répartition des sommes gagnées à leur vente.

Les Wolofs, les Sarakolés, les Toucouleurs avaient leurs systèmes communautaires propres. Chez les Maures, c'étaient les chefs de tribus qui assumaient les principales fonctions économiques et sociales.

Or, ce savant équilibre fut rompu en 1983.

L'Ordonnance du 5 juin 1983, inspirée par le FMI, proclame que « la terre appartient à la Nation [...] l'État étant l'incarnation juridique de la Nation ». Elle a purement et simplement aboli tous les régimes coutumiers de la terre et tous les régimes de propriété collective traditionnels.

L'État a dressé des cadastres, puis divisé les terres en lots privés : chaque famille s'adressait au gouverneur local qui lui accordait un titre de propriété sur une terre donnée.

Très rapidement le nouveau système a fait faillite, la majorité des familles n'étant pas en mesure d'assurer toutes seules la mise en valeur de leur lot. Quant à l'État, exsangue, il lui a manqué les moyens financiers nécessaires pour équiper tous les cultivateurs en engrais, en instruments agricoles, en moyens de transport, en pompes d'irrigation, en silos, etc.

Nombreux sont donc les nouveaux propriétaires individuels qui ont été contraints de vendre leurs terres aux hommes d'affaires et aux grandes sociétés agro-alimentaires venues d'ailleurs. S'est ensuivie une formidable concentration de la propriété agricole entre les mains de quelques financiers.

Immédiatement, les Poulards ont organisé la résistance, impulsant une curieuse jacquerie contre l'agriculture irriguée. En fait, les Poulards craignaient – et craignent toujours – la mainmise des Maures sur leurs terres.

Des intellectuels mauritaniens de mes amis critiquent violemment les programmes d'ajustement structurel du FMI, parce qu'ils continuent à dévaster l'économie de leur pays. Ils sont néanmoins favorables à la monétarisation de l'agriculture. Selon eux, celle-ci contribue puissamment à l'abolition de rapports sociaux détestables, issus notamment du féodalisme prédateur et du clientélisme tribal. D'autres intellectuels, tout aussi critiques face au FMI, défendent une position inverse : le régime collectif de la terre permettait le maintien d'un équilibre précaire entre les différentes communautés composant la Mauritanie contemporaine. Les redevances aux chefs, fondées sur le régime de la propriété collective et coutumière, avaient une forte valeur symbolique et étaient constitutives du lien et de l'identité des communautés traditionnelles.

Rien n'est donc simple en Mauritanie[1]. Mais une chose est certaine : aujourd'hui, dans ce pays, la sous-alimentation et la sous-nutrition augmentent en flèche. À Nouakchott, Shinguetti, Tamchaket, dans toutes les villes du pays, des enfants faméliques, des mendiants au regard éteint tendent désormais la main au voyageur. Les bidonvilles les plus sordides s'étendent à la lisière des bourgs. Ils sont le dernier refuge des familles paysannes ruinées par le FMI.

Avant le bouleversement des structures agraires, seul 5 % du riz consommé en Mauritanie était produit dans le pays. Le chiffre est de plus de 50 % aujourd'hui.

Mais les prix du riz mauritanien ont explosé : produit localement par les grandes entreprises agricoles nées de la privatisation, il est à peu près deux fois plus cher que celui que le gouvernement importait autrefois de Thaïlande. D'où l'augmentation rapide et angoissante de la malnutrition et de la faim des couches les plus humbles de la nation[2].

Le FMI ne conteste pas le niveau exorbitant des prix du riz autochtone. Mais il réplique qu'en produisant localement le riz, le gouvernement économise des devises. Sous-entendu : ces devises sont affectées au service de la dette, détenue par les banques occidentales, et c'est parfait comme cela. Faut-il donc que des enfants meurent de faim et de maladies liées à la sous-alimentation pour que des devises en quantités suffisantes puis-

1. Voir l'exégèse de l'Ordonnance du 5 juin 1983 et des bouleversements sociaux qu'elle a provoqués dans *Le Courrier Afrique-Caraïbes-Pacifique*, n° 137, janvier-février 1993. *Le Courrier* est publié par l'Union européenne (en 1993 encore : la CEE).

2. Selon les indications du PAM (programme alimentaire mondial de l'ONU), la sous-alimentation chronique et grave touche, en Mauritanie, 29 % de la population (les dernières statistiques disponibles datent de 1997).

sent être consacrées au service de la dette, c'est-à-dire au bénéfice des prédateurs ?

Ce qui se passe en Mauritanie, au Niger et en Guinée n'est pas isolé. C'est le lot commun des pays ravagés par les programmes de privatisation et d'ajustement structurel du FMI. Au milieu des années quatre-vingt déjà, le président aujourd'hui défunt de la Tanzanie, Julius Nyerere, se révoltait : « Devons-nous continuer à laisser mourir de faim nos enfants dans le seul but de pouvoir rembourser nos dettes[1] ? »

La révolte du *Maliwu*[2] se dissipa comme une bulle dans l'air.

Aucun gouvernement d'aucun pays endetté du tiers-monde n'a la moindre chance d'opposer au FMI une politique souveraine, orientée vers la satisfaction des besoins de son propre peuple. Et les exemples attestant des méfaits commis par les mercenaires du FMI contre les peuples les plus humbles des trois continents sont innombrables. En voici un dernier, il concerne la Zambie.

Si je connais personnellement le Niger, la Guinée et la Mauritanie, ma connaissance de la Zambie n'est pas du même ordre. C'est pourquoi je cite ici une étude classique qu'Oxfam (Oxford Committee for Famine Relief) a consacrée aux conséquences économiques et sociétales des programmes d'ajustement structurel imposés au gouvernement de Lusaka.

---

1. Pour la citation originale, cf. United Nations Children Fund (UNICEF), *Children in Jeopardy, the Challenge of Freeing Poor Nations from the Shackles of Debt*, New York, UNICEF, 1999, p. 5. (Le rapport peut être obtenu sur Internet sous www.unicef.org/pubsgen/debt/debt/pdf.)

2. *Maliwu* (l'instituteur en swahili) : surnom communément donné par ses compatriotes à Nyerere.

La décennie 1991-2001 a été marquée par d'intenses réformes. L'économie et la société zambiennes ont été bouleversées sous l'effet du diktat du FMI. L'équipe d'Oxfam publie une étude macro- et micro-économique qui témoigne de ce bouleversement[1].

La Zambie s'étend sur 752 000 kilomètres carrés de terres fertiles et compte plus de 10 millions d'habitants appartenant à quelques-unes des plus vieilles civilisations d'Afrique australe. L'extraction minière – notamment du cuivre – fait sa richesse. Ses paysans plantent le tabac, le coton et le café. Kenneth Kaunda est le père de l'émancipation zambienne. Il appartient à la génération des Patrice Lumumba, Modibo Keita, Ahmed Ben Bella, Gamal Adel Nasser, Amilcar Cabral. Il a conduit son peuple à l'indépendance en 1964. Finalement, en 1991, après avoir été battu aux élections générales, il a quitté le pouvoir.

Pendant les trois décennies de la présidence de Kenneth Kaunda, la Zambie vivait sous une économie disposant d'un secteur public fort, axée essentiellement sur la satisfaction des besoins premiers de la population. Le premier programme d'ajustement structurel fut signé par le président Chiluba, dès sa prise de pouvoir en 1991. Le FMI démantela presque entièrement le secteur public, supprima la plupart des subventions sociales (repas scolaires, etc.), privatisa en grande partie les hôpitaux et ouvrit le pays aux sociétés capitalistes transnationales. Ces dernières obtinrent des conditions fiscales, des permis de retransfert des profits d'entreprise sous forme de devises fournies par la banque centrale, la suspension de la législation du travail, etc.

1. Oxfam, *Liberalisation and Poverty : an Oxfam Research Project*, Londres, 2000, Appendice B : *La Zambie*.

Quel jugement porte Oxfam sur cette décennie de privatisations forcenées ? Son point de vue est entièrement négatif : « Le produit national brut n'a pas augmenté d'une façon significative depuis 1991. La stabilisation économique n'a pas été établie. Le revenu par tête d'habitant a reculé et 70 % de la population vit aujourd'hui dans l'extrême pauvreté[1]. »

Avec une émouvante mauvaise foi, les pompiers-pyromanes du FMI vous disent volontiers : mais nous respectons scrupuleusement la totale souveraineté de chaque État. Nous n'imposons rien à personne. Vous nous accusez à tort ! Au sens strict ils ont raison ! Le mécanisme de vassalisation qu'ils mettent en œuvre sauvegarde en effet les apparences de la non-ingérence dans les affaires intérieures des États. Voyons cela de plus près.

Un pays est étouffé par sa dette ? La faillite menace ? Il ne peut plus financer la prochaine tranche de l'amortissement ni même les intérêts de la prochaine échéance ? Son ministre des Finances refait l'humiliant pèlerinage de Washington. Il va quémander de nouveaux crédits d'urgence, un moratoire ou un refinancement. Que se passe-t-il alors ?

Pour bien le comprendre, voyons ce qui se passe à São Tomé e Principe, un archipel situé dans le golfe de Guinée, à 300 kilomètres des côtes du Gabon, habité par 500 000 âmes. La population de l'archipel est bigarrée, attachante, débordante d'une culture multiforme et riche. Des Angolares, anciens esclaves échappés, peuplent les villages de pêcheurs du Sud. Des Cap-Verdiens, déportés par Salazar, travaillent dans les plantations de cacao. La classe dirigeante de l'archipel est composée essentiel-

1. *Ibid.*

lement de métis, nés des amours entre Portugais et Africaines.

La capitale de l'archipel a été la première ville européenne construite en Afrique noire. Au milieu du XVIe siècle, son évêque régnait sur un territoire s'étendant de l'embouchure du fleuve Sénégal à celle du fleuve Congo. Dans les années vingt encore, São Tomé était le premier producteur de cacao du monde. Il s'est libéré de l'occupation portugaise en 1975.

Aujourd'hui, c'est la misère. Une pression démographique de 3,6 %, une inflation galopante[1], un chômage affectant 50 % de la population active, les cours du cacao effondrés…

La production de cacao était de 12 000 tonnes en 1975, elle n'est plus que de 4 000 tonnes en 2002.

Les cartels du crime organisé, notamment de Russie et d'Ukraine, tentent d'installer sur l'île principale des zones franches et des casinos ; ils s'efforcent de mettre la main sur le pavillon de complaisance de São Tomé pour favoriser leur commerce d'armes ou de drogue. Avec beaucoup de dignité, le gouvernement de São Tomé résiste.

Mais la dette extérieure le serre à la gorge.

Le Premier ministre, Posser da Costa, est un intellectuel élancé, élégant, discret, aux cheveux gris coupés court. Il a la voix douce. Ses vues sont pondérées. Pur produit de la très complexe culture lusitanienne d'outre-mer, il semble tout droit sorti d'un roman de José Saramago ou de Fernando Pessoa. Il est assis sur le canapé noir usé de son modeste bureau dans le quartier du port. La colère allume son regard lorsqu'il me raconte ses fréquentes visites à Washington[2]. Pour des raisons

1. En juillet 2000, 1 dollar US valait 8 500 dobras.
2. La conversation a eu lieu en juillet 2000.

évidentes, je ne peux reproduire textuellement les paroles de ce Premier ministre toujours en fonction.

Plus tard, j'écouterai le récit d'autres pèlerinages que me fera un ancien ministre. Lui, je peux le citer : « Une cour royale du Moyen Âge est un modèle de démocratie comparée aux bureaux du FMI. Attente interminable ! Ordres transmis d'une voix sèche ! Mépris à peine voilé pour la soi-disant incompétence des ministres quémandeurs ! Vous voulez de l'argent frais ? Signez ici la lettre d'intention ! »

La lettre d'intention (*letter of intent*) est l'arme suprême du FMI. C'est une arme de chantage. En quoi consiste-t-elle ? Cette lettre d'intention contient une liste de réformes intérieures, réductions budgétaires, ajustement fiscaux, etc., que le FMI « propose » au gouvernement quémandeur du PMA. L'ensemble de ces propositions composent un « plan d'ajustement structurel ».

Les vautours imposent des réformes stéréotypées : « discipline fiscale », « transparence budgétaire », privatisation des industries et des ressources nationales, liquidation des services publics (les hôpitaux et les écoles, notamment, doivent devenir payants).

La signature de cette lettre – concrètement : la transposition dans la législation nationale des exigences énumérées – conditionne l'avis que le FMI donnera au cartel des créanciers.

Aucun des PMA n'échappe à la camisole de force des satrapes de Washington.

V

L'arrogance

Paul Valéry écrit : « Les faits ne pénètrent pas dans le monde où habitent les croyances. »

Le fonctionnement mental des mercenaires, et notamment ceux de la Banque mondiale et du FMI, constitue pour moi une énigme inépuisable et passionnante. Contrairement aux prédateurs, leurs maîtres, les mercenaires ne sont pas en premier lieu motivés par l'ivresse du pouvoir et de la cupidité. Ce sont avant tout des intégristes de la doxa monétariste, des idéologues, prisonniers d'une vision du monde et d'un modèle d'analyse qui font d'eux les parfaits janissaires de l'empire américain.

Beaucoup de fonctionnaires sont, à cet égard, de vrais missionnaires. La plupart d'entre eux sont des gens hautement compétents, qui ont fait de longues études universitaires souvent brillantes. La Banque mondiale et le FMI ne recrutent pratiquement que dans les universités nord-américaines. Pour entrer au numéro 1818 H-Street Northwest à Washington, il faut de préférence être titulaire d'un *Ph D* (doctorat) d'une prestigieuse université des États-Unis[1]. La

1. Les exceptions sont rares. Jean-Luc Bernasconi, chef du desk « Niger » à la Banque mondiale, est docteur de l'Université de Neuchâtel en Suisse.

nationalité ne joue pratiquement aucun rôle (exception faite pour les cadres de l'échelon le plus élevé).

Dans n'importe quelle banque, société de gestion de patrimoine ou agence de change de Wall Street, de Paris, de Francfort ou de Londres, chacun de ces jeunes gens et jeunes femmes pourrait sans problème gagner au moins le quintuple du salaire qu'il touche à la Banque mondiale ou au FMI. Non, les cadres moyens et moyens-supérieurs de la Banque mondiale ne vivent pas – et ne se conduisent pas – comme des nababs. Ils gagnent entre 85 000 et 95 000 dollars par an (nets d'impôts). Or, les frais d'entretien sont chers à Washington : un cadre paie au minimum un loyer de 3 000 dollars par mois pour une famille avec un enfant. Pour l'heure, ces cadres s'investissent corps et âme dans leur mission.

Une loi non écrite concède aux Européens le poste de directeur général du FMI et réserve aux États-Unis celui de directeur général adjoint. L'administration de George W. Bush vient d'y nommer une femme redoutable : Anne Krueger[1]. Républicaine de l'aile droite du parti, elle a longtemps enseigné les finances et l'économie à l'Université de Standford. Au temps de Ronald Reagan, dans les années quatre-vingt, elle avait sévi comme économiste en chef de la Banque.

Les Européens ont pourtant fait de la résistance. Les conceptions réactionnaires de Mme Krueger les effrayaient. Bras de fer avec le Département du Trésor américain. Les Européens proposaient Tim Geithner, l'ancien secrétaire adjoint au Trésor, chargé des affaires internationales, sous la présidence de Clinton. Refus du Trésor.

1. Pour son portrait, voir *The Financial Times*, 7 juin 2001.

Ce fut donc l'ultra-conservatrice Mme Krueger. Joseph Stiglitz l'appelle la « grande prêtresse des anciennes erreurs[1] ».

Pour faire bonne mesure, le Trésor américain a encore imposé comme économiste en chef un autre réactionnaire de son cru : Kenneth Rogoff, professeur à Harvard.

L'aveuglement idéologique, la cécité pour cause de préjugés, d'hommes et de femmes souvent doués d'une grande intelligence personnelle sont un mystère qui traverse l'histoire. Malgré leurs indéniables qualités intellectuelles, leurs savantes études, leurs diplômes, leur érudition, les fonctionnaires du FMI semblent insensibles aux désastres qu'ils provoquent, sourds aux cris de leurs victimes et dépourvus d'odorat quand monte l'odeur de l'argent du sang amassé par les prédateurs. Comment approcher ce mystère ?

Une première raison de cet aveuglement réside certainement dans le très grand isolement dans lequel vivent les familles de la soi-disant « communauté financière » de Washington. La plupart des fonctionnaires du FMI habitent en effet dans les banlieues chics de Washington, à Georgetown pour les haut gradés, dans les bourgs de la Virginie toute proche pour les cadres moyens. Et ils y vivent en quasi-symbiose avec les fonctionnaires américains du Département du Trésor, sirotent l'idéologie des *treasury boys* à chaque cocktail dominical dans chaque country-club de Virginie. Ils jouent au golf avec eux.

Le dimanche matin, les *treasury boys* et les mercenaires du FMI, accompagnés de leurs épouses, font leurs achats dans les mêmes supermarchés ou sur les mêmes petits marchés de Virginie. L'après-midi, c'est le pique-nique commun sur le gazon d'une deumeure amie, et le

1. Joseph Stiglitz, in *Cash*, Zurich, 7 août 2001.

soir, ils partagent un barbecue dans un des innombrables clubs des environs de la capitale.

À l'époque de ma dernière visite dans ce milieu, en juillet 2000, Larry Summers et James Rubin, respectivement ministre des Finances et porte-parole du président Clinton, étaient leurs dieux.

Bref, le surmoi collectif de l'empire les imprègne et les absorbe sans qu'ils s'en rendent vraiment compte.

Une autre raison est liée à la façon dont les mercenaires voyagent à travers les continents. Ils se déplacent en effet munis de leurs ordinateurs portables et de leurs schémas d'analyse modélisés. Ils logent dans des hôtels de luxe, ne passent dans chaque pays débiteur que quelques jours, et n'y rencontrent que des dirigeants choisis, si possible ceux qui ont fait leurs études aux États-Unis.

Les paysans locaux, les laissés-pour-compte, les mendiants, les enfants de la rue ? Les corbeaux noirs de Washington ne les voient jamais. Ou alors furtivement, à travers les vitres teintées d'une limousine du gouvernement local.

Une troisième explication de l'étonnante fermeture à la réalité dont témoignent la plupart des fonctionnaires des institutions de Bretton Woods, explication qui rejoint la première, réside dans le fait que ces derniers ignorent jusqu'à leur environnement immédiat.

Lors d'une récente visite à Washington, j'ai retrouvé d'anciens étudiants des Universités de Genève et de Berne, actuellement en poste au FMI. Un paradoxe m'a frappé. De la même façon qu'ils ignorent la vie de la plupart des êtres vivant dans les pays dont ils « conseillent » le gouvernement, ils sont vierges de toute connaissance des réalités vécues par l'immense majorité des habitants de Washington. Pourtant, un quart-monde à l'abandon peuple le district fédéral...

Je suis fasciné par la beauté étrange de cette ville. Le long des rives plates et verdoyantes du Potomac s'égrènent les monuments blancs de la jeune histoire des États-Unis, points de repère pour écoliers en vadrouille. D'immenses séquoias se dressent dans des parcs superbes.

Avec sa statue géante du libérateur des esclaves, assis sur son trône de marbre, le *Lincoln Memorial* se reflète dans un lac où voguent les canards.

Les avenues sont rectilignes, ombragées et calmes.

Au Capitole, où siège le Parlement, on ne perçoit aucune agitation. Devant la grande porte de bois, c'est à peine si l'on entend le murmure des files d'attente des visiteurs. Beaucoup portent une ombrelle colorée.

Des petits trains souterrains circulent entre les immeubles de verre où s'alignent les bureaux des membres de la chambre basse et du Sénat et les deux immenses salles de délibération.

Le charme du Sud opère pleinement.

La police ici est quasiment invisible. Des hommes et des femmes les plus puissants jusqu'aux concierges noirs du Capitole, tout le monde est d'une gentillesse rassurante. Elle réchauffe le cœur. On peut presser son visage contre les grilles du jardin de la Maison Blanche sans que les gardes crient au crime de lèse-majesté ou sortent immédiatement leurs revolvers. (Je parle du climat qui prévalait avant les massacres du 11 septembre 2001 à New York.)

Pourtant, à deux rues derrière le Capitole, s'ouvre un autre univers. Une frontière invisible passe à travers les tilleuls et coupe l'asphalte brûlé.

« *Don't go there, please* », me dit le sénateur de New York, qui m'a fait, avec une infinie gentillesse, visiter les sous-sols, les salons et la salle de séance de la chambre haute. Par *there* (« là-bas »), il désigne les quartiers noirs, le ghetto, une terre pouilleuse ravagée par le crack, l'alcool et le crime. Ces quartiers abritent l'immense majorité des habitants de Washington DC.

La plupart des intégristes de la Banque mondiale et du FMI n'y mettent évidemment jamais les pieds. Comme ils ignorent le tiers-monde au-delà des mers, ils sont aveugles à la crasse qui s'étale à deux pas de leurs bureaux climatisés.

Sur Pennsylvania Avenue, je cherche désespérément le taxi qui voudra bien m'amener « là-bas ». Les refus se succèdent pendant plus d'une demi-heure. La chaleur est suffocante, l'asphalte fond. Finalement un Éthiopien s'arrête. Nous discutons des plus récents événements d'Addis-Abeba. Puis, prudemment, je commence à négocier. Il secoue la tête, puis se ravise et me dit : « D'accord. Mais pas d'arrêt là-bas. Et c'est moi qui choisis les rues où nous passerons. »

C'est ainsi que j'ai aperçu un univers de carcasses de voitures, d'immeubles éventrés sans vitres, de gosses dépenaillés, tous noirs, les yeux éteints par le crack…

La misère du monde s'étale jusqu'au seuil de la Maison Blanche. Par une étrange malédiction, l'empire ne parvient pas à cacher tout à fait les victimes innombrables qu'il fabrique chaque jour. Comme les vagues d'un océan maudit, elles viennent battre à quelques pas du Capitole.

Mais les intégristes des institutions de Bretton Woods sont décidément aveugles, sourds et privés d'odorat. Ils n'aperçoivent pas les victimes qu'ils fabriquent à longueur de journée.

Aucun trouble n'affecte leur conscience.

QUATRIÈME PARTIE

Démocratiser le monde

LE CHŒUR :
[...] Où en sommes-nous, ma pauvre Électre, où en sommes nous ?
ÉLECTRE :
Où nous en sommes ?
LA FEMME NARSÈS :
Oui, explique ! Je ne saisis jamais bien vite. Je sens évidemment qu'il se passe quelque chose, mais je me rends mal compte. Comment cela s'appelle-t-il, quand le jour se lève, comme aujourd'hui, et que tout est gâché, que tout est saccagé et que l'air pourtant se respire, et qu'on a tout perdu, que la ville brûle, que les innocents s'entre-tuent, mais que les coupables agonisent dans un coin du jour qui se lève ?
ÉLECTRE :
Demande au mendiant. Il le sait.
LE MENDIANT :
Cela a un très beau nom, femme Narsès. Cela s'appelle l'aurore.

Jean Giraudoux
Électre

I

L'espoir : la nouvelle société civile planétaire

La soirée était étouffante au bord du Niger en cette saison d'hivernage 2001. Sur la terrasse du Grand Hôtel – qui n'a de « grand » que le nom –, les faibles lumières jaunes s'éteignaient à intervalles réguliers. À Niamey, l'électricité est souvent défaillante. Du brasero tout proche montait au ciel l'odeur délicieuse des brochettes d'agneau. D. B. et moi étions les seuls hôtes étrangers sur la terrasse.

Le ciel était lourd et noir. Franchissant un grand pont au loin, les derniers camions partaient vers le sud et la côte atlantique, les lumières de leurs phares glissant sur les flots sombres du fleuve. D. B. rentrait du Ténéré. Il venait d'y tourner un film sur la vie, les mœurs et les migrations des Touaregs. Il y avait vu de ses yeux les dévastations provoquées sur les troupeaux de chameaux et de chèvres par la suppression, sur l'ordre du FMI, de l'Office national vétérinaire[1]. Il y avait été témoin de l'angoisse, du désespoir des éleveurs, de la misère de leurs familles.

1. Cf. p. 251 *sq*.

Je lui racontai mes conversations avec le Djermakoï de Dosso, roi des Djerma, et avec le Premier ministre, leurs soucis, leur impuissance devant l'arrogance des mercenaires de la Banque mondiale. Tout à coup, D. B. m'interrompit : « Y aura-t-il un jour un tribunal de Nuremberg pour ces gens-là ? »

Je ne comprenais pas. « Que voulez-vous dire ? »

Ethnologue célèbre, auteur de livres scientifiques reconnus, lauréat des plus hautes distinctions du film documentaire, D. B. est un homme infiniment courtois. Ce soir, pourtant, la colère l'habitait.

« C'est pourtant simple ! Les nazis, les fascistes de tout poil, malgré leurs crimes monstrueux, ne s'attaquaient toujours qu'à des groupes humains déterminés. Ils niaient l'humanité de ces groupes, de ces ethnies et les détruisaient par le génocide. » Je ne comprenais toujours pas où il voulait en venir.

D. B. ajouta alors : « Le néo-libéralisme, lui, s'attaque à l'humanité tout entière. Dans quelques décennies, ces hommes qui gouvernent aujourd'hui la planète auront de sérieux comptes à rendre. »

Or, ces maîtres – les prédateurs – refusent de prendre en considération la misère du Brésil ou de la Corée du Nord, la corruption en Chine, l'avancée des déserts en Afrique, la lutte des femmes et des jeunes en Algérie, la mobilisation des salariés occidentaux autour du maintien des services publics, la dégradation de la santé psychique des chômeurs de longue durée.

Le capitalisme contemporain est stupide et cynique, il a complètement oublié ses origines protestantes. Il n'y a rien à attendre de lui. Il faut le combattre, l'isoler et le disqualifier.

L'établissement de la tyrannie planétaire du capital financier, la monétarisation progressive des relations humaines, le bannissement des valeurs des Lumières ont porté des dommages irréparables à l'Etat national républicain.

Ce processus historique soulève de nombreuses questions.

Où chercher les virtualités de la naissance d'une démocratie post-nationale ? Dans un monde dévasté par les inégalités et la misère, qui pourrait imposer aux riches la redistribution nécessaire d'une partie de leurs richesses ? Qui garantirait aux pauvres une chance de survie et l'accession à la mobilité sociale ? Quelles pourraient être, au seuil du XXIe siècle, les nouvelles formes d'autorégulation des sociétés ?

Après la mort de l'État républicain, comment construire de nouveaux mécanismes de contrôle public capables de domestiquer un mode de production capitaliste plus dévastateur que jamais ? Comment transformer sa formidable force en un facteur de civilisation, un moyen d'accès à un monde plus juste, plus libre, plus digne ?

Qui, aujourd'hui, peut prétendre domestiquer la bête ? Quel gouvernement pourrait se vanter d'imposer sa loi aux prédateurs ?

Face à la jungle qui avance, comment lutter pour la civilisation ? Que faire pour préserver les valeurs humaines de solidarité, de justice sociale, de disposition de soi, comment s'y prendre pour empêcher l'homme de régresser ?

Habermas s'interroge aussi : « Le défi consiste à conserver les grandes réalisations démocratiques des États-nations européens par-delà leurs propres limites [...]. Comment peut-on concevoir une légitimation démocratique des décisions prises au-delà de l'organisation étatique ? Dans quelles conditions la conception qu'ont de leur propre identité les acteurs capables d'agir à l'échelle mondiale peut-elle changer, de telle façon que les régimes supranationaux se comprennent de plus en plus comme les membres d'une communauté qui, sans solution de rechange, sont obligés de tenir compte réciproquement de leurs intérêts et de défendre des intérêts universels[1] ? »

La première réponse nous vient des « souverainistes ». Face aux prédateurs, ils veulent reconstruire la République, tenter de combattre l'empire par la nation.

Quels que soient les résultats électoraux obtenus par les candidats « souverainistes » en Europe, et notamment en France, je ne crois pas à la résurrection de l'État national et républicain tel que le défendent Régis Debray, Max Gallo et Jean-Pierre Chevènement. Je crois que le malheur est accompli. La violence du capital a largement entamé la capacité normative de l'État. D'une civilisation républicaine, nous sommes passés à l'ère de la jungle.

La seconde réponse est de Jürgen Habermas : c'est l'Organisation des Nations unies qui, seule, serait capable de recueillir et de faire renaître l'héritage normatif et moral des États nationaux déliquescents. Elle seule répondrait, selon Habermas, aux exigences d'un régime transnational « susceptible de compenser les pertes fonctionnelles subies par l'État national sans que la chaîne de légitimation démocratique soit pour autant condamnée à se rompre[2]. » L'ONU serait l'incarnation de la conscience publique internationale.

Les Nations unies constituent une galaxie compliquée habitée par des dizaines de milliers d'hommes et de femmes, aux capacités, aux origines, à la rémunération et aux fonctions infiniment diverses. Certains sont brillants et très compétents, un petit nombre est franchement corrompu.

1. Jürgen Habermas, *op. cit.*, p. 121.
2. *Ibid.*, p. 141.

La structure qui les unit est diffuse : 22 organisations spécialisées (c'est leur nom officiel) forment le cœur du dispositif. En font notamment partie : l'Organisation mondiale de la santé (OMS), l'Organisation internationale du travail (OIT), l'Organisation mondiale de la propriété intellectuelle (OMPI), l'Organisation météorologique mondiale (OMM), l'Organisation pour l'agriculture et l'alimentation (FAO), l'Organisation pour l'aide à l'enfance (UNICEF), l'Organisation pour la science et la culture (UNESCO), etc.

Toutes ces organisations spécialisées sont généralement fortement bureaucratisées, mais néanmoins – à quelques exceptions près – d'une grande efficacité sur le terrain. Elles font un travail formidable.

Prenons quelques exemples : le combat mené par l'OMS contre les épidémies ; la lutte de l'UNICEF, de la FAO et du PAM pour secourir les victimes de la faim ; la patiente stratégie mise en œuvre par le Haut-Commissariat des droits de l'homme contre le racisme, la discrimination et la torture ; l'aide apportée quotidiennement par le Haut-Commissariat pour les réfugiés à des millions de personnes persécutées à travers le monde.

Cependant, tout ce que les experts des Nations unies font – avec courage et intelligence – pour aider les populations sinistrées est peu de chose, comparé aux dommages infligés à ces mêmes populations par les vautours du FMI.

Situation grotesque ! Toutes les agences de l'ONU œuvrant pour le développement et l'aide humanitaire doivent soumettre un rapport d'activité annuel au Conseil économique et social de l'ONU, qui siège à Genève. La Banque mondiale et le FMI sont, eux aussi, des institutions de l'ONU et subissent donc, en principe, un contrôle similaire de leurs activités (seule l'OMC ne fait pas partie de l'ONU).

Le Conseil, composé de 54 États-membres élus par l'Assemblée générale, conformément à l'article 10 de la Charte, doit assurer la « cohérence des efforts et de la politique » menée par les institutions, agences, fonds et programmes des Nations unies[1].

En caricaturant à peine la situation actuelle de centaines de millions d'hommes, d'enfants et de femmes de l'hémisphère sud, nous pourrions dire ceci : les mercenaires de la Banque mondiale et du FMI détruisent quotidiennement, d'une main puissante, les timides et fragiles progrès sociaux réalisés grâce aux experts des agences humanitaires et de développement.

L'OTAN et la logique impériale américaine triomphent sur la sécurité collective[2]. Le rêve du progrès partagé fait place au sous-développement croissant, à la marginalisation, à la destruction par la misère d'une fraction grandissante de l'humanité. L'arbitrage international voulu par l'ONU est balayé par l'arrogance de l'empire américain. Et que dire de la distribution égalitaire des biens sur cette planète ? Chimère lointaine... La Main invisible du marché décide chaque jour qui va vivre et qui va mourir. Les prédateurs triomphent. Ils imposent la privatisation au monde. Au lieu de les affronter, les Nations unies tentent de les apprivoiser, mais sans succès.

Résumons : comme celle des « souverainistes », l'hypothèse de Habermas est elle aussi inopérante.

Où est l'espoir ?

1. Sergio Vieira de Mello, *La conscience du monde, l'ONU face à l'irrationnel dans l'histoire*, leçon inaugurale, Genève, IUHEI, 2 novembre 2000.

2. Cf. p. 43.

Dans la nouvelle société civile planétaire. Mais que faut-il entendre par là ? La société civile a joué un rôle déterminant dans la rupture avec le monde féodal. Le triomphe rapide de l'État républicain l'a écartée de l'avant-scène de l'Histoire, puis renvoyée à l'oubli. Elle vit aujourd'hui une renaissance spectaculaire.

Elle est le lieu où se déploient de nouveaux mouvements sociaux, où s'affirment des fonctions et des structures inédites, où s'inventent des rapports nouveaux entre les hommes et les nations, où se pensent le monde et la société en dehors des canons figés de la doxa dominante ou de sa négation habituelle.

Regardons dans un premier temps les conditions idéologiques de son émergence.

II

Le principe de générosité

L'idéologie néo-libérale pratique un formidable lavage des cerveaux. Pour les riches, ce lavage est une bénédiction. La coalition « antiterroriste » mondiale du président George W. Bush criminalise toute opposition à la mondialisation. Toute résistance à la privatisation du monde est frappée d'anathème. Quiconque met en danger la richesse exceptionnelle des riches se met hors du monde civilisé. L'idéologie néo-libérale comble d'aise les nantis. Elle met leurs richesses en sûreté.

Et les pauvres ? Eux n'ont plus d'idéologie. Le lavage néo-libéral a vidé leur cerveau. Il ne leur reste qu'un élémentaire et vigoureux sens de la justice, l'indéracinable revendication du « droit à la vie », revendication qui fait écho aux doléances des plus pauvres d'entre les démunis aux États Généraux de 1789, tous ces miséreux, ces affamés, qui devront attendre l'exécution du roi Louis XVI et la radicalisation de la Révolution pour faire irruption sur la scène de l'Histoire. On les appelait les « Enragés ». L'un de leurs premiers porte-parole fut le prêtre Jacques Roux, et c'est lui qui, le premier, parla du « droit à la vie[1] ».

1. *Les Droits de l'homme. Histoire des droits et libertés en France*, volume documentaire publié par les Archives de France, Paris, 1969.

Pendant plus de deux cents ans, il y eut ensuite, en théorie au moins, une sorte d'équivalence fragile entre la parole des puissants et celle des opprimés. Tout au long du XIXe siècle et d'une grande partie du XXe, la culture ouvrière fleurit. Le camp des pauvres eut ses artistes, ses intellectuels, ses philosophes. Il publiait ses propres journaux. Il eut ses théâtres, ses fêtes, ses cortèges, son calendrier. Ses syndicats, ses sociétés mutuelles et coopératives, ses partis politiques devinrent puissants. En bref, le camp des pauvres disposait pendant tout ce temps d'une structure collective solide, vivante, dynamique, d'une créativité phosphorescente et d'une volonté de résistance dure comme le roc.

Aujourd'hui, l'équivalence est rompue. La parole des victimes a pratiquement disparu du champ discursif. Comment l'expliquer ? Outre la stratégie universelle de lavage des cerveaux néo-libéral dont on vient de parler, il est évident que les agissements de l'URSS et de ses régimes satellites - compte tenu de la crédibilité dont ces régimes ont joui, pendant des décennies, auprès des opprimés du monde entier – sont bien entendu gravement responsables de la désagrégation du surmoi collectif des classes dominées.

Les bolcheviks de Russie comme les Khmers rouges du Cambodge, et d'autres partis et mouvements surgis dans le camp des pauvres et ralliés au communisme, ont nié la dignité humaine en tenant pour nul le droit inaliénable de l'homme au bonheur singulier. Pour eux, la satisfaction des besoins collectifs devait primer sur celle des besoins individuels. L'être humain devait se sacrifier au profit de l'être collectif – parti, mouvement d'avant-garde ou État.

L'homme concrétise sa liberté dans l'acte librement choisi. Les bolcheviks et leurs disciples à travers le monde ont aboli la liberté du choix.

Le besoin de transcendance et donc de religion a, lui aussi, été nié. Hélas. J'ai visité l'Asie centrale soviétique au milieu des années quatre-vingt. À Boukhara, Samarkand et Tachkent, nombre de leurs merveilleuses mosquées, nées d'une ferveur millénaire, étaient fermées par des planches de bois, battues par la pluie, ou, plus rarement, transformées en musées. Le culte du chef, coulé dans le bronze et le fer, s'était substitué à la religion.

J'ai connu Pyonyang sous Kim Il Sung. L'absurdité du culte de Djoudché, mis en œuvre par les architectes, les muséographes, les idéologues et les historiens du régime, dépassait tout ce qu'on peut concevoir. La folie rôdait dans les avenues démesurées longeant, sur des kilomètres, les silos d'habitation de la capitale.

En URSS et dans les États satellites, toute discussion philosophique ou politique libre était rendue impossible par le contrôle minutieux des esprits. L'Université – en matière de science sociale en tout cas – était rendue anémique par la stricte obligation imposée aux professeurs de respecter la ligne du Parti. La psychanalyse, la sociologie – toute science explorant les mystères de la conscience ou de l'inconscient humain – étaient bannies.

L'URSS a réinventé le paysan rivé à la glèbe. Les frontières du pays ont été hermétiquement fermées. La mort dans les barbelés, et les champs de mines menaçaient les fuyards. Pour aller habiter en ville, un permis spécial, délivré par la police politique, était indispensable.

Je me souviens de Berlin-Est sous le régime communiste. Cette ville superbe était quadrillée de VOPO[1]. Levant la tête sur le quai de la Bahnhof Friederichstrasse, j'ai vu un jour, tout en haut, sur un balcon placé sous l'immense verrière, un officier VOPO botté, obser-

1. VOPO : abréviation de *Volkspolizei*, forces de sécurité populaire.

vant aux jumelles les passagers sur les quais. À côté de lui, deux soldats, la mitraillette pointée sur les voyageurs. En bas, le long des rails, des soldats accompagnés de bergers allemands inspectaient le dessous des wagons, afin de s'assurer qu'aucun habitant de la République ne tentait de s'échapper pour rejoindre un autre pays.

Ce retour au servage a privé pendant des générations les gens d'aller et venir librement, de voyager, de rencontrer d'autres peuples et de connaître le monde.

Les bolcheviks et leurs imitateurs ont en outre inventé la culture dite prolétarienne, appuyée sur la contrainte étatique. Les artistes dissidents furent sévèrement sanctionnés. Vladimir Maïakovski se suicida en 1930, Aleksandr Blok en 1921. La police politique exécuta Vsevolod Meyerhold en 1942.

Cette culture prolétarienne a étouffé toute créativité autonome. Elle a mutilé les richesses, la diversité infinie des héritages culturels des peuples sous domination communiste.

Les bolcheviks ont supprimé le marché, étouffant la libre circulation des biens. La planification s'est substituée à l'initiative individuelle. Résultat ? La pénurie, le rationnement et la précarité érigés en système. Avoir accès, même en tant qu'étranger de passage, à l'un des multiples restaurants, souvent très beaux, du centre de Moscou – celui de l'hôtel National ou de l'hôtel Métropole par exemple – supposait des relations solides avec au moins un membre de la nomenklatura.

Et puis, il y eut ces massacres de masse. En Ukraine, Staline a fait volontairement mourir de faim plus de 11 millions de paysans, leurs femmes et leurs enfants. Et que dire de la déportation par la force de dizaines de millions d'êtres humains ? Les Tchétchènes au Kazakhstan, les Tatars en Sibérie et des dizaines de millions d'autres êtres humains dans les zones polaires. Les bolcheviks ont arraché des peuples entiers à leur lieu de vie, à leur histoire, les privant de leurs moyens de subsistance et de développement.

C'est l'idéologie communiste tout entière, et pas seulement les appareils bureaucratiques, qui est en cause. Cette idéologie était fondée sur une conception erronée de l'homme et une méconnaissance abyssale de ses vrais désirs. Au moment de l'écrasement de l'insurrection hongroise par les chars de l'Armée rouge en novembre 1956, Jean-Paul Sartre écrivit cette phrase : « Voici le masque sanglant du visage aimé. »

Mais Sartre se trompait. Le visage aimé était celui de notre rêve.

Pour les opposants les plus déterminés, les plus estimables, au lavage de cerveaux pratiqué par les capitalistes occidentaux, l'idéologie communiste – dans sa version stalinienne, trotskiste ou inspirée par Rosa Luxemburg[1] – a servi pendant presque un siècle d'idéologie de référence. Apprenant la mort de Staline, des millions d'ouvrières et d'ouvriers, d'intellectuels et de paysans à travers le monde éclatèrent en sanglots. Pour eux, l'expression de « Petit Père des peuples » forgée par les communistes de Moscou n'était pas un mensonge de propagande.

1. Après 1968, Rosa Luxemburg, assassinée en janvier 1919 à Berlin, a été la référence la plus populaire dans les milieux de gauche en Occident, parce qu'elle n'avait jamais connu l'épreuve du pouvoir. Le mouvement ouvrier a connu quatre Internationales : la Ire, fondée par Karl Marx en 1864, a sombré après l'écrasement de la Commune de Paris. La IIe (toujours en vigueur aujourd'hui) réunit les partis sociaux-démocrates, notamment d'Europe. La IIIe dissoute par Staline avait été fondé par Lénine en 1919. La IVe, toujours en vie, organise les mouvements, les ligues et partis trotskistes.

Quant à la social-démocratie, elle a très rapidement disparu en tant que force autonome. Aux États-Unis, où pourtant un vaste prolétariat industriel subissait des conditions de travail inhumaines, elle s'est liquéfiée dès la fin du XIXe siècle, victime du formidable lavage de cerveaux organisé par les Rockefeller, Vanderbilt et autres Morgan.

En Europe, elle a été rapidement nationalisée. Le dernier congrès internationaliste et anticapitaliste de la IIe Internationale a été celui de Stuttgart, en 1907, dominé par les grandes voix de Jean Jaurès et d'Auguste Bebel. Puis les bourgeoisies nationalistes des différents États européens ont graduellement réussi, grâce notamment aux poisons de la xénophobie, de l'antisémitisme et d'un nationalisme chauvin, à déconsidérer la pensée social-démocrate. Et la IIe Internationale n'est jamais parvenue nulle part à instaurer la démocratie sociale à laquelle aspirait tant un Jacques Roux et, après lui, un Gracchus Babeuf.

Staline est mort d'une hémorragie cérébrale, au Kremlin, le 5 mars 1953. Dès lors, la terreur d'État exercée contre les « déviants » s'est allégée peu à peu, d'abord insensiblement, puis de plus en plus rapidement. Durant le règne de Leonid Brejnev notamment (de 1964 à 1982), la corruption de larges secteurs de l'État et de la société a fait des progrès foudroyants. Des cartels mafieux de plus en plus puissants se sont constitués, infiltrant l'économie et contractant des alliances ponctuelles avec tel ou tel secrétaire régional, tel ou tel directeur de combinat industriel et de complexe agricole ou commercial. Ils ont rendu de réels services à la population épuisée par les pénuries récurrentes en organisant et en approvisionnant le marché noir dans toutes les grandes villes.

Le 10 mars 1985, Mikhaïl Gorbatchev a été élu secrétaire général du PC soviétique. Peu après, il proclamait la *glasnost* et la *perestroïka*, avènement d'une politique de transparence, d'ouverture et de démocratisation limitées. Au sein de l'opinion soviétique, notamment russe, un espoir immense s'est alors levé : le pays allait s'ouvrir à l'Occident, rejoindre le concert des nations civilisées, manger à sa faim, respirer, jouir du monde, vivre enfin.

En août 1991, l'Union soviétique s'est désagrégée. La formidable vitalité des bandes mafieuses a alors littéralement explosé. Aujourd'hui, elles dominent tous les secteurs et contrôlent l'ouverture au marché. Et elles tiennent tête à l'Occident. Le capitalisme le plus sauvage s'est ainsi abattu sur la Russie et les Républiques nées des ruines de l'URSS. Dans ces conditions, le citoyen ordinaire vit dans l'angoisse, il est désorienté, totalement insécurisé. Il subit de plein fouet la misère économique et sociale consécutive à l'effondrement des anciennes institutions.

Dans cette situation, les seigneurs du crime, les nouveaux boyards, forment une sorte de garde de fer seule capable de résister à l'agression des capitalistes occidentaux. Tous les anciens repères sont par terre. Dans un effroyable fracas, l'État totalitaire a entraîné dans sa chute et enterré sous ses décombres toutes les anciennes valeurs, conduites, institutions et certitudes. Un nihilisme froid et désespérant s'est imposé dans les esprits. Reste cette évidence : les seuls adversaires sérieux des prédateurs étrangers sont les seigneurs russes du crime. Un banquier occidental tué à Moscou, c'est une parcelle de la dignité russe qui est rétablie.

Sur les ruines de l'URSS, les prédateurs avaient très tôt commencé à déverser des milliards de dollars, rachetant tout ce qui était à vendre. Et tout était à vendre.

Pratiquant la loi de la jungle, ils se sont ainsi saisis des richesses fabuleuses de ces immenses territoires. Avec le onsentement tacite des pauvres laissés sans idéologie, désorientés et privés de tout repère moral.

Très rapidement, les prédateurs et leurs mercenaires sont parvenus à désarmer leurs concurrents locaux, grâce à leurs alliances avec d'anciens apparatchiks, comme Eltsine, Tchernomyrdine ou Poutine. C'est ainsi qu'entre 1991 et 1995, le FMI a versé plus de 31 milliards de dollars de crédit aux gouvernements et sociétés d'État de la Fédération de Russie, d'Ukraine, du Kazakhstan et des douze autres Républiques ayant composé l'ancienne URSS. Frappée de détournements mafieux massifs, la plus grande partie de cette manne s'est bien vite retrouvée sur des comptes privés des paradis fiscaux de Suisse, des Bahamas, du Liechtenstein et de Jersey.

Un épisode singulier est à signaler. Mikhaïl Gorbatchev est devenu secrétaire général du PC de l'URSS en 1985, on l'a dit. Comprenant que la survie du système exigeait des réformes rapides, il a institué quelques libertés, commencé à libéraliser l'économie et développé la théorie de « l'humanité au-dessus des nations et des idéologies, embarquées dans une même aventure[1] ». Durant cette époque, la section étrangère du Comité central du PC de l'URSS a cherché fébrilement à prendre contact avec la IIe Internationale ou ce qu'il en restait. Les délégations de sociaux-démocrates européens se sont donc succédé sous les lustres de cristal du Kremlin et l'hôtel du Parti à Moscou. C'est ainsi par

1. Discours de Mikhaïl Gorbatchev du 15 janvier 1986, cité in Youri Nicolaïevitch Popov et Jean Ziegler, *Un dialogue Est-Ouest*, Moscou, Éditions du Progrès, 1987 ; en français aux éditions Pierre-Marcel Favre, Lausanne et Paris, 1987.

exemple que Willy Brandt, président de la IIe Internationale, et Mikhaïl Gorbatchev sont devenus de véritables amis. L'Académie des sciences et le Comité central m'ont, en ces années, proposé de mener un dialogue public avec le grand économiste Youri Nicolaïevitch Popov. Les rencontres eurent lieu à Moscou et à Genève. Un livre fut publié[1]. Youri Nicolaïevitch Popov, proche de Gorbatchev et héraut de la ligne nouvelle, y développe la théorie de la nécessaire reconstruction d'une social-démocratie internationale. Vaste et tragique malentendu quand on se souvient l'état dans lequel se trouvaient partis et syndicats sociaux-démocrates en Occident au seuil de la décennie quatre-vingt. Ces formations, en effet, ne survivaient que grâce à leur pouvoir de chantage, transformant en avantages sociaux la peur du patronat et de la droite devant la menace du vote communiste.

Le communisme étant en voie de disparition sous Gorbatchev, l'influence des sociaux-démocrates se volatilisait par la même occasion…

Sous cet amas de ruines des anciennes idéologies de résistance, l'individu, bien sûr, est à reconstruire. Mais déjà un nouveau mensonge pointe à l'horizon : l'idéologie néo-libérale des maîtres voudrait nous faire croire qu'elle ouvre l'ère de l'individualité ! L'individualisme comme marque distinctive du capitalisme mondialisé !

Ce qu'annoncent les maîtres ? Que les voies de la liberté sont illimitées. Un peu comme au supermarché, où le consommateur peut choisir à chaque instant entre une myriade de produits.

Le travail est privé de statut, il est fragilisé à l'extrême, mais du même coup des possibilités quasi-

---

1. Youri Nicolaïevitch Popov et Jean Ziegler, *Un dialogue Est-Ouest, op. cit.*

ment illimitées s'ouvrent au travailleur : au cours de sa vie, il passera presque sans discontinuer d'un travail à un autre, au hasard des développements technologiques et des opportunités fournies par le marché en continuelle expansion. D'où il résulte, selon les néo-libéraux, une liberté sans limites pour le travailleur.

En réalité, l'individu fabriqué par le capital mondialisé est réduit à sa pure fonctionnalité. Il a l'impression d'être libre parce qu'il ne peut reconnaître, dans le dédale des déterminismes marchands qui s'exercent sur lui, l'aliénation qui le gouverne et qui le prive de son individualité.

Max Horkheimer dévoile ainsi le mensonge néo-libéral de l'individualité produite par le capital : « La machine a rejeté son pilote, elle court aveuglément dans l'espace. À l'instant même où s'accomplit son apogée, la raison est devenue irrationnelle et bête. Le projet de notre temps est l'autonomie du moi, son maintien, *alors qu'il n'existe plus de moi à maintenir*[1]... » Et, plus loin : « L'individualité présuppose le renoncement volontaire à des satisfactions immédiates en faveur d'une sécurité, en faveur de la sauvegarde matérielle et intellectuelle de sa propre existence. Si la route vers de tels projets est bloquée, il n'existe que peu de raisons pour renoncer à la consommation de jouissances instantanées et passagères [...]. Le pouvoir social est aujourd'hui, plus qu'à aucun autre moment de l'histoire, fonction du pouvoir exercé sur des choses. Plus intense est l'intérêt que l'individu témoigne aux objets, plus ces objets le domineront, plus son esprit sera transformé en un automate de la raison formalisée[2]. »

L'individu fabriqué par le capital mondialisé ne possède ni identité ni liberté d'aucune sorte.

1. Max Horkheimer, *Kritische Theorie*, vol. II, Francfort, Fischer Verlag, 1968, p. 310-311.
2. *Ibid.*

Le capital mondialisé produit des individus atomisés, de pauvres choses isolées les unes des autres, dépourvues de repères propres, dont l'existence est entièrement déterminée par des contraintes extérieures.

Philippe Zarifian donne des individus réellement existant à l'époque du triomphe universel du capital mondialisé la définition suivante : « [...] Des bouts d'êtres sociaux fragilisés, affaiblis, exposés seuls à affronter les grands systèmes économiques, administratifs, judiciaires[1]. »

L'individu réellement existant à l'ère du capital financier triomphant est à des années-lumière de l'individu tel qu'il a été conçu et voulu par les philosophes des Lumières et les pères de la Révolution française.

Traduit en juillet 1794 devant les membres du Comité de salut public, qui seront ses juges, Saint-Just s'exclame : « Je méprise la poussière qui me compose et qui vous parle : on pourra me persécuter et faire taire cette poussière. Mais je défie qu'on m'arrache cette vie indépendante que je me suis donnée dans les siècles et dans les cieux[2]. »

179 ans plus tard, Salvador Allende, le jour de sa mort, le 11 septembre 1973, fait écho à Saint-Just. Du palais présidentiel de la Moneda en feu, il s'adresse une dernière fois au peuple chilien : « Les avions militaires ont bombardé les antennes de Radio Portalès et de Radio Corporación. Mes paroles ne sont pas celles de l'amertume, mais de la déception. Quelle que soit la punition de ceux qui ont trahi leur serment [...] travailleurs, je ne renoncerai et ne démissionnerai pas [...]. Dans ce moment historique, je sais que je dois payer de ma vie la

---

1. Philippe Zarifian, *L'Émergence d'un Peuple-Monde*, *op. cit.*
2. Louis-Antoine de Saint-Just, *Fragments d'institutions républicaines*, Paris, Union générale des éditeurs, 1988.

loyauté du peuple. Je vous le dis : la semence que nous transmettons à la conscience de milliers et de milliers de Chiliens, dignes de ce nom, ne pourra être arrachée définitivement [...]. Ils [les militaires putschistes] ont la force. Ils pourront nous asservir. Mais on ne tient les mouvements sociaux ni par le crime ni par la force. L'histoire est à nous. Et ce sont les peuples qui la font. [...] Le peuple doit se défendre, mais pas se sacrifier. Il ne doit ni se laisser cribler de balles ni se laisser humilier. [...] Travailleurs de ma patrie, j'ai foi dans le peuple du Chili et dans son destin. D'autres hommes viendront qui surmonteront ce moment gris et amer où la trahison triomphe. [...] Sachez que beaucoup plus tôt que tard s'ouvriront de nouveau les grandes avenues par lesquelles passera l'homme libre pour construire une société meilleure.

Vive le Chili !

Vive le peuple !

Vivent les travailleurs ![1] »

Ce qui est à reconstruire aujourd'hui, c'est l'individu tel qu'il a été conçu par Voltaire, Diderot, Rousseau, et mis au monde par les révolutionnaires de 1792. L'individualité civile n'est pas autre chose que cette aventure où l'être affirme pleinement sa singularité sans rien oublier de ses dépendances au monde. Écoutons Zarifian : « Orientation vers autrui, vers les autres humains, en tant qu'activité subjectivement ressentie comme utile, voire nécessaire ; orientation vers les états de la nature que le travail transforme en transformant au passage – selon la célèbre formule de Marx – l'humain qui l'exerce. [...] La sensibilité au vivre joyeux est action. Elle se déploie dans l'ouverture à l'humanité sans frontière[2]. »

1. Alain Touraine, *Vie et mort du Chili populaire*, Paris, Seuil, 1973.
2. Philippe Zarifian, *L'émergence d'un Peuple-Monde, op. cit.*, p. 77 *sq*.

L'autonomie de l'individu est un produit global de la société civile, puisque dans la nouvelle société civile les individus cessent d'être des ennemis ou des concurrents potentiels : ils se reconnaissent comme membres d'une même communauté mondiale. Ils se renforcent par leur coopération, chacun affirmant par ailleurs son individualité.

Au cœur de la reconstruction de l'individu hérité des Lumières, il ya certes une contradiction forte, celle qui existe entre les dispositions communes à tous les individus et l'affirmation radicale par chacun, à chaque moment, de son individualité. Mais, comme le dit Zarifian, cette contradiction s'abolit tout naturellement par une commune pratique de résistance : « Il existe entre tous les êtres des dispositions communes et des notions capables d'en rendre compte, en tant que ces dispositions, dans leurs affections croisées, se conviennent mutuellement. Au lieu de se détruire ou de s'affaiblir, elles se renforcent, accroissent la puissance de chacun et de tous. Il est donc adéquat de penser que la pratique de la générosité est bonne[1]. »

Ces dispositions supposent une culture, une connaissance du monde et des autres qui sont le contraire du repli sur soi. Une autonomie aussi, bien différente de l'individu fonctionnalisé, fabriqué par l'idéologie des prédateurs.

Une autre contradiction gouverne l'existence de l'individu engagé sur l'un ou l'autre des multiples fronts de résistance au capital mondialisé, c'est le double mouvement incessant de l'appartenance et de la différenciation. Nous verrons plus loin les problèmes qu'affrontent, aujourd'hui, dans leur pratique quotidienne, les nombreux mouvements antimondialistes,

1. *Ibid.*

notamment le Mouvement des travailleurs sans terre du Brésil (MST). Deux dangers guettent en permanence : la surévaluation de la différence d'avec l'autre et le refus d'analyse de l'appartenance de l'individu à une communauté d'origine donnée.

L'existence d'un mouvement comme le MST est toujours en devenir. Et le devenir est l'actualisation permanente de la dialectique entre l'appartenance de l'individu à une communauté singulière d'origine et la distance qui le sépare des autres individus, appartenant à d'autres communautés, mais engagés dans le même combat.

L'individuation est donc toujours problématique.

Un mot pour finir sur ce point. La générosité est le grand ressort de pratiquement tous les mouvements qui, sur les cinq continents et sous les formes les plus diverses, luttent aujourd'hui contre les oligarchies du capital mondialisé. Mais qu'est-ce que la générosité ? Tout à la fois l'émotion engendrée par le sentiment de révolte devant l'oppression et le désir d'un monde meilleur. Il faut donc penser la générosité comme un mélange, encore instable, quelque effort que l'on fasse, entre passion et action, entre affect et concept. Il faut avoir cela en tête en lisant les pages qui suivent.

III

Les fronts de résistance

Les luttes s'inventent sur le terrain. Elles ne se décrètent pas. Mais les forces sont dispersées. Il faut donc construire des fronts. Telle est la méthode qu'applique la nouvelle société civile planétaire en voie d'émergence.

Quels sont ces fronts qui, de plus en plus souvent, parviennent à freiner le pas des prédateurs et à gêner leurs stratégies ? De nombreux mouvements, agissant sur les cinq continents, se sont maintenant coalisés.

À la grande manifestation contre le Sommet du G-8 à Gênes, en juillet 2001, les 200 000 participants représentaient plus de 800 mouvements populaires, syndicats et ONG différents, venus de 82 pays.

Du 31 janvier au 5 février 2002 s'est tenu à Porto Alegre, au sud du Brésil, le deuxième Forum social mondial. Sous un soleil éclatant, par 34 °C, plus de 60 000 personnes venues des cinq continents – mais surtout d'Europe et d'Amérique latine – se sont réunies. Dans les bâtiments publics de la ville, notamment dans l'immense complexe de l'Université catholique de l'État du Rio Grande do Sul (la « PUC[1] »), plus de 700 ateliers

1. Pontifica Universitade Catolica.

de discussion, plus de 100 séminaires et 28 assemblées plénières, traitant de 26 thèmes, ont été organisés. Au parc Harmunia, la fête a duré six jours et six nuits. D'immenses cortèges ont traversé la ville. À Porto Alegre, plus de 2 000 mouvements sociaux, syndicats et ONG provenant de 88 pays différents ont été représentés.

Les ateliers s'étaient assigné un triple but : échanger des expériences « résistantes » ; réfléchir à la coordination de ces pratiques ; jeter des ponts entre les réseaux.

Plusieurs forums parallèles se sont tenus. Exemples : le forum des maires des villes ou celui des parlementaires. Le Forum social mondial s'est opposé à ce qu'un chef d'État ou un chef de gouvernement, quel qu'il soit, puisse prendre la parole. Fidel Castro n'a donc pu s'adresser au Forum... Une demande de prise de parole du Premier ministre belge fut également refusée. Tout mouvement armé – quelle que soit la sympathie qu'il pût inspirer à certains participants – fut également banni de l'estrade. Ainsi les guérilleros des FARC de Colombie ou l'ETA basque ne purent accéder aux tribunes ni des assemblées, ni des séminaires, ni des ateliers.

Il est matériellement impossible de dresser ici la liste complète des acteurs de la nouvelle société civile planétaire. Pour en rendre compte, je propose d'adopter une méthode différente.

D'abord, identifier les fronts. On peut schématiquement en répertorier six.

1. Les organisations ouvrières et syndicales. Nombre d'entre elles, tant en Amérique qu'en Asie et en Europe, vivent, depuis la première grande réunion de la nouvelle société civile planétaire à Seattle (sur la côte ouest des États-Unis) en novembre 1999, une renaissance éton-

nante. Le destin du syndicat « Sud », animé entre autres par Christophe Aguiton, est, à cet égard, exemplaire[1].

2. Les mouvements paysans. Ils occupent une position centrale dans la nouvelle société civile. Leurs organisations sont puissantes, mobiles et animées par des dirigeants et des militants formidablement déterminés. Je reviendrai plus loin sur le combat du Movimento dos Trabalhadores Rurais Sem Terra (MST) du Brésil. Le MST est à l'origine de « Via Campesina », cette organisation faîtière qui regroupe à travers le monde plus de 100 millions de petits paysans, d'éleveurs, de métayers et de travailleurs agricoles migrants. Des organisations et des mouvements aussi différents que la Confédération paysanne de France, dirigée par José Bové et François Dufour, ou la CONAIE, syndicat des Indiens spoliés de l'Équateur, en font partie.

3. Le troisième front de résistance est celui que tiennent ces femmes qui, partout dans le monde, luttent contre la discrimination sexuelle. Les mouvements pour les droits des femmes, actifs sur les cinq continents, se sont une première fois coalisés lors de la marche internationale des femmes en 1998. Présente en image dans de nombreux cortèges, leur héroïne s'appelle Olympe de Gouges. En 1792, elle publia la Déclaration des droits de la femme et de la citoyenne. Elle fut guillotinée.

4. La nouvelle société civile planétaire tire une grande partie de sa force de résistance d'une source inattendue : les peuples autochtones et leurs sociétés traditionnelles, précapitalistes. L'unification violente de la planète par le capital financier du centre et sa rationalité marchande sont un fait d'évidence. La résistance culturelle tenace

1. Christophe Aguiton, *Le monde nous appartient*, Paris, Plon, 2001, notamment le chapitre 3 : « Des acteurs en mutation, les syndicats », p. 118 *sq*.

que lui opposent de nombreux peuples de l'hémisphère sud, en revanche, est moins connue. L'unification de la planète par la rationalité du capital mondialisé bute sur les cultures autochtones. Aussi longtemps qu'une mémoire collective locale – par la fête, le rite, la langue, la transmission de mythes et de croyances – résistera au règne des prédateurs et aux agressions, aux significations, à la rationalité du capital, la réification ne sera pas achevée[1]. Une identité alternative subsiste obstinément. Le désir du tout autre, la volonté d'être soi nourrissent l'espoir d'un combat à venir. Même là où la tradition orale a reflué au point où aucun rite visible, aucune fête récurrente ne structure plus la vie sociale des dominés, le souvenir de l'identité perdue traverse les espaces mentaux comme la lumière puissante d'un astre éteint. Le Front zapatiste de libération nationale, qui se nourrit de l'héritage culturel et de la cosmogonie des peuples indiens du Mexique méridional, le formidable mouvement des communautés indiennes aymara des hauts plateaux de Bolivie, le mouvement de renaissance culturelle et de lutte des communautés quechua de la région d'Ayacucho et de Cuzco au Pérou fournissent des exemples de la détermination des peuples autochtones et de leur force insurrectionnelle.

5. Les mouvements, associations et partis écologiques. Ils sont surtout puissants et actifs dans les États industriels d'Europe et d'Asie, là où la destruction de la nature est la plus évidente. Mais des mouvements écologistes apparaissent aussi dans les pays d'Afrique et du monde arabe. Des alliances se nouent. Plus haut, nous avons évoqué le front de combat construit par les Verts

1. Réification, qui vient de *res* (chose en latin), veut dire « chosification » de la conscience, la conscience devenue chose. Elle marque l'ultime étape de l'aliénation de l'homme.

de France avec leurs alliés camerounais afin d'empêcher la destruction de la forêt vierge par la construction de l'oléoduc Doba-Kribi imposé par la Banque mondiale.

6. Une sixième catégorie de fronts de résistance est plus difficile à caractériser. Elle réunit les grands mouvements sociaux (ou ONG) qui ne se limitent pas à une intervention sectorielle, mais prétendent penser, critiquer et combattre l'ordre planétaire du capital financier dans sa totalité.

Regardons de plus près certains des mouvements relevant de la sixième catégorie.

Tant par sa force de création théorique que par sa capacité de mobilisation et de résistance, Attac est l'un des plus importants[1]. Née en 1997 d'une initiative du *Monde diplomatique* et de quelques intellectuels et syndicalistes francophones, elle relance une idée-force de James Tobin, prix Nobel de l'économie et ancien conseiller économique du président John F. Kennedy aux États-Unis : taxer par des intérêts négatifs (gradués selon le temps d'investissement en un lieu déterminé) les capitaux spéculatifs. Le produit de la taxe Tobin alimenterait un fonds mondial, géré par les Nations unies, destiné à financer des projets d'infrastructure sanitaires et scolaires dans les régions de la planète les plus démunies et contribuant au développement des forces de production des économies des pays les plus pauvres.

Depuis plusieurs années déjà, il est évident qu'Attac est beaucoup plus qu'une association de citoyennes et de citoyens attachés à la défense de la taxe Tobin. Du fait de sa lointaine tradition révolutionnaire, la France est le

1. Attac : Association pour la taxation des transactions financières pour l'aide aux citoyens.

pays des associations. On estime à environ 800 000 leur nombre actuel[1].

Parmi elles, Attac occupe une position tout à fait particulière : organisée en réseau, elle compte dans toute la France 220 comités locaux. Il faut y ajouter plus de 40 sections internationales affiliées à Attac-International. Les plus puissantes d'entre elles sont Attac-Allemagne, fondée en octobre 2001 à Berlin, et Attac-Suisse[2]. Tous les groupes du réseau mènent chacun, dans leur région d'implantation, une intense action à la fois pratique (manifestations, etc.), d'études et de recherche.

Attac compte 30 000 membres en 2002. Ce chiffre augmente sans cesse[3]. Une particularité : non seulement des individus, mais également des syndicats, des associations diverses peuvent faire partie d'Attac. 462 syndicats et 291 associations diverses sont affiliées à Attac. Attac écrit : « Pour nous il s'agit avant tout de comprendre pour agir. » Les sites Internet d'Attac proposent documents, analyses, comptes rendus, bibliographies, informations diverses. Chaque jour près de 40 000 documents sont téléchargés par des internautes issus de 130 pays différents. Attac bénéficie de plus de 600 traducteurs bénévoles maîtrisant 15 langues.

Attac est dirigée collégialement par un conseil d'administration. Celui-ci est assisté par un conseil scientifique où siègent quelques-uns des plus brillants économistes, politologues et juristes d'Europe.

---

1. *Tout sur Attac*, ouvrage collectif, sous la responsabilité éditoriale de Bernard Cassen, Paris, Mille et une Nuits, 2000 ; rééd. 2002.

2. Christiane Grefe, Mathias Greffrath, Harald Schumann, *Attac, Was wollen die Globalisierungskritiker ?*, Berlin, Verlag Rowohlt, 2002.

3. *Ibid.*

L'ambition théorique et pratique d'Attac est le mieux exprimée par son président sortant, Bernard Cassen : il s'agit de « se réapproprier ensemble l'avenir de notre monde[1] ».

Dans *Le Congrès des blanchisseurs*, Bertolt Brecht parle de la *Hoellenmaschine* (la machine infernale) de la *Diktatur der Profitraten* (la dictature des marges de profit) imposée par les capitalistes[2]. Contre cette dictature et cette machine infernale, Attac lutte par la mondialisation de la revendication des droits démocratiques et par la solidarité entre les fronts. Elle est aujourd'hui une des principales consciences critiques de l'ordre du monde mis en œuvre par les prédateurs du capital mondialisé.

Il faut également mentionner d'autres organisations et mouvements ayant parcouru en peu de temps un chemin similaire à celui d'Attac. Nés, chacun, d'un combat sectoriel, ils sont eux aussi devenus des mouvements contestant les fondements mêmes du mode de production et de domination capitaliste.

L'Anglaise Anne Pettifor est la porte-parole, en 2002, de « Jubilé 2000 ». Cette organisation d'origine chrétienne milite pour l'abolition totale et immédiate de la dette extérieure des pays du tiers-monde. Elle a surgi lors de la célébration par l'Église catholique de l'année jubilaire 2000. Son succès est impressionnant : en moins de trois ans, sa pétition a recueilli 17 millions de signatures et a conduit à une prise de conscience, notamment en Europe et en Amérique du Nord. Jubilé 2000 est un adversaire habile et coriace des grandes banques et des

1. Voir les indications fournies par Bernard Cassen, *Libération*, 21 janvier 2002.

2. Bertolt Brecht, *Le Congrès des blanchisseurs*, Théâtre, Paris, Éditions de l'Arche, 1974.

institutions financières internationales, principales créancières des pays du tiers-monde.

Le Forum des pauvres est une ONG d'origine thaïlandaise, fondée en 1995, avant tout par des paysans moyens et pauvres. Il regroupe aujourd'hui plus de 500 000 personnes et étend ses activités bien au-delà des défenses des intérêts des paysans et ouvriers agricoles.

Le Third World Network, né en 1996, et animé par Martin Khor, relie entre elles des centaines d'organisations locales, régionales, nationales pour lutter en faveur de l'éradication de la dette des pays du tiers-monde et la réévaluation des termes de l'échange. Son siège est en Malaisie.

Il faut aussi mentionner les organisations qui combattent pour la dignité des enfants, pour l'abolition de l'esclavage des mineurs sur les lieux de production et le recrutement des enfants-soldats dans les armées du tiers-monde. Ces organisations ont été mises en réseau et fédérées en 1999 par Craig Kielburger.

À son congrès mondial à Dakar, en août 2001, Amnesty International a pris la décision – à l'initiative de Pierre Sané, son secrétaire général démissionnaire – de lutter à l'avenir, non plus seulement pour le respect des droits civiques des prisonniers politiques, mais également pour celui des droits économiques, sociaux et culturels des peuples victimes de la tyrannie des oligarques du capital financier mondialisé. Une intense discussion est en cours dans toutes les sections nationales d'Amnesty à travers le monde, afin de fixer les contours de cette nouvelle stratégie[1].

---

1. Voir par exemple : *Le Nouveau Mandat d'Amnesty*, Dossier d'information et tribunes de discussion publié par Amnesty-Suisse, dans le n° 29 de sa revue, avril 2002.

Action Contre la Faim (ACF) est une des plus actives et des plus influentes ONG européennes. Elle lutte contre la malnutrition et la faim. Son siège est à Paris. Jean-Luc Bodin est son directeur. Mais au-delà de son action quotidienne, et énergique, sur le terrain, ACF produit une réflexion critique, totalisante sur l'ordre du monde. Son *Annuaire* est publié en français et en anglais. L'une de ses dirigeantes, Sylvie Brunel, élabore une œuvre théorique d'importance[1].

Des organisations issues du monde anglo-saxon comme Oxford Committee for Famine Relief (Oxfam), Public Citizen, Fifty Years is Enough ou Jobs with Justice, mènent elles aussi un combat qui dépasse de loin celui des fronts du refus agissant d'une façon sectorielle.

Public Citizen est, par exemple, marqué par la forte personnalité de Lori Wallach, jeune avocate américaine qui a été une des principales organisatrices des manifestations anti-OMC de Seattle, en 1999.

En association avec United Students Against Sweatshops et Youth Action for Social Justice, Jobs with Justice joue un rôle central dans la lutte contre l'exploitation des ouvrières et des ouvriers par les sociétés transcontinentales du jouet, du textile, etc., dans les fameuses « zones spéciales de production[2]. »

Fifty Years is Enough regroupe plus de 250 associations antimondialistes aux États-Unis. Sa principale responsable est, aujourd'hui, une militante d'origine kenyane, Njoki Njoroge Njehu.

Le KCTU, la principale confédération des syndicats de Corée du Sud, est un mouvement à part. Par ses travaux théoriques et ses méthodes novatrices de lutte, il

1. Voir en particulier *Famines et politique*, Paris, Presses de la Fondation nationale des sciences politiques, 2002.

2. Voir p. 134 *sq*.

exerce une grande influence sur nombre de centrales syndicales de l'Est asiatique.

Au cours de la décennie 1990-2000 ont également été créés des *think tanks* alternatifs, des groupes généralement peu institutionnalisés d'experts. Ces *think tanks*, que je traduis par « instituts de recherche », sont spécialisés dans les domaines les plus variés : l'eau, l'énergie, les semences, la formation des prix agricoles, l'organisation de réseaux de commercialisation, les transports, les assurances, le financement, etc. Leurs experts comptent fréquemment parmi les plus grands spécialistes d'une discipline donnée : ce sont des scientifiques de haut vol, parfois d'anciens grands dirigeants de sociétés multinationales, d'anciens hauts fonctionnaires de la Banque mondiale ou du FMI devenus des dissidents. Ils se tiennent à la disposition des mouvements et ONG du monde entier et travaillent à des prix défiant toute concurrence. Des exemples : le South Group Network est une coalition d'experts de l'hémisphère sud, surtout africains, dont le quartier général est installé à Harare, au Zimbabwe. Il dispose de succursales à Managua, Ouagadougou et Manille.

Focus on the Global South rayonne sur tout le Sud-Est asiatique. Ses experts sont spécialisés dans les problèmes relatifs aux inégalités économiques, politiques et stratégiques entre les pays des hémisphères nord et sud. Le Philippin Walden Bello est leur porte-parole.

Ricardo Petrella, conseiller à la Commission de l'Union européenne, a créé, sur une base privée, le Conseil mondial de l'eau, dont les travaux inspirent l'action de nombreux mouvements et syndicats paysans. Un institut de recherche remarquable sur les questions de l'eau, l'Association pour le développement de l'économie et du droit à l'environnement (Paris), est présidé par Henri Smets. Deux autres instituts particulièrement influents sont à signaler : le Comité pour l'annulation de la dette du tiers-monde, animé par Éric Toussaint (Belgique), et le Centre Tricontinental de François Houtard, domicilié à Louvain-la-Neuve.

Martin Khor résume la tâche de ces intellectuels organiques des mouvements populaires : « Déraciner les fondements idéologiques de leur logique [celle des maîtres du monde]. Montrer l'inconsistance de leur double langage. S'appuyer sur la réalité[1]. »

« Rassembler sans unir », voici l'ambition qu'assigne Pierre Bourdieu à la nouvelle société civile en voie d'émergence. Bourdieu : « [...] Cette coordination devrait prendre la forme d'un réseau capable d'associer des individus et des groupes dans des conditions telles que nul ne puisse dominer ou réduire les autres et que soient conservées toutes les ressources liées à la diversité des expériences, des points de vue et des programmes [...]. Il n'est pas interdit d'espérer que la confrontation démocratique d'un ensemble d'individus et de groupes reconnaissant des présupposés communs puisse engendrer une réponse cohérente et sensée à des questions fondamentales auxquelles ni les syndicats, ni les partis, ne peuvent apporter de solution globale [...][2]. »

La nouvelle société civile planétaire est une société en projet, une société en gestation, qui n'est comparable à aucune des formations sociales qui l'ont précédée.

Quelle est sa réalité aujourd'hui ?

Tous ces nouveaux mouvements et ONG ont quelques caractéristiques communes. Ils travaillent en induisant un strict minimum de frais administratifs et ignorent la

1. Voir *Libération*, 19-20 février 2000.
2. Pierre Bourdieu, in *Le Temps*, Genève, 26 janvier 2002.

bureaucratisation. L'idéologie joue un très petit rôle dans la prise de décision. Ils agissent en vertu d'un pragmatisme de bon aloi, au coup par coup. Ils pratiquent une contestation hyperactive, quasi permanente, qui ne laisse aucun répit à leurs adversaires. Une extrême mobilité intellectuelle et organisationnelle préside à leurs actions. Ils soignent comme un trésor leurs singularités respectives.

Toute hiérarchie entre eux est bannie. Ils détestent la standardisation – du langage, des méthodes de lutte ou d'analyse – et l'uniformité. Leurs militants sont des passionnés de l'échange d'idées, du dialogue constant.

Leur ennemi commun : le monolithisme.

Malgré la diversité extrême de leurs luttes singulières, leur refus catégorique de toute institutionnalisation, de toute intégration internationale ou transcontinentale, ces mouvements se retrouvent néanmoins pour de courts instants dans des actions communes. Ils sont ainsi capables d'interventions internationalement coordonnées d'une foudroyante rapidité et d'une efficacité redoutable. En témoignent les contestations massives qu'ils opposent aux grandes réunions (G-8, Conférences de l'OMC, du FMI, etc.) de leurs adversaires.

Naomi Klein appelle la nouvelle société civile planétaire un « Internet vivant[1] ».

Trois convictions unissent ces fronts : la nécessité d'instaurer la démocratie de base partout dans le monde et dans tous les domaines de la vie collective ; le refus des inégalités sociales entre les individus, entre les générations, entre les sexes, entre les classes sociales, entre les peuples et entre les continents ; la nécessité de préserver la nature, l'air, l'eau, l'environnement sanitaire

1. Naomi Klein, in *The Nation*, New York, juillet 2000, traduit dans *Courrier international*, 2 août 2001.

et psychologique de chaque être humain. L'eau, la nourriture, l'air que nous respirons sont, par eux tous, déclarés « biens publics ».

Sur les cinq continents, partout, ces hommes et ces femmes se heurtent aux maîtres de l'univers et tentent de briser leur empire. Mais pour l'heure encore, ils luttent en ordre dispersé. D'où vient alors leur force ? Précisément de cette myriade de fronts locaux. C'est ainsi que la nouvelle société civile planétaire répond à la concentration mondiale des pouvoirs des maîtres par une nébuleuse fragmentée.

Et l'on aurait tort de tenir pour fragile cet agrégat de protestations éparpillées. D'abord, toutes ces résistances singulières sont portées par une conviction et un espoir communs. Et puis, une résistance à têtes multiples est bien plus efficace qu'une contre-attaque univoque.

Sur la péninsule Ibérique les armées de Napoléon n'ont-elles pas été saignées, puis détruites, par une myriade de groupes de guérilleros ? L'empire napoléonien n'y a pas survécu. Tout au long de la deuxième moitié du XXe siècle – de l'Algérie au Vietnam, de l'Afrique du Sud à Cuba –, les exemples abondent où des mouvements de libération confinés à un seul pays ont fait vaciller un continent.

Toute identité collective est nécessairement d'origine locale puisque nourrie d'une expérience singulière. Et plus elle est locale, plus elle est forte.

La CONAIE des Indiens d'Équateur a renversé un président de la République[1], bouleversé un État et fait reculer des trusts pétroliers nord-américains et leurs équipes de forage qui menaçaient de détruire la forêt de l'Équateur amazonien. Comment expliquer ces succès

1. Il s'agit du président Jamil Mahnad, chassé du pouvoir le 21 janvier 2000.

de communautés indiennes disparates[1] ne disposant d'aucune force politique ou militaire organisée, d'aucuns moyens financiers et d'aucun accès aux médias ? La CONAIE fédère des communautés indiennes qui, toutes, sont assises sur une identité solide. Leurs guerriers disposent d'une expérience millénaire de la lutte dans la forêt. Ils connaissent tous les poisons, les pièges de la nature et l'usage qu'on peut faire des scorpions et des serpents venimeux : aux sociétés de gardiennage et aux milices privées des trusts pétroliers, ils inspirent la terreur.

Sur les murs des écoles des *acampamentos* du MST brésilien, on aperçoit le visage de Che Guevara, mais aussi celui rayonnant, de Zumbi, ex-chef des esclaves insurgés du Quilombo de Palmarès au XVIIIe siècle[2]. Dans les veines de millions de paysans sans terre du Brésil, coule le sang africain. La mémoire paysanne vénère le chef congolais au même titre que l'insurgé argentin.

Le 8 mai 1945, tandis que l'armistice était fêté dans l'allégresse en France, l'armée française réalisait un véritable carnage à Sétif, dans l'Est algérien. Les ordres du général Duval étaient sans équivoque : « Il est 12 h 25. Jusqu'à demain 12 h 25, abattez tous les mâles indigènes au-dessus de 15 ans que vous rencontrez[3]. »

Résultat : 45 000 personnes assassinées, des dizaines de milliers blessées.

---

1. La CONAIE représente environ 3 millions de personnes, soit 30 % de la population totale. La CONAIE regroupe des organisations différentes, comme par exemple l'ECUANURI des Indiens de la Sierra et la CONFENAIE des Indiens des basses terres.

2. Quilombo : république organisée par des esclaves insurgés.

3. Pour l'ordre du jour de Duval, voir *Le Nouvel Afrique-Asie*, Paris, avril 2002, p. 41.

Le crime des victimes ? Par des cortèges pacifiques, ils demandaient le respect de la parole donnée par Charles de Gaulle avant la fin de la Seconde Guerre mondiale : un nouveau statut mettant fin à l'indigénat et considérant enfin les Algériens comme des citoyens et des êtres humains à part entière.

Les massacres de Sétif ont donné naissance à l'insurrection de la Toussaint 1954, et à la guerre de libération. Grâce au savoir-faire tactique, à la mémoire collective, au courage inouï, à la force d'identité des paysans kabyles, chouaïas, zénètes, et des communautés arabes, mozabites et berbères, les insurgés algériens mirent finalement en échec l'armée coloniale la plus puissante de son temps, ouvrant la voie à la décolonisation du continent africain tout entier.

Régis Debray explore cette contradiction : « Plus l'économie s'universalise, plus la politique se morcelle. Comme si les anciens territoires de l'imaginaire se recomposaient d'autant mieux qu'ils se décomposent dans le domaine technique[1]. » L'efficacité d'un groupe réside dans son homogénéité, la vitalité de son imaginaire de convocation, la dureté de son noyau fondateur.

On ne peut déconstruire un monde que si on est soi-même dépositaire d'une mémoire, d'un imaginaire, d'une identité sûrs. Et cette mémoire, cet imaginaire, cette conscience pour soi, cette autonomie ne peuvent être – je le répète – que locaux.

1. Régis Debray et Jean Ziegler, *Il s'agit de ne pas se rendre*, *op. cit.*, p. 10-11.

IV

Les armes de la lutte

Noam Chomsky, qui aime les systématisations historiques, évoque les trois formes qu'a successivement connues le pouvoir totalitaire aux XXe et XXIe siècles : le bolchevisme, le nazisme et le TINA.

TINA est l'abréviation anglaise pour *There is no alternative* (« il n'y a pas d'alternative »). Le pouvoir du TINA est au fondement de l'empire des prédateurs. Pour Chomsky, l'énoncé fondateur du TINA est le suivant : « Il n'y a pas d'alternative au système émergeant du mercantilisme mis en place par les entreprises s'appuyant sur l'État et décliné à l'aide de différents mantra tels mondialisation et libre-échange[1]. »

À l'opposé du TINA, il y a la revendication de l'impératif moral qui sommeille en chacun de nous. L'homme est le seul sujet de l'histoire. De son histoire propre comme de l'Histoire du monde.

Chomsky appelle « gigantesques personnes immortelles » les sociétés transcontinentales de la finance, de l'industrie, des services et du commerce qui,

1. Noam Chomsky, *La Conférence d'Albuquerque*, traduite par Héloïse Esquié, Paris, Allia, 2001.

aujourd'hui, gouvernent la planète. Il les oppose aux « personnes en chair et en os[1] ».

Contrairement aux agents des autres systèmes d'oppression qui les ont précédés dans l'Histoire, les personnes immortelles ne mènent aucun combat d'idées. Elles n'affrontent pas des intellectuels dans des débats, des députés dans l'arène du Parlement, des éditorialistes et des polémistes en colère dans les colonnes des journaux. Silence. Discrétion absolue. Refus de répliquer. Travail dans l'ombre. Les « gigantesques personnes immortelles » ne se consacrent qu'à une seule activité : la recherche du profit maximal dans un minimum de temps. Elles ne cherchent pas à convaincre.

Pourquoi le feraient-elles d'ailleurs ? La maîtrise des marchés et des appareils médiatiques, indispensables à la conduite de l'opinion publique, est fermement entre leurs mains. Pourquoi se fatiguer à convaincre les récalcitrants ? Pourquoi expliquer sa propre praxis puisqu'elle va de soi et relève de la nature des choses ? À leurs yeux, le silence minéral dont elles s'entourent va de soi.

Pour les combattants de l'espoir, bien entendu, ce silence pose problème. Comment le briser ?

Un deuxième problème se pose. L'empire du capital mondialisé est quasiment invisible. Les fameuses personnes immortelles sont des sociétés anonymes. Or, le crime implique des criminels. On ne peut dénoncer que des personnes en chair et en os. Le code pénal comme la conscience morale ne connaissent que la responsabilité individuelle. Les assassins peuvent s'associer en bandes, en partis politiques, en organisations de toutes sortes, ils peuvent s'agréger en hordes SS, police spéciale serbe, en commandos terroristes ou

1. *Ibid.*

en Interhamwe rwandais, il n'en reste pas moins que chacun d'entre eux possède un visage.

Mais les gigantesques personnes immortelles ? Aucun banc d'accusé d'aucun Tribunal international de La Haye ou de Nuremberg ne saurait les contenir.

Gilles Perrault résume le problème : « Le crime implique au demeurant des criminels. Pour le communisme, les fiches anthropométriques sont faciles à établir : deux barbus, un barbichu, un binoclard, un moustachu, un qui traverse le Yang Tsé-kiang à la nage, un amateur de cigares, etc. On peut haïr ces visages-là. Ils incarnent. S'agissant du capitalisme, il n'existe que des indices : Dow Jones, CAC 40, Nikkei, etc. Essayez, pour voir, de détester un indice. L'empire du Mal a toujours une aire géographique, des capitales. Il est repérable. Le capitalisme est partout et nulle part. À qui adresser les citations à comparaître devant un éventuel tribunal de Nuremberg[1] ? »

Pour briser l'invisibilité et le silence de l'adversaire – et si possible inverser le rapport de force –, les fronts de résistance développent une multitude de méthodes novatrices.

Une première méthode – qui s'est révélée fort efficace – est la suivante : dès que les maîtres du monde ou leurs mercenaires annoncent la tenue d'un de leurs sommets mondiaux (réunion du G-8, Conférence mondiale du commerce, assemblée annuelle du FMI, etc.), les combattants de l'espoir organisent dans la même ville et aux mêmes dates un forum alternatif. Profitant de la présence dans la ville des chaînes de télévision et de journalistes venus du monde entier, ils y exposent leurs revendications, leurs critiques, leurs

1. Gilles Perrault, introduction au *Livre noir du capitalisme*, ouvrage collectif, Paris, Le temps des cerises, 2001, p. 5.

propositions. Le forum alternatif se concentre généralement sur la thématique choisie par le sommet des maîtres. Ceux-ci débattent dans le secret, cachés dans des bunkers, protégés par des barbelés, des murs de béton et des régiments de policiers armés. Le forum alternatif, lui, sera toujours une fête publique, joyeuse où les discussions analytiques alternent avec des représentations théâtrales, des cortèges et des concerts de musique.

Ces forums alternatifs, ces débats et ces défilés organisés lors des sommets des seigneurs ou de leurs séides constituent une des armes principales de la nouvelle société civile. Ils lui confèrent sa visibilité. Au cours de ces manifestations, des orateurs parlent, expliquent, revendiquent. Les caméras de télévision, les radios sont présentes et diffusent leurs messages dans le monde entier.

Lors de chacune des grandes manifestations – à Seattle, Davos, Gênes, Genève, Göteborg, Nice, Barcelone, Séville –, une forêt de pancartes, de drapeaux, de photos agrandies, de banderoles dominent les cortèges. Chacun d'eux porte une information, une revendication. Elles aussi sont filmées, transportées par les télévisions, les radios, la presse écrite aux quatre coins de la terre.

Les grandes manifestations publiques modifient le rapport de force entre les seigneurs et les manifestants.

Par ailleurs, toute manifestation de masse contribue à créer un surmoi collectif spontané.

Le forum alternatif réalise enfin ce que beaucoup de mouvements, d'ONG, d'associations peinent à réaliser : la communauté générationnelle.

Les hommes et les femmes de la nouvelle société civile planétaire proviennent des fronts du refus les plus divers. Leurs lieux de lutte sont séparés par des milliers de kilomètres. Ils sont issus de mémoires collectives, d'héritages culturels différents. Ils parlent des langues diverses, rêvent à des victoires locales et affrontent les mercenaires aux multiples visages des mêmes seigneurs.

Internet les mobilise. Le forum alternatif les unit, pendant quelques jours, dans la liberté. Comparant les barrages, barbelés et contrôles électroniques érigés par la police new-yorkaise tout autour de l'hôtel Waldorf-Astoria où siégeait en janvier 2002 le Forum économique mondial, et la totale liberté de circulation régnant à la même date à Porto Alegre, la revue *Neue Wege* écrit : « À Porto Alegre, un sourire suffisait pour obtenir l'accès au Forum social mondial[1]. »

Bien sûr, derrière chaque forum alternatif il y a un travail stratégique et tactique minutieux, une planification de plusieurs mois, parfois de plusieurs années. Car il faut à tout prix éviter les infiltrations, les débordements, les provocations.

Une organisation, appelée Action mondiale des peuples, dirigée, entre autres, par un homme exceptionnel, le Genevois Olivier de Marcellus, enseigne aux manifestants du monde entier comment exprimer pacifiquement leurs revendications, comment se prémunir contre les provocations, comment organiser le cortège le plus audible et le plus visible possible. D'autres groupes encore servent d'avant-gardes, de conseillers techniques, parfois de service d'ordre aux manifestants. Exemple : les *Tute Bianche* (les Tuniques Blanches), qui recrutent surtout dans les centres d'action sociale en Italie du Nord.

« Nos corps sont des armes » disent les Tuniques blanches. Le mouvement pratique la désobéissance civile non violente. Ses premières actions avaient été la prise et l'occupation de la prison pour demandeurs d'asile en voie d'expulsion à Milan, en janvier 2000. Les Tuniques

1. *Neue Wege*, Zurich, mars 2002, p. 80.

blanches que revêtent les militants sont en fait des débardeurs blancs, faits d'un tissu spécial qui protège du feu, des balles en caoutchouc et de la pénétration des gaz lacrymogènes. L'équipement est complété par un casque de chantier, des gants, un rembourrage aux épaules et aux genoux (à l'image des hockeyeurs), et un masque à gaz.

Le porte-parole des Tuniques Blanches est un jeune ingénieur de 35 ans, Luca Casarini, natif de Padoue. Doué d'une vive intelligence tactique, il utilise en maître les technologies contemporaines de la communication. Le site web des Tuniques Blanches communique en huit langues différentes.

Du 29 novembre au 4 décembre 1999, sur la côte pacifique des États-Unis, à Seattle, s'est tenue la Conférence ministérielle de l'OMC. Son titre officiel : Conférence mondiale du commerce. 135 délégations gouvernementales y ont participé. Cette conférence a été perturbée par la mobilisation de syndicats et de nombreux mouvements populaires et d'organisations non gouvernementales d'origines totalement différentes. Intitulée « Millenium Round », elle aurait dû aboutir à l'ouverture d'un cycle de négociations portant sur la libéralisation complète des marchés. Or, elle a été un échec total. Les délégations se sont séparées sans rien décider. La société civile a contribué d'une façon essentielle à cet échec.

Depuis Seattle et jusqu'à ce jour, la morosité règne au 154, rue de Lausanne à Genève. Après Seattle, l'OMC n'a plus osé organiser de conférence dans un pays démocratique. La dernière en date (novembre 2001) a eu lieu à Doha, dans l'émirat de Qatar…

Depuis le premier Forum social mondial tenu à Porto Alegre, au Brésil, du 25 au 31 janvier 2001, la nouvelle société civile planétaire se structure et s'organise. À chaque fois que les maîtres ou leurs mercenaires se réunissent quelque part dans le monde, les femmes et les hommes de la nouvelle société civile sont présents. Leur mobilisation est désormais quasi permanente. Ils se recrutent dans les syndicats, les mouvements populaires, les Églises, les organisations internationales non gouvernementales, rarement dans les partis politiques.

À Davos, à Washington, à Montréal, à Prague, à Nice, à Gênes, partout où les seigneurs convergent – pour une conférence du World Economic Forum, du G-8, de l'OMC, du Conseil ministériel de l'Union européenne, du Conseil de la Banque mondiale ou du FMI –, une forêt de pancartes critiques se lève. Les flots mouvants des manifestants encerclent les lieux de réunion.

Cette méthode de la contre-manifestation a le don d'exaspérer les séides des maîtres. Écoutons Mike Moore : « Ces gens se cachent derrière des cagoules ! Et ils traitent l'OMC d'organisation opaque ! Je dénonce en particulier une mentalité hypocrite et impérialiste chez les activistes des pays industrialisés qui prétendent comprendre les aspirations et les besoins des pays du Sud. J'en ai marre de ceux-là[1]. »

Encore Moore : « Je ne supporte pas que certains s'arrogent le droit de dire : “Nous venons pour empêcher les ministres de parler, pour les empêcher même de se rencontrer.” Surtout quand il s'agit de ministres de pays démocratiques. Cela est inadmissible. Quelle est la légitimité de ces groupes ? Nous devons être très fermes avec eux[2]. »

À quelque continent, peuple ou organisation qu'ils appartiennent, les combattants de l'espoir sont générale-

---

1. Entretien avec Ram Etweera, *op. cit.*
2. Mike Moore, in *L'Hebdo*, n° 20, Lausanne, 20 septembre 2001, p. 75.

ment des gens pacifiques. C'est contre leur volonté que, parfois, des groupuscules de casseurs (manipulés ou non par la police) se mêlent à leurs cortèges. En revanche, la violence répressive mise en œuvre par les forces militaires ou policières des États abritant les sommets ne cesse de s'accroître.

Prenons l'exemple de la réunion du G-8 à Gênes, en juillet 2001. Ce sommet a siégé du vendredi 20 au dimanche 22 juillet. Dans l'antique palais ducal, situé tout près des quais, les dirigeants des huit États les plus riches du monde étaient appelés à débattre de l'avenir des peuples. Sur les boulevards, plus de 200 000 hommes, femmes et adolescents, venus du monde entier, appartenant à plus de 800 mouvements populaires, syndicats, Églises, associations et ONG ont alors organisé des débats publics, du théâtre de rue, des concerts et des expositions de peinture en plein air. Toutes ces activités se développant sous le label « Genoa Social Forum », rassemblement autorisé par le gouvernement.

Un grand défilé devait parcourir les boulevards extérieurs le samedi après-midi 21 juillet. Le soleil était éclatant ce jour-là. À 17 h 30, sur la petite place Gaetano-Alimonda, un carabinier abattit d'un tir de revolver dans la tête le jeune manifestant Carlo Giuliani, un étudiant en histoire de 20 ans de l'Université de Gênes. Il mourut dans la soirée.

La nuit même, sur ordre du ministre de l'Intérieur de Silvio Berlusconi, Carlo Scajola, les commandos de la police spéciale attaquèrent l'École Diaz, le siège du Genoa Social Forum et lieu d'hébergement de beaucoup de manifestants et de manifestantes. Les locaux furent dévastés, de nombreux manifestants arrêtés. La plupart d'entre eux furent sévèrement battus, insultés. Beaucoup furent amenés à la caserne des carabiniers de Bolzaneto.

Là, des prisonniers furent jetés à terre, piétinés par les carabiniers. D'autres, à genoux, devaient chanter cette chanson sous peine d'un redoublement de coups :

Une, due, tre
Viva Pinochet !
Quatro, cinque, sei
A morte gli Ebreï !
Sette, otto, nove
Il Negretto non comuove[1] *!*

Les détenus français étaient nombreux, principalement des jeunes filles et des jeunes gens appartenant aux mouvements Attac, Greenpeace, Terre des Hommes, Action Contre la Faim, Amnesty International. Dans une cellule de Bolzaneto, un jeune homme fut fouetté, entravé par des menottes qui bloquaient sa circulation sanguine. Il a rapporté les paroles de son tortionnaire : « Tu es une merde française. Tu as frappé Gênes. Je veux que tu souffres[2]. »

D'autres jeunes gens appartenant au mouvement non violent des « Pinks » ont témoigné. Plusieurs filles du groupe, étudiantes à l'Université de Paris-Jussieu, avaient été matraquées une première fois sur les boulevards. Blessées, elles furent évacuées en ambulance vers l'hôpital Galiera. Là, elles furent interrogées par des policiers. Souffrant de douleurs intenses, l'une des jeunes filles demanda des médicaments. Le médecin répondit (à l'adresse de l'infirmière) : « Elle [la jeune

1. « Un, deux, trois / Vive Pinochet ! / Quatre, cinq six / Mort aux Juifs ! / Sept, huit, neuf / À bas les Nègres ! » Événements rapportés par les manifestants espagnols arrêtés, puis libérés, in *La Vanguardia*, Barcelone, 31 juillet 2001.

2. In *Libération*, Paris, 27 juillet 2001.

fille] ne recevra pas de soins tant qu'elle ne verra pas double, ne vomira pas et ne se traînera pas sur le sol[1]. »

Un garçon du même groupe raconte : « Ils ont relevé mon identité, confisqué mes effets personnels. Ils m'ont conduit dans un bâtiment contenant quatre cellules, où des jeunes étaient alignés contre les murs. Dans la dernière, une quinzaine de personnes, le front et les mains sur le mur à hauteur de tempe, les pieds reculés, en équilibre, avec interdiction de bouger. Je suis resté dans cette position pendant quatre ou cinq heures. Nous nous faisions frapper régulièrement sur les plaies, de façon à ne pas ajouter de traces à celles constatées à l'hôpital. Ils nous cognaient la tête contre le mur, je voyais mon sang dégouliner, j'ai demandé un avocat, je n'ai reçu que davantage de coups[2]. »

Les manifestants italiens ne furent pas mieux traités. En parlant de Bolzaneto, Dario Rossi, un avocat constitué par plusieurs familles plaignantes, dit : « C'était l'enfer... Certains d'entre eux [des détenus] seraient restés plus de huit heures debout, la tête contre le mur et insultés... J'ai lu plusieurs témoignages parlant de menaces de tortures et de viols[3]. »

Sous couvert d'anonymat, un policier écœuré, ayant assisté aux sévices, confiera : « Je sens encore l'odeur des excréments des personnes arrêtées auxquelles on interdisait d'aller aux toilettes[4]. »

Une deuxième méthode de combat à laquelle recourent volontiers les combattants de l'espoir est l'organisa-

1. *Ibid.*
2. *Ibid.*
3. Voir *Libération*, 27 juillet 2001.
4. *Ibid.*

tion de grandes marches. Il peut s'agir de traverser toute une ville ou tout un pays ou même plusieurs pays.

La marche des peuples est inscrite dans une belle et longue tradition. João-Pedro Stedile, du MST, le rappelle : *« O povo em movimento e uma expresão colletiva de força... desde Moïse »* (« Le peuple en marche est une expression collective de force... depuis Moïse »)[1].

Plus près de nous, il y eut la marche sur Washington des antiracistes américains de 1963, *The March on Washington for Jobs and Freedom*. Cette marche est la référence pour les organisateurs des marches contemporaines. Voici son histoire.

Le 19 juin 1963, le président John F. Kennedy présentait au Congrès sa proposition visant à interdire toute forme de discrimination raciale à l'embauche dans les services publics de l'Union, des États et des municipalités. Au Congrès et dans certains secteurs de l'opinion, l'opposition à la proposition Kennedy fut vive. C'est pourquoi le 28 août, les six principales organisations antiracistes du pays organisèrent une marche publique de soutien à la loi Kennedy. Elle contribua à infléchir l'histoire des États-Unis.

Plus de 500 000 personnes de tous âges, de toutes origines, de toutes les classes marchèrent du *Washington Monument* au *Lincoln Memorial*. À la cérémonie finale, Martin Luther King prit la parole : *« I have a dream... »*

Son discours fit le tour du monde[2].

1. João-Pedro Stedile, « Terra para todos, As armas do MST », entretien in *Caros amigos*, São Paulo, n° 39, juin 2000.

2. Sur l'historique de la Marche de Washington, cf. Anne-Sophie Paquez et Maximos Aligisakis, *Comment interpréter les marches en Europe ? Théories et typologies d'une expression de la société civile*, Mémoire de l'Institut européen de l'Université de Genève, Genève, 2001.

John F. Kennedy fut assassiné en novembre 1963. Le *Civil Rights Act* fut adopté par la Chambre des représentants et le Sénat le 2 juillet 1964.

Quant à Martin Luther King, il fut abattu par un tireur d'élite sur le balcon d'un motel, à Memphis, Tennessee, en 1968. La majorité des analystes pensent qu'il s'agit d'un acte de vengeance tardive.

Plusieurs marches récentes ont eu, elles aussi, des conséquences politiques et sociales considérables. En voici des exemples.

L'idée d'une marche mondiale des femmes avait été avancée en 1995 par la Fédération des femmes du Québec. Plusieurs marches régionales la précédèrent. En 2000, enfin, se déroula la Marche mondiale des femmes contre les violences et la pauvreté. Elle convergea vers le quartier général des Nations unies à New York le 17 octobre, Journée internationale de la lutte contre la misère. Au même moment, dans le monde entier, des dizaines de milliers d'autres femmes exprimèrent leurs revendications à travers une multitude de marches de soutien.

Il faut également mentionner ici les grandes marches contre le chômage et les exclusions organisées par des associations de chômeurs et des syndicats durant la deuxième moitié des années quatre-vingt-dix. Partis de Tanger, de Bosnie, de Laponie et d'Irlande, les dizaines de milliers de marcheurs d'une première marche aboutirent à Amsterdam en 1997, où siégeaient alors les ministres de l'Union européenne. Une deuxième marche, tout aussi impressionnante, arriva à Cologne en juin 1999, date de la réunion en cette ville du G-8.

Le Mouvement des travailleurs ruraux sans terre (MST) du Brésil utilise, lui aussi, les marches comme arme privilégiée pour former ses militants, informer l'opinion publique, et lutter contre ses adversaires. Sa première grande initiative nationale remonte à 1997. Cette année-là, plus de 200 000 personnes, parties deux mois auparavant de différentes cités de l'immense Brésil, se retrouvèrent le 17 avril sur la vaste esplanade de Brasília. Leurs revendications : *« Marcha nacional – Por reforma agraria, emprego e justiça »* (« Marche nationale pour la réforme agraire, l'emploi et la justice »).

Certaines des marches populaires précédentes du MST avaient fini tragiquement. Ainsi à Eldorado dos Carajas. En septembre 1995, plus de 2 000 familles sans terre, dont certaines erraient depuis des années sur les routes du Nord, vivant des quelques *reales* gagnés sur l'une ou l'autre des immenses *fazendas* de la région, créèrent un *acampamento* le long de la route nationale PA-225, sur le territoire de la municipalité de Curionopolis, dans l'État du Pará. Un camps de bâches de plastique noir, de cahutes fragiles, de fosses septiques, de petits jardins potagers s'étala bientôt des deux côtés de la route. Ces gueux visaient la Fazenda Macaxeira, un latifundium de 42 400 hectares, avec prairies et bois dont l'essentiel était depuis des dizaines d'années laissé à l'abandon. Conseillés par les avocats du MST de la région amazonienne, les miséreux demandèrent bientôt – comme les y autorisait la loi – l'expropriation des terres non cultivées et l'attribution des titres de propriété aux familles sans terre.

Les négociations avec l'INCRA (Institut national de la colonisation et de la réforme agraire, l'instance compétente du gouvernement fédéral) traînèrent en longueur. En février 1996, à bout de patience, mais aussi de vivres, d'eau et de bois de cuisson, ces hommes et ces femmes décidèrent de quitter leur campement et d'envahir la Fazenda Macaxeira.

Deux fois et demie plus grand que la France, l'État du Pará s'étend dans la partie méridionale du bassin amazonien. Pour les deux tiers, il est couvert d'une forêt dense. L'exploitation des bois précieux, l'élevage extensif, le cacao, le caoutchouc et l'or sont ses richesses.

L'esclavage a été aboli au Brésil en 1888. Il se pratique pourtant couramment dans l'État du Pará (mais aussi au Maranhão, au Piauí, etc.). Des recruteurs guettent les familles faméliques de migrants le long des routes, dans les gargotes des hameaux, dans les petits ports du fleuve et de ses affluents. Analphabètes à 90 %, les pères de famille sont prêts à signer n'importe quoi. Surtout s'ils reçoivent sur l'heure une petite « avance sur salaire »…

Une fois installés dans les cabanes, à l'intérieur de la clôture de la propriété, des gardes armés les empêchent de s'en aller. Quiconque réclame un salaire risque la torture, plus fréquemment la « disparition ». L'argument du propriétaire : avant de recouvrir sa liberté, le *caboclo* et sa famille doivent payer leur dette contractée pour survivre auprès de lui, à qui tout appartient (eau, gaz, outils, magasins d'alimentation, pharmacie, etc.). Ce qui évidemment est impossible[1].

Au palais du gouverneur à Belém, la capitale du Pará, l'invasion de la ferme Macaxeira provoqua la panique. Grâce aux militants du MST, l'invasion avait bénéficié d'une large publicité dans tout l'État. D'autres pauvres risquaient d'imiter les familles faméliques de Macaxeira.

Le gouverneur Almir Gabriel réunit son état-major et les principaux propriétaires de l'État. Habilement conseillé par des « experts en communication » venus de

1. Voir l'enquête de Larry Rother, « The twin plagues of Brazil : deforestation and slavery », *The New York Times*, New York, 7 avril 2002.

São Paulo, le gouverneur prit l'offensive médiatique. Sur les ondes de la radio, il promit aux occupants de transformer leur campement en *assentamento*, en coopérative, en bref : de leur accorder les titres de propriété sur la terre occupée. En même temps, les autorités du Pará annoncèrent aux familles l'envoi de camions chargés de vivres. Promesses évidemment mensongères.

Les semaines passèrent. Dans le campement, la faim fit les premières victimes. Des enfants moururent. Les gueux décidèrent alors de se mettre en marche. Avec leurs femmes et leurs enfants survivants, ils projetèrent d'atteindre la capitale Belém, distante de 800 kilomètres, afin de rappeler ses promesses au gouverneur. Sur les pistes poussiéreuses, plombées par le soleil, ils se mirent en route. À pied. Chargés de leurs hardes et munis du reste de leur pain et de quelques gourdes d'eau de la rivière.

Le 16 avril au soir, ils dormirent à la lisière d'un petit bourg amazonien, portant le beau nom trompeur d'*Eldorado de Carajas*. Ils reprirent la route le lendemain matin à l'aube. Mais la route cette fois était coupée.

L'embuscade était dressée par 155 policiers militaires munis de fusils d'assaut, de poignards et de mitraillettes[1]. Il était 11 heures du matin. Les tueurs envoyés par les autorités ouvrirent le feu presque immédiatement. Ils abattirent 19 travailleurs et blessèrent, la plupart gravement, 69 personnes, dont une majorité d'enfants et de femmes. 13 personnes furent exécutées

1. Chaque État brésilien a sa *Policia militar*, sorte de gendarmerie puissamment armée, mais généralement sans aucune formation professionnelle. Elle est commandée par le gouverneur. Dans le Nord et le Nord-Est, ces policiers sont souvent de véritables tueurs à la solde des propriétaires. Ailleurs, dans le Brésil, certains d'entre eux forment des escadrons de la mort, au service des commerçants ou des grands financiers.

d'une balle dans la tête après leur capture. 7 personnes disparurent. Fuyant la mitraille, les survivants se dispersèrent dans les plantations alentour.

Malgré leur dénouement parfois tragique, les marches restent pour les combattants de l'espoir du monde entier et de tous les fronts de résistance, une méthode de lutte privilégiée. Surtout lorsqu'elle dure plusieurs jours. La marche soude les marcheurs, favorise la circulation des informations, permet d'échanger les expériences accumulées par chacun. Des amitiés, des solidarités se nouent.

Dans le vaste arsenal des méthodes nouvelles (ou réactualisées) auxquelles recourent les combattants de l'espoir pour briser le silence des maîtres et rendre manifeste leur pratique, citons-en une dernière : celle de la réappropriation de l'espace public, utilisée par certains mouvements anglo-saxons.

Dans l'aire culturelle anglo-saxonne, trois revendications dominent : les droits civils et politiques, le droit au travail et le droit à l'espace public. Beaucoup plus que dans les pays latins, l'espace public fait problème dans ces pays[1].

En Angleterre, un mouvement d'une vitalité et d'une force de création magnifiques, Reclaim the Streets, organise périodiquement des actions spectaculaires qui, pour quelques dizaines d'heures, modifient de fond en comble le rapport de force entre les autorités et les usagers.

La nuit précédant l'action, des équipes de spécialistes des travaux publics appartenant à Reclaim the Streets se rendent en un lieu donné avec leurs marteaux-piqueurs,

1. Une conscience nouvelle de l'espace public commence à naître également dans certains pays latins. Cf. Michel Bassand, *Vivre et créer l'espace public*, Lausanne, Presses polytechniques romandes, 2001.

leurs barrières métalliques, leurs cadenas et autres outils. Ils coupent par exemple telle avenue ou tel boulevard sur un ou deux kilomètres en y creusant un fossé transversal en amont et un autre fossé en aval. Lorsque le jour se lève, les familles voisines envahissent le tronçon de route libéré. Ils y installent des tréteaux de théâtre, des kiosques à musique, des tentes pour dormir, des gargotes, des places de jeux, des podiums de débats. Aucune voiture, bien sûr, n'est admise. Seuls les bicyclettes, les chars à fleurs, les poussettes circulent. Tous les panneaux de publicité sont abattus.

En plein Londres, dans le silence et l'air pur soudainement rétablis, se déroulent alors de gargantuesques fêtes champêtres. La police, généralement, éprouve bien de la peine à « reprendre » la route. Ses négociations avec Reclaim the Streets peuvent durer des jours.

Une conviction habite cette organisation : l'espace public – les rues, les places, les parcs d'une ville – appartient à la population. Or, les prédateurs du capital financier détournent sans cesse l'espace public de son usage premier : par des panneaux publicitaires agressifs, le bruit, la puanteur, la pollution induite par la circulation des automobiles, des motos et des taxis. Il s'agit donc de reprendre à l'adversaire les espaces qu'il a volés au peuple.

Vivre une de ces fêtes organisées et planifiées avec précision par Reclaim the Streets est pour tout visiteur de Londres un événement inoubliable.

V

La terre et la liberté

Ce qu'Attac signifie pour la conscience collective européenne, le Movimento dos Trabalhadores Rurais Sem Terra (MST) du Brésil le représente pour les paysans du tiers-monde : un formidable laboratoire d'idées, une force de mobilisation, un contre-pouvoir.

Le Brésil est de loin la plus grande puissance économique et politique du continent latino-américain. Il est l'enfant chéri, le disciple modèle des institutions de Bretton Woods. Le pays vit sous un régime semi-présidentiel. De 1995 à 2002, rappelons-le, il a été gouverné par Fernando Henrique Cardoso, un adepte de la doxa néo-libérale, qui a suivi à la lettre les commandements du Consensus de Washington.

Le Brésil est l'une des puissances agricoles les plus considérables de la planète. L'étendue de ses terres fertiles est impressionnante. Or, 90 millions d'hectares de terres sont aujourd'hui encore considérées comme « terres de colonisation ». Personne ne les travaille. Elles ne sont pas cadastrées. Et à l'intérieur des fazendas existantes, les réserves de terres fertiles non utilisées sont également considérables : 16,1 millions d'hectares.

Aujourd'hui, le Brésil produit 100 millions de tonnes de grains par an. En utilisant toutes ses terres arables, il pourrait tripler sa récolte. D'autant que 43 % de sa population est rurale. Selon les critères élaborés par l'OCDE, 411 seulement des 5 507 municipalités du pays peuvent être considérées comme étant des villes[1].

Le modèle de développement agricole choisi par Cardoso est celui des États-Unis : de gigantesques entreprises agro-alimentaires, en nombre réduit, qui produisent, grâce à la rationalisation extrême de la production et à un intense investissement en capitaux, essentiellement pour l'exportation[2]. L'agriculture familiale est négligée parce que considérée comme non rentable. Le gouvernement préfère acheter des aliments à bas prix sur le marché mondial. Il en a importé pour une valeur de 9 milliards de dollars en 2001[3].

La logique des mercenaires du FMI est implacable : un pays endetté doit d'abord servir les banques créancières étrangères. Comment leur verser les intérêts et rembourser le principal ? En obtenant des devises sur le marché mondial. Comment gagne-t-on des devises ? En exportant.

Le MST s'oppose radicalement à cette politique. À la productivité à outrance, à la dollarisation de l'économie, à l'appropriation des terres par les sociétés multinationales, notamment nord-américaines, il oppose une politique qui vise en priorité à assurer la survie des 23 millions de familles paysannes.

Depuis le milieu de 2002, le MST se prépare à lancer une pétition populaire à travers tout le pays, contre l'entrée du Brésil dans l'ALCA. ALCA est l'abréviation

1. Le critère : à partir de 150 habitants au kilomètre carré, une agglomération est considérée comme étant une ville.

2. Il existe deux ministères de l'Agriculture à Brasília : l'un pour l'agriculture d'exportation, l'autre pour l'agriculture familiale.

3. Le Brésil avait été pratiquement autosuffisant en aliments avant l'arrivée du gouvernement ultralibéral et sa soumission totale au FMI.

de *Aerea de Livre Comercio das Americas*[1]. Il s'agit d'un projet des sociétés transnationales nord-américaines et du gouvernement de Washington, visant à étendre la zone de libre-échange nord-américaine (États-Unis, Canada, Mexique), appelée NAFTA, au continent tout entier. Pour le MST, l'intégration du Brésil dans l'ALCA reviendrait à se résigner à la perte totale de toute forme d'indépendance et de souveraineté nationales.

João-Pedro Stedile, un des vingt et un dirigeants nationaux du MST, dit : « *O nosso problema nao é capitalisme, o nosso debate é queremos garantir comida, trabalho e bem-estar para todo mundo* » (« Notre problème n'est pas le capitalisme, notre but est de donner à manger, de garantir travail et bien-être pour tout le monde »)[2]. Par la radicalité et la force de ses analyses, par sa capacité de mobilisation, par l'efficacité et l'intelligence de sa stratégie et de sa tactique de lutte, le MST est devenu exemplaire pour beaucoup d'autres mouvements populaires à travers le monde.

Au Brésil, 2 % des propriétaires possèdent 43 % de toutes les terres arables[3]. Herbert de Souza, dit Bethino, dénonçait autrefois les *capitanias eternais* (les capitaineries éternelles)[4]. Que faut-il entendre par là ?

---

1. Emir Sader *et alii, ALCA – Integração soberana ou soubordinada ?*, São Paulo, éditions Expressão Popular, 2001 ; « ALCA, os riscos do mercado continental », *Cadernos do Terçeiro Mundo*, Rio de Janeiro, numéro spécial, avril 2001.

2. João-Pedro Stedile, « Terra para todos, As armas do MST », *art. cit.*, p. 36.

3. Même l'actuelle loi sur la réforme agraire ne connaît pas de limite supérieure à la propriété de la terre, c'est-à-dire à l'étendue d'un latifundium.

4. Catholique, résistant à la dictature, exilé, Bethino fut, en 1993, l'organisateur de la première « Campagne nationale contre la misère et pour la vie ». Il est mort en 1997. Cf. Herbert de Souza et François Bugnion, *Revoluçoes da minha geração,* São Paulo, Editora Moderna, 1996.

Le Brésil fut « découvert », c'est-à-dire soumis, occupé, ses populations autochtones spoliées, souvent détruites, par les envahisseurs portugais au début du XVIe siècle. Le roi du Portugal distribuait les terres volées aux Indiens selon une méthode simple : il découpait la côte en tranches. Chacun de ses généraux, amiraux, courtisans ou évêques recevait un bout de côte. Le nouveau propriétaire se mettait alors en route vers l'intérieur. Toute la terre qu'il pouvait parcourir en ligne droite vers l'intérieur du continent inconnu lui appartenait. Ces nouvelles et gigantesques propriétés furent appelées *capitanias*. En 1821, la vice-royauté fit place à l'empire indépendant du Brésil. Puis l'esclavage fut aboli en 1888, la République proclamée en 1889. Mais même sous la République, les *capitanias* ont perduré de fait. D'où l'actuel régime archaïque, meurtrier, de la propriété de la terre au Brésil.

Le MST lutte pour l'accès à la terre pour des millions de familles paysannes sans terre qui errent sur les routes ou peuplent les sordides favelas des mégapoles. Sa méthode ? L'occupation des terres improductives, c'est-à-dire non cultivées par les latifundiaires absentéistes.

Comment se déroulent les occupations ? Drapeaux brésiliens et du MST en tête, les familles envahissent un latifundium. Elles dressent leurs huttes faites de bambous et couvertes de plastique noir. Elles organisent un *acampamento*, un campement sauvage, « illégal », sur la terre d'autrui.

Deux cas de figure peuvent se présenter. Soit la classe latifundiaire – comme dans l'État du Pará ou dans d'autres États du Nord et du Nord-Est – jouit de rapports privilégiés avec les gouverneurs et les « préfets » (les maires). La police militaire agresse alors les occupants, les chasse par la violence, et ceux-ci s'installent le long d'une route nationale, une loi fédérale déclarant territoire d'État une bande de terre de 11 mètres de profondeur des deux côtés de la route. En 2002, 20 % des 500 *acampamentos* existants sont installés le long des routes.

Soit l'occupation a lieu dans un *municipio* et dans un État où le préfet et le gouverneur sont indépendants et non corrompus par les grands propriétaires. La police militaire, alors, laissera les occupants en paix.

Dans le Rio Grande do Sul, où le Parti des Travailleurs (PT) est au pouvoir, les services municipaux ou d'État vont jusqu'à approvisionner les occupants en riz et en *fejao* (haricots noirs), aident au creusement des latrines, apportent par camions-citernes l'eau potable et financent l'installation d'écoles rudimentaires pour les adultes et les enfants.

Un matin pluvieux du mois d'août 2001, j'arrive avec João Rodriguez da Silva, un camarade du MST, 39 ans, métayer chassé de sa terre de São Matteus, dans l'État d'Espírito Santo, devant le premier cabanon de l'« *Acampamento* Chico Mendez », dans le *municipio* de Jacareï, vallée du Paraïba, État de São Paulo[1]. Le comité m'attend. Des anciens ouvriers licenciés des usines de métallurgie de São Bernardo, un libraire sans travail après la reprise de sa librairie par la FNAC au centre de São Paulo, des paysans sans terre migrants du nord du Pernambouc, deux femmes, dont l'une d'une grande beauté, en robe rouge, composent le comité.

Le ciel est lourd. Les nuages bas. Le latifundium de près de 2 000 hectares envahi au mois d'avril précédent est celui de Severo Gomez, le fils d'un sénateur, spéculateur immobilier et propriétaire de plusieurs fazendas. Expulsées violemment par les soldats de la police mili-

1. Chico Mendez est un ancien dirigeant paysan, qui fut assassiné par les *chacunças*, les tueurs professionnels des latifundiaires.

taire, les 75 familles (581 personnes) se sont repliées sur la bande de terre qui longe la route de Jacareï. Elles y ont reconstruit leurs huttes, dont les morceaux de plastique claquent au vent, planté leurs drapeaux, rallumé à l'air libre leurs petits fours métalliques pour cuisiner le manioc et le maïs, aménagé de minuscules jardins potagers, construit des latrines et planté deux champs collectifs.

La Commission pastorale de la terre (CPT), relevant de la Conférence des évêques du Brésil, et le syndicat des métallurgistes fournissent des sacs de riz, remplacent les bâches de plastique déchirées par la tempête, versent quelques sous pour le camion-citerne appartenant à une entreprise privée qui, de la ville éloignée de 5 kilomètres, apporte trois fois par semaine l'eau potable.

Je suis profondément ému devant le spectacle de ces ouvriers de tous âges, au chômage, pratiquement tous fils de travailleurs ruraux ayant grandi à la campagne et qui, maintenant, de leurs mains blessées, plantent avec un amour infini, dans la terre poussiéreuse, les tiges fragiles de manioc.

Une boîte de conserve rouillée, remplie de l'eau pourrie des flaques laissées par la pluie, sert d'arrosoir.

Quelques chiens faméliques, des poules bruyantes courent entre les cabanons. Avec d'immenses yeux noirs étonnés et joyeux, des nuées de gosses suivent les pérégrinations du visiteur.

Je demande : « Combien de temps pouvez-vous tenir ? »

Comme dans tous les autres campements que j'ai connus, la même réponse fuse : « L'éternité, camarade. »

Éclats de rire !

En dépit de la présence au comité du jeune libraire passionné par l'œuvre de Darcy Ribeiro[1], des syndica-

1. Romancier et sociologue, résistant contre la dictature militaire de 1964 à 1982, aujourd'hui décédé.

listes de São Bernardo et de la belle jeune femme à la robe rouge, le campement de Jacareï semble peu politisé. Des cours d'alphabétisation y sont, certes, régulièrement donnés – selon la méthode de Paulo Freire, dite *do opprimido* (« de l'opprimé »). Des textes du MST, des traductions du *Monde diplomatique*, des extraits de livres de Milton Santos, Celso Furtado, Teotonio Santos, Caïo Prado sont lus et commentés. Des banderoles variées et colorées flottent dans la brise. Devant le cabanon du comité une affiche, en grandes lettres rouges : *Fora FHC e FMI !* (« Dehors FHC et FMI ! »)[1].

Gilson Gonçales, 56 ans, a travaillé pendant trente ans comme ouvrier du bâtiment sur les grands chantiers urbains de São Paulo. Il est originaire d'une petite cité rurale du Minas Gerais. Sans travail depuis trois ans, il a suivi les cours du soir du MST dans la favela des quartiers est. Il a un beau visage d'ouvrier, le regard chaleureux, un corps superbement musclé. On sent que sa force physique est quasiment intacte.

Jailson Ferreira se tient à côté de lui. Il vient d'Ilhéus, dans le sud de l'État de Bahia, où ses parents étaient travailleurs saisonniers sur les grandes fazendas de cacao. Il a 28 ans, quatre enfants, une épouse usée par la misère. Immigré à São Paulo, il a connu Gonçales sur les chantiers. Ensemble, avec leurs enfants et petits-enfants (Gonçales en a huit) et leurs femmes, ils ont participé à l'occupation du latifundium en avril.

Le soir descend sur le campement. Les premiers feux s'allument. Depuis la mince bande de terre où s'alignent les huttes couvertes de plastique noir, Ferreira et Gonçales regardent avec envie la vaste plaine traversée par le fleuve qui s'étend de l'autre côté de la route.

1. Fernando Henrique Cardoso (FHC) était, à l'époque de ma visite, le président ultralibéral de la République.

Comme des Don Quichotte rêvant d'une utopie inaccessible, le regard perdu dans le crépuscule, ils s'exclament presque d'une même voix : « Ah quelle plaine ! Là nous pourrions planter du riz ! »

Ce rêve d'une terre nourricière, clémente aux pauvres, est la force secrète du MST.

La réforme agraire est inscrite dans la loi. L'INCRA (Institut national de la colonisation et de la réforme agraire) doit, en théorie, la réaliser. Mais il ne fait rien ou très peu, nombre de ses directeurs régionaux étant de mèche avec les grands propriétaires absentéistes.

Certes, il existe un appareil judiciaire relativement indépendant selon les États et les régions du Brésil. Or, la loi prévoit qu'une terre non cultivée peut être expropriée[1]. Les avocats du MST plaident, argumentent, luttent devant les tribunaux. Un rapport de force se met en place, qui est à la fois juridique, social, politique, et qui prend – du moins dans les États peuplés du Sud – l'opinion publique à témoin.

Si les avocats du MST ont gain de cause, les terres occupées sont expropriées, moyennant le versement d'une indemnité par l'État, et leurs titres transférés à une coopérative. L'*acampamento* sauvage devient ainsi un *assentamento*, une coopérative légale.

Tous les *assentamentos* du MST sont organisés en une fédération. Celle-ci fournit une assistance technique, procède aux achats d'équipements en gros, aide à la commercialisation des produits, etc. Le siège de la fédération est installé à São Paulo.

Depuis la fondation du MST en 1984, plus de 250 000 familles ont été installées dans des *assenta-*

1. Contrairement à la plupart des autres lois de la réforme agraire dans le monde, celle du Brésil ne fixe pas de limite supérieure à la propriété de la terre.

mentos, quand 100 000 familles vivent actuellement dans des *acampamentos*. Ce chiffre appelle une explication : il comprend les occupants actuels des *acampamentos*, mais aussi ceux qui ont dû quitter tel *acampamento* parce qu'il n'avait jamais reçu ses titres de propriété. Lorsqu'une répression policière ou de *chagunças*[1] est particulièrement violente, les familles se dispersent, retournent à la favela, disparaissent sur les routes. Ces victimes aussi sont comprises dans le chiffre cité.

Le MST estime aujourd'hui à plus de 4 millions les familles qui attendent un bout de terre pour survivre dans la dignité[2].

Comment le MST prépare-t-il ses « invasions » ? Des militants – hommes, femmes, jeunes et vieux – sillonnent les bidonvilles des mégapoles et des quartiers à l'abandon. Ce sont de vrais mouroirs. Le tiers, par exemple, des 12 millions d'habitants de l'aire métropolitaine de São Paulo vivent dans des favelas. À Recife, la moitié.

Du nord au sud de l'immense Brésil, les favelas sont peuplées en grande partie de travailleurs ruraux sans emploi, dont l'errance s'est achevée dans un baraquement infesté de rats, d'ouvriers au chômage permanent, d'employés licenciés. Ils sont quotidiennement humiliés par l'exclusion sociale et la recherche inutile d'un travail rémunéré.

Le désespoir rôde dans les favelas.

Les émissaires du MST arrivent la nuit. Ils discutent avec les habitants du baraquement. Ils doivent faire preuve d'une infinie patience et d'un grand sens pédago-

1. *Chagunças* : tueurs à la solde des propriétaires.

2. João-Pedro Stedile, « Terra para todos, As armas do MST », *art. cit.*, p. 37.

gique. Peu à peu, l'espoir, la dignité, pourtant, reviennent. Se souvenant de leurs racines rurales, les exclus se mettent à rêver de ce bout de terre qui permettrait de nourrir la famille, de reconquérir une vie digne. Ils prennent la décision de se lancer dans la lutte.

Le jour J, les camions du MST (ou du syndicat ou de l'Église, etc.) viennent les chercher avant l'aube. Ils les déposent dans les environs du latifundium.

Si les terres visées se trouvent à plusieurs centaines de kilomètres des favelas, le transport s'effectue par étapes, toujours couvert par le secret le plus absolu. Parvenus devant la première clôture de la *capitania*, les envahisseurs déploient leurs drapeaux. Les hommes marchent devant. Souvent, ils chantent des cantiques religieux ou des chansons populaires du Nord-Est.

Environ la moitié seulement des « invasions », des *acampamentos*, se transforment en *assentamentos*, en coopératives légalisées. Les familles resteront parfois des années et des années sous les bâches de plastique noir, le long des routes nationales, avant, peut-être, de devoir renoncer.

Les avocats du MST font un travail magnifique. Mais ils ne peuvent faire des miracles. Contre la mauvaise foi de nombre d'administrateurs de l'INCRA, contre les alliances nouées entre grands propriétaires terriens absentéistes et politiciens, le droit, très souvent, est impuissant.

La corruption de la justice joue aussi son rôle : fréquemment les avocats du MST ne parviennent pas à arracher les titres de propriété alors que la loi est clairement en leur faveur, cette loi qui prévoit l'expropriation des terres arables non cultivées.

Et puis il y a les stratégies de terreur mises en œuvre par les gouverneurs et les préfets corrompus à la solde des latifundiaires, contre ceux d'entre les envahisseurs qu'ils considèrent comme des meneurs. En vingt ans, le MST a perdu plus de 1 800 cadres – hommes et femmes – de valeur, victimes d'assassinats commis par les escadrons de la mort et les *pistoleros*[1].

Durant les premiers six mois de 2001, 11 jeunes gens et jeunes filles, militants et organisateurs du MST, notamment issus de la région de São Paulo, ont ainsi été assassinés par des inconnus. Certains chez eux, dans leur sommeil.

Auprès des classes moyennes, le MST jouit d'une réputation épouvantable. La chaîne de télévision Globo, la plus puissante du pays, le ministre de la Réforme agraire, Jungmann, la revue *Veja* et d'autres organes de la grande presse conservatrice mènent contre le mouvement, depuis des années, une campagne de calomnie systématique. Les jeunes gens et jeunes filles du MST sont traités de bandits, de délinquants qui s'attaqueraient à la propriété des braves gens. Quant aux miséreux qu'ils tentent d'aider, TV Globo les montre comme des pouilleux abîmés par la *cachaça*[2].

Ce contexte encourage bien sûr l'impunité des assassins.

Or, malgré la diffamation et les assassinats, la volonté de résistance, la détermination des « sans-terre » s'accroît d'année en année. Le mouvement se renforce, progresse, convainc toujours plus de démunis, arrache des titres de propriété, s'étend par tout le pays, rugit comme un torrent en crue et fait naître l'angoisse au cœur des prédateurs.

Au sens précis et authentique du terme, le MST brésilien incarne aujourd'hui, et pour des millions d'êtres

1. José Are Arbex Jr., « Anistia ? Que anistia ? », *Sem Terra*, São Paulo, juillet-septembre 1999, p. 26 *sq*.

2. L'alcool de canne à sucre, la boisson du pauvre.

humains à travers le monde, l'espérance concrète d'une révolution victorieuse.

Au sein des masses martyres du Brésil, le MST a contribué à faire renaître l'espérance et l'esprit de lutte. Et son rayonnement est tel qu'il a inspiré d'autres mouvements populaires nouveaux qui n'ont rien à voir ni avec les capitaineries ni avec la réforme agraire. Exemple : le Mouvement urbain des travailleurs sans toit (Movimento dos Trabalhadores Sem Teto). Dans les grandes villes, les sans-logis se comptent par centaines de milliers. Le mouvement des sans-toit puise son inspiration aux mêmes sources que le MST : la théologie de la libération, le syndicalisme et le socialisme démocratique. Le mouvement des sans-toit est puissant, surtout dans les États de Rio de Janeiro, de São Paulo, du Paraná et du Mato Grosso.

Sur une colline pelée, jaune, coiffée d'un bosquet d'eucalyptus, j'ai visité l'*acampamento* de Guarulhos, à 100 kilomètres de la limite métropolitaine de São Paulo. La colline est en bordure de ville. Elle descend doucement vers une vallée et une rivière. La vallée et la colline appartiennent à un spéculateur immobilier, allié politique du maire de Guarulhos.

Environ 8 000 familles, soit près de 45 000 personnes venues de l'immense zone du grand São Paulo, occupent les milliers de huttes couvertes de plastique noir et surmontées d'une forêt de drapeaux. Plus de 5 000 autres familles attendent de les rejoindre dans les favelas alentour.

Une clinique rudimentaire, des jardinets, des écoles aux bancs de bois brut, des latrines, une pharmacie, des citernes d'eau constellent la colline. Ceux des occupants qui ont un travail rémunéré en ville financent ces installations. L'Église, les syndicats apportent leur aide. Il est difficile de s'orienter dans le dédale du camp. L'océan de plastique noir croît sans cesse. Une foule immense y circule.

« Qu'est-ce que tu écris ? » me demande Jotta, le président du comité de l'*acampamento* de Guarulhos, en jetant un regard méfiant sur mon cahier rouge. Jotta est un jeune homme blême, aux cheveux noirs, à la démarche féline, son autorité est reconnue. Rescapé du massacre d'Eldorado de Carajas, en Amazonie, il a établi avec ses camarades un système de sécurité et de vigilance strictes dans le camp. Au-dessus de nous, tourne un hélicoptère noir de la police fédérale. Je peux voir le cameraman, une jambe dans le vide. Il filme consciencieusement ma visite.

Comme dans des dizaines d'autres occupations urbaines à travers le Brésil, la colline pelée de Guarulhos, organisée par le Movimento dos Trabalhadores Sem Teto, le Mouvement des travailleurs sans toit, contrecarre un projet de spéculation foncière. La colline de Guarulhos était, en effet, destinée à accueillir un projet de construction de villas de luxe lancé par le maire et ses amis spéculateurs. Mais l'occupation par le Mouvement des travailleurs sans toit, le matin du 19 mai 2001, les a pris de court.

On appelle *grillhero* l'escroc qui réussit, grâce à des titres habilement falsifiés, à transformer des terres appartenant à la collectivité (à la municipalité, à l'État, à l'Union) en propriétés privées. La colline de Guarulhos est un exemple type de *grillagem*. À la *prefeitura* (mairie) de la ville, les seigneurs mafieux sont influents. Certains fonctionnaires « authentifient », contre monnaie sonnante, tous les titres de propriété falsifiés présentés par les mafieux…

L'adjoint de Jotta est un petit métis maigrichon portant sur la tête un bonnet de laine. Il s'appelle Gilson Oliveira Walter, dit « Chocolate ». Fils de paysan ruiné, il est tout de même parvenu à faire un apprentissage d'électricien au Paraná, au sud. Licencié il y a cinq ans – il en a maintenant 24 – il n'a jamais retrouvé de travail. Nulle part. La police fédérale fait bien son travail. Les listes noires des militants du MST, qu'elle établit, tient à jour et diffuse dans tout le Brésil, empêchent toute embauche, où que ce soit, de l'ouvrier ou de l'ouvrière indocile.

La colline est régie par des règles démocratiques rigoureuses. Chaque « quartier » du camp dispose de sa propre brigade de travail, qui assure toutes les tâches d'utilité publique (latrines, évacuation des ordures, distribution d'eau, de nourriture, collecte de fonds, sécurité, formation politique, infirmerie, jardins potagers, etc.). Les noms des six brigades sont révélateurs de l'esprit qui souffle sur la colline : « Terra e libertad » (Terre et liberté) ; « Nossa terra » (Notre terre) ; « Zumbi das Palmarès » (du nom du chef des esclaves insurgés de Palmares, État d'Espírito Santo, au XVIIIe siècle) ; « Paulo Freire » (pédagogue antifasciste brésilien) ; « Chico Mendez » (dirigeant paysan assassiné) ; « Antonio Conselhero » (prêtre insurgé contre les latifundiaires de l'État de Bahia, au XIXe siècle).

Patricia Baretto est une belle étudiante brune, responsable des écoles Bertolt Brecht et Rosa Luxemburg. Grâce à l'appui de plusieurs groupes d'étudiants et de professeurs des Universités de Campinas et de São Paulo, les cours d'alphabétisation y sont pratiquement donnés 24 heures sur 24.

L'école Bertolt Brecht est un hangar ouvert, couvert de tuiles posées sur des poutres. Une foule bigarrée s'y presse. Des vieilles paysannes ridées aux yeux rieurs, des hommes graves aux cheveux gris, des adolescents, des jolies filles et des invalides, des enfants. Ils sont caboclos, africains, métis, fils ou filles de Japonais, de

Calabrais, de Piémontais, de Portugais, de Tyroliens, d'Espagnols, de Libanais…

L'atmosphère y est studieuse.

Lors de ma visite, trois phrases sont inscrites au tableau noir :

Cabeça vacia é officina do diabo (Une tête vide attire le diable) ; *Quem tem fome tem pressa* (Celui qui a faim est pressé) ; *Puniçao aos assassinos de Carajas !* (Punition pour les assassins de Carajas).

Cette dernière exhortation tient du vœu pieux. Bien évidemment, aucune des victimes des massacres de Carajas n'a été vengée. Ni le gouverneur ni les latifundiaires n'ont été inquiétés. Quant au colonel Pantoja, qui a donné l'ordre d'abattre les femmes et les enfants, il pérore à la télévision et dans la presse[1].

Quelle est, en 2002, la situation dans l'*acampamento* de Guarulhos ?

Les seigneurs mafieux ont requis la police militaire (PM) de l'État de São Paulo afin de faire expulser les milliers de familles réfugiées sur la colline. Mais le commandement de la PM hésite : le gouverneur de l'État est un social-démocrate.

Devant les tribunaux, les avocats du mouvement des travailleurs sans toit contestent les titres de propriété des spéculateurs.

Sur le terrain, la situation est bloquée. São Paulo n'est pas l'Amazonie. L'organisation d'une provocation suivie d'un massacre comme à Eldorado de Carajas ne semble guère possible. L'État de São Paulo compte une opinion

1. Depuis 1996, une enquête est en cours, menée par la justice de l'État du Pará. Une première audience de procédure avait finalement été fixée au 8 avril 2002, à Belém. Le président du tribunal a renvoyé le procès.

publique éclairée, une presse puissante et indépendante, des syndicats et une Église catholique attachée à la défense des sans-logis.

Des assassinats sélectifs ? Les seigneurs mafieux s'y sont essayé. Mais le service de sécurité du campement, organisé par Jotta, a réussi à déjouer ces tentatives.

En 2002, l'issue de la bataille de Guarulhos reste indécise.

EN GUISE DE CONCLUSION

L'aube

Dieu n'a pas d'autres mains que les nôtres.

Georges Bernanos
Le scandale de la vérité.

Pour certains philosophes des Lumières – et notamment pour Jean-Jacques Rousseau – une société naturelle a précédé la société civile[1]. Celle-ci a donné naissance à son tour à la société politique, c'est-à-dire à l'État. Selon Rousseau, chaque étape de cet enchaînement marque un progrès qualitatif. La société de nature est « inférieure » à la société civile. Et la société civile – pour assurer l'épanouissement complet de l'homme – doit faire place à la République.

1. Deux études récentes retracent l'archéologie de la notion de société civile et tentent de faire le lien avec les résistances collectives fractionnées actuelles. Voir la *Revue sénégalaise de sociologie*, dirigée par Boubacar Ly, Université Gaston-Berger, Saint-Louis, numéro double, 1998-1999, intitulé *La Société civile*. Voir aussi *Société civile, lieu des luttes sociales*, numéro spécial, *Revue Alternatives-Sud*, dirigée par François Houtard, Centre tricontinental, Université Louvain-la-Neuve, 1998.

La société naturelle, dans cette acception, est une formation sociale précise. Elle n'est pas gouvernée par le hasard ni par la violence. Elle connaît des institutions qui garantissent l'ordre social. Ce sont essentiellement la famille, le clan, la tribu.

Mais ces institutions sont fragiles, leur rayon d'action limité. Leur action protectrice se limite à un nombre réduit de personnages.

Dans la société de nature, l'homme ne se sent solidaire que de ceux qu'il connaît physiquement – ou du moins de ceux avec lesquels il se reconnaît une parenté par le sang ou le mythe. Quiconque se meut en dehors de la structure familiale, clanique ou tribale est un étranger. Il incarne l'altérité radicale, l'imprévisibilité, la menace. Il est donc combattu, chassé, sinon tué.

La société de nature est une société primitive et faible. Elle n'a que très peu à voir avec la civilisation complexe, aux significations foisonnantes, telle que les hommes l'ont construite tout au long de l'Antiquité, du Moyen Âge, de la Renaissance.

La civilisation naît de la société civile. De quelle façon ? À un certain moment de l'Histoire, et pour des raisons qui sont autant d'hypothèses, les hommes se mettent à nouer des relations avec d'autres hommes qui ne sont pas de leur sang. Auparavant, l'identification, la solidarité avec l'autre se limitaient à la famille, au clan, au village, autrement dit à ceux dont on connaissait le visage et dont on éprouvait physiquement la présence. Avec la naissance de la société civile – de la norme, de la morale, des institutions civiles – l'homme devient solidaire d'autres hommes qu'il ne connaît pas et qu'il ne rencontrera probablement jamais.

Parlant de la société de nature, Jean-Jacques Rousseau glisse constamment d'un niveau de réalité à un autre.

Le premier niveau est celui de la chronologie historique. La société de nature est la première de toutes les formations sociales connues. Elle se situe très loin dans l'Histoire. En revanche, une très courte distance historique sépare la société civile de l'émergence de la société politique.

Le second niveau d'analyse de Rousseau est existentiel. Au cours de sa socialisation, l'individu contemporain passe nécessairement par les trois stades sociétaux. La société de nature est, en quelque sorte, la forme-source de sa socialisation, la matrice première de son devenir humain.

Écoutons Rousseau : « La plus ancienne de toutes les sociétés et la seule naturelle est celle de la famille. Encore, les enfants ne restent-ils liés au père qu'aussi longtemps qu'ils ont besoin de lui pour se conserver. Sitôt ce besoin cesse, le lien naturel se dissout. Les enfants, exempts de l'obéissance qu'ils devaient au père, le père exempt des soins qu'il devait aux enfants, rentrent tous également dans l'indépendance. S'ils continuent de rester unis ce n'est plus naturellement, c'est volontairement, et la famille elle-même ne se maintient que par convention. Cette liberté commune est une conséquence de la nature de l'homme. Sa première loi est de veiller à sa propre conservation, ses premiers soins sont ceux qu'il se doit à lui-même, et, sitôt qu'il est en âge de raison, lui seul étant juge des moyens propres à se conserver devient par là son propre maître[1]. »

J'ai fréquemment, dans ce livre, recouru à l'expression « capitalisme de la jungle ». Lorsque les fonctions normatives de l'État sont paralysées et que s'affirme le

1. Jean-Jacques Rousseau, *Du contrat social* (1762), chapitre II, « Des premières sociétés », in *Œuvres complètes*, vol. III, Paris, Gallimard, coll. « La Pléiade », 1964, p. 352.

capital financier, la société elle-même se défait, la jungle menace. Une régression se produit : le gladiateur devient la figure emblématique du modèle social dominant. Le fort a raison, le faible a tort. Toute défaite est méritée et ne trouve son explication que dans les faiblesses du sujet défait lui-même. Les principes fondateurs de la doxa néo-libérale – maximalisation des profits, compétition sans limite ni protection, universalisation de l'échange marchand et liquidation des cultures autochtones – contredisent radicalement toutes les valeurs héritées du siècle des Lumières. Or, ces valeurs constituent le fondement de la civilisation européenne.

Ainsi, non seulement l'État et la société politique, mais aussi la société civile telle que Rousseau l'avait comprise sont battus en brèche par l'empire du capital. À première vue, donc, on pourrait penser que l'empire du capital sauvage renvoie l'humanité à l'état de nature. Cette vision serait pourtant erronée. Si fragile que soit la société naturelle, elle comporte en effet certaines structures fondatrices d'un ordre social : la solidarité, la réciprocité, la complémentarité entre les êtres. Rien de tel n'est produit par le capitalisme de la jungle.

En mettant sous tutelle l'État national, en érodant sa capacité normative, les oligarchies régnantes du capital mondialisé ne renvoient donc pas les sociétés qu'elles agressent à l'« état de nature ». Sur les ruines de la société politique ne renaît pas, comme par enchantement, la société de jadis.

Regardez les mégapoles de l'hémisphère sud ! Partout des milliers d'enfants abandonnés sniffent leur colle pour tromper la faim, errent le long des avenues, subissent les violences policières, les viols et les tortures, souffrent, désespèrent – et meurent souvent avant même d'avoir atteint l'adolescence.

Dans les sordides favelas de São Paulo, les *ranchos* de Caracas, les *barilladas* de Lima, les *shanty towns* de Kampala ou les bidonvilles de Bombay, rares sont les familles restées intactes. Et que devient la solidarité plus vaste, celle qui naît de l'appartenance clanique ou tribale ? Émiettée, disparue, effacée de la mémoire !

La prostitution des femmes et des adolescents est un fléau commun des mégapoles : il s'agit presque toujours d'une prostitution de la misère extrême, pratiquée par des mères de famille pour nourrir leurs enfants, ou par des jeunes filles ou jeunes gens obligés d'assurer la survie de leurs frères et sœurs plus petits.

Là où les séides de l'empire règnent en maîtres, toute vie sociale organisée disparaît.

Avec quelles conséquences politiques ?

L'universalisation par la force du Consensus de Washington provoque un transfert de souveraineté. L'enveloppe institutionnelle des États reste, certes, intacte, mais le pouvoir qui s'exerçait à travers les institutions d'État est progressivement exercé par les appareils du capital financier. Ce sont les maîtres eux-mêmes qui ont baptisé ce nouveau pouvoir *stateless global governance*.

La situation, bien sûr, est un peu plus compliquée que cet énoncé le laisse entendre. Nous sommes confrontés à un théâtre d'ombres. Dans la vitrine de l'actualité, ce sont les États qui s'agitent. Le Conseil général de l'OMC est composé de 144 représentants d'États. De même à la Banque mondiale ce sont les États qui nomment les gouverneurs et les gouverneurs suppléants. Même chose au FMI : ce sont les États qui administrent formellement l'institution et définissent sa stratégie.

Mais ce n'est là que l'apparence des choses, la réalité est tout autre. Prenons un exemple. L'Union européenne est l'une des deux puissances dominantes (l'autre étant les États-Unis) des institutions de Bretton Woods et de l'OMC. Or, nous l'avons vu, la stratégie et la politique de l'UE sont fixées par le « Comité 133 », une instance non officielle, ignorée des statuts et traités de l'UE. Ce qui n'empêche pas qu'avant chaque nouveau round de négociations, le Comité harmonise les intérêts et points de vue des principales sociétés transnationales et groupes financiers d'Europe[1].

Autrement dit : les États restent les figures de référence, mais leurs représentants exercent de moins en moins de pouvoir réel. Et l'on peut dire aujourd'hui que la rationalité du capital financier mondialisé surdétermine la réflexion et l'action de presque tous les gouvernements du Sud comme du Nord.

Bien sûr, des différences notables doivent être signalées. Entre un gouvernement puissant comme celui de la France, et un gouvernement faible, comme celui du Niger, par exemple, il existe des différences notables.

Le Premier ministre français peut ruser pendant quelque temps avec les maîtres du monde. Il peut leur imposer des concessions, les contraindre à respecter la façade démocratique de l'État. La France l'a prouvé lorsqu'elle a imposé le principe de l'« exception culturelle » à l'OCDE et à l'OMC. Contre la libéralisation complète du marché des biens culturels, la France maintient certaines clauses protectrices au nom de la protection de sa propre culture, notamment télévisuelle et cinématographique. Le Premier ministre nigérien, lui, ne pourra ni ruser ni arracher des concessions. Il est livré aux mercenaires des seigneurs tel un mendiant aux bandits de grand chemin.

Pour prendre la mesure de la perte de contrôle par les États de leurs économies respectives, analysons la dispo-

1. Voir p. 186.

sition de l'OMC dite du « traitement national élargi ». À l'intérieur de chaque pays du monde, et conformément aux règles fixées par l'OMC, chaque entreprise transnationale peut exiger de bénéficier du « traitement national élargi ». De quoi s'agit-il ? Interdiction est faite à tout gouvernement de favoriser, par des mesures fiscales, douanières, de subvention ou autres, tel ou tel secteur particulier de son économie nationale[1]. Mener une politique économique nationale n'est donc plus possible. Par ailleurs, l'OMC exige l'application des mêmes conditions pour tous les investisseurs, qu'ils soient nationaux ou étrangers. Ce qui revient à liquider purement et simplement la souveraineté de l'État.

Comment, sur le marché ivoirien, par exemple, une usine de traitement de fèves de cacao appartenant à un Ivoirien peut-elle soutenir la concurrence avec une usine construite à côté par Nestlé ? Cette dernière sera dotée de tous les capitaux nécessaires, de l'équipement le plus moderne. Elle bénéficiera des conditions de commercialisation privilégiées accordées par la holding Nestlé à toutes ses succursales. L'usine érigée, financée, dirigée par l'Ivoirien n'a donc aucune chance de survivre plus de quelques semaines. Et l'État ivoirien n'est donc pas en mesure de protéger sa propre industrie.

Les prédateurs et leurs mercenaires ont en horreur la norme d'État. Pourtant, ils utilisent volontiers le vocabulaire étatique. C'est ainsi qu'ils nomment « parlement virtuel » le marché libéralisé. Dans les sociétés civilisées, il y aurait donc désormais deux types de parlements en action : le parlement démocratiquement élu par les citoyens, et le « parlement virtuel », institué par la loi

1. Généralement, la situation est plus scandaleuse encore : les sociétés étrangères négocient avec l'État hôte des conditions (fiscales, etc.) plus avantageuses que celles accordées aux entreprises nationales.

de l'offre et de la demande. Il va sans dire qu'entre le parlement républicain et le parlement marchand, il existe un abîme : celui qui sépare la souveraineté fictive de la toute-puissance. Et c'est le « parlement virtuel » qui, de plus en plus, décide du destin des hommes et des choses.

Dans l'histoire des hommes, la souveraineté constitue une conquête majeure. Elle a à faire avec les droits de l'homme, les libertés publiques, en bref : le contrat social. Elle incarne la volonté collective, l'égalité devant la loi, l'autonomie des citoyens. Le parlement et le gouvernement que j'ai élus sont souverains : ils sont là pour protéger la loi et garantir l'ordre.

Comment naît la loi ? Chaque citoyen se défait librement d'une parcelle de sa liberté afin que la liberté de tous soit protégée. La norme naît de ma liberté librement amputée. La loi incarne l'intérêt général. Je sacrifie une partie de ma liberté à la loi. Celle-ci, désormais, protège ma liberté. Elle me permet de me consacrer à ma vie.

Des élections au suffrage universel et secret ont lieu périodiquement. Un président de la République peut donc être chassé du pouvoir par les électeurs, révoqué, dans certaines conditions, par le Parlement ou acculé à la démission.

La souveraineté conquise par les « gigantesques personnes immortelles » constitue la négation pure et simple de ces principes et des institutions qui en découlent. Elle s'impose par la violence. Elle n'a que faire des droits de l'homme, des libertés publiques, de l'autonomie des citoyens. Elle engendre l'aliénation et l'esclavage.

Une « mégacorporation » qui domine un pays du tiers-monde ne règne peut-être pas pour l'éternité, mais ses victimes ne peuvent ni la contrôler ni la révoquer. Et aucun pouvoir au monde, sauf une autre mégacorporation peut-être, ne saurait mettre fin à son empire.

Jean-Jacques Rousseau écrit : « Dans les relations d'homme à homme, le pis qui puisse arriver à l'un est de se trouver à la discrétion d'un autre[1]. »

Ce que les philosophes des Lumières n'avaient pas imaginé dans leurs pires cauchemars est en train de se réaliser aujourd'hui : une tyrannie privée, exercée sur tous les peuples, par des personnes immortelles.

Inutile de fouiller les ruines ! Prétendre restaurer l'État national républicain serait absurde.

Les prédateurs et leurs mercenaires ont sapé ses fondements en privatisant le monde. Mais ils ne sont pas parvenus à briser l'espoir, le rêve de liberté enfoui au plus profond de l'homme. Une chanson paysanne du Venezuela résume leur échec :

Se puede matar el hombre,
Pero no mataran la forma
En que se alegraba su alma
Cuando soñaba ser libre[2] *.*

L'Histoire réserve bien des surprises ! Pendant plus d'un siècle, les révolutionnaires ont rêvé du dépassement de l'État, de l'abolition de toute contrainte, bref : de la libre fédération des producteurs librement associés. Or, ce ne sont pas les révolutionnaires libertaires mais bien les prédateurs et leurs séides qui ont tué l'État.

La voie est désormais libre pour la nouvelle société civile planétaire.

---

1. Jean-Jacques Rousseau, *Discours sur l'origine et les fondements de l'inégalité parmi les hommes*, *op. cit.*, p. 43.

2. « Ils peuvent tuer l'homme, / Mais ils ne peuvent tuer la façon / Dont son âme se réjouit / Lorsqu'elle rêve d'être libre. » Cf. *Vas caminandos sin huellas*, collection de chansons latino-américaines, Vienne, éditions Plaene, 1974.

Karl Marx lance cet avertissement : le révolutionnaire doit être capable d'« entendre pousser l'herbe ». Une société planétaire radicalement nouvelle, composée de mouvements sociaux, d'organisations non gouvernementales, de syndicats rénovés, dotée de modes d'organisation, de structures mentales, de méthodes de lutte totalement inédites est en train de s'affirmer sous nos yeux. Pour la comprendre, une extrême attention est requise, une absence complète d'idées préconçues.

Franz Hinkelhammert écrit : « Qui ne veut pas créer le ciel sur terre y crée l'enfer[1]. »

La nouvelle société civile planétaire revendique le droit à la vie. Elle refuse la vieille ruse des anciens militants anti-impérialistes qui prétendaient vouloir battre leurs ennemis « les uns après les autres ». Tout compromis lui fait horreur. Elle refuse les alliances tactiques quelles qu'elles soient. Pour elle, il n'existe ni ennemis principaux, ni ennemis secondaires ou de troisième ordre.

Tout ce qui empêche l'éclosion immédiate, concrète et sans entraves de la vie est son ennemi.

Elle vit dans la contemporanéité la plus absolue. Le temps, c'est de la vie humaine. Elle a profondément intériorisé ce mot de Sénèque : « Notre seule vraie propriété est le temps. »

D'où la radicalité de ses revendications. La bataille qui n'est pas gagnée aujourd'hui risque d'être perdue à jamais.

Dans le *New York Times Magazine*, Thomas Friedman exige des combattants de l'espoir un programme détaillé

1. Franz Hinkelhammert est l'un des principaux théoriciens de la théologie de la libération. Voir son entretien avec Willy Spieler, in *Neue Wege*, Zurich, 2001.

et l'explication des étapes de sa réalisation[1]. Le World Economic Forum lui fait écho. Son président Klaus Schwab veut connaître sur l'heure les projets précis de l'« autre monde » et met en demeure les mouvements de dévoiler leur programme, faute de quoi « aucun dialogue » n'est possible, dit-il[2].

En réponse, plus de 60 000 hommes et femmes, venus des cinq continents et appartenant à plus de 2 000 mouvements sociaux différents, se sont retrouvés en 2002 au second Forum social mondial de Porto Alegre, au Brésil. Ils exigent l'abolition du FMI et de l'OMC ; la suppression des paradis fiscaux, des *rating agencies* et de l'indépendance des banques centrales ; la fermeture de la bourse des matières premières agricoles de Chicago ; l'interdiction des brevets sur le vivant et des OGM ; la remise sans contrepartie de la dette extérieure des pays du tiers-monde ; l'introduction de la taxe Tobin et du contrôle public des fusions d'entreprises ; la création au sein de l'ONU d'un Conseil de sécurité pour les affaires économiques et sociales ; la revendication des droits économiques, sociaux et culturels de l'homme et leur prise en compte par le droit positif.

La société civile fraternelle et solidaire, plus libre et plus juste qui naîtra sur une planète débarrassée des prédateurs est en voie de création. Quel sera son visage ? Nul ne le sait. Les combattants de l'espérance savent avec certitude ce qu'ils ne veulent pas, mais leur certitude s'arrête là.

À l'aube du 14 juillet 1789, deux détachements de Gardes françaises et des miliciens bourgeois assiégèrent la forteresse de la Bastille, en plein cœur de Paris. Avec

1. Numéro du 28 mars 1999.

2. Klaus Schwab, adresse inaugurale au World Economic Forum, New York, 31 janvier 2002.

ses fossés remplis d'eau, large de 25 mètres, et ses murs hauts de 30 mètres, elle défiait l'assaut populaire. De tout le faubourg Saint-Antoine, les artisans affluèrent. C'est alors que les citoyens amenèrent cinq canons qui furent placés devant la porte de la forteresse.

Le gouverneur de Launay capitula. Il fit abaisser le pont-levis.

Le peuple se rua.

Qui aurait pu deviner la suite ?

Walt Whitman nous offre ces vers : « *He awoke at dawn and went into the rising sun... limping* » (« Il se réveilla à l'aube et marcha vers le soleil levant... en boitant »).

Des millions d'êtres à travers le monde sont à présent réveillés.

N'acceptant pas la privatisation du monde, ils ont décidé de s'organiser, de lutter pour un autre monde.

L'immense cortège des insurgés est en marche. Il avance. Dans l'incertitude, en boitant.

La libération de la liberté dans l'homme est son horizon.

La légitimité du mouvement est indiscutable. Il parle au nom des millions de victimes tombées tout au long des siècles. L'invisible foule des martyrs l'accompagne.

Gilles Perrault la désigne : « La foule innombrable de ceux qui furent déportés d'Afrique aux Amériques, hachés menu dans les tranchées d'une guerre imbécile, grillés vifs par le napalm, torturés à mort dans les geôles des chiens de garde du capitalisme, fusillés au Mur des Fédérés, fusillés à Fourmies, fusillés à Sétif, massacrés par centaines de mille en Indonésie, quasiment éradiqués tels les Indiens d'Amérique, massivement assassinés en Chine pour assurer la libre circulation de l'opium... De tous ceux-là, les mains des vivants ont reçu le flambeau de la révolte de l'homme nié dans sa dignité. Mains bientôt inertes de ces enfants du tiers-monde que la malnutrition, chaque jour, tue par dizaines de milliers, mains décharnées des peuples condamnés à rembourser les intérêts d'une dette dont leurs dirigeants-marionnettes ont volé le capital, mains tremblantes des exclus toujours plus nombreux à camper aux marges de l'opulence [...]. Mains d'une tragique faiblesse, et pour l'instant désunies. Mais elles ne peuvent pas ne pas se rejoindre un jour. Et ce jour-là, le flambeau qu'elles portent embrasera le monde[1]. »

1. Gilles Perrault, introduction au *Livre noir du capitalisme*, *op. cit.*, p. 6.

Table des matières

Du même auteur

La Contre-Révolution en Afrique
Payot, 1963

Sociologie de la nouvelle Afrique
Gallimard, « Idées », 1964

Sociologie et contestation
Essai sur la société mythique
Gallimard, « Idées », 1969

Le Pouvoir africain
Seuil, « Esprit », 1971
et « Points Essais » n° 101, 1979

Les Vivants et la Mort
Essai de sociologie
Seuil, « Esprit », 1975
et « Points Essais » n° 90, 1978

Une Suisse au-dessus de tout soupçon
(en collab. avec Délia Castelnuovo-Frigessi,
Heinz Hollenstein et Rudolph H. Strahm)
Seuil, « Combats », 1976
et « Points Actuels » n° 16, 1977

Main basse sur l'Afrique
Seuil, « Combats », 1978
et « Points Actuels » n° 36, 1980

Retournez les fusils !
Manuel de sociologie d'opposition
Seuil, « L'Histoire immédiate », 1980,
« Points Politique » n° 110, 1981
et nouvelle édition mise à jour sous le titre
Retournez les fusils !
Choisir son camp
Seuil, 2014

Les Rebelles
Contre l'ordre du monde
Mouvements armés de libération nationale du tiers monde
Seuil, « L'Histoire immédiate », 1983
et « Points Politique » n° 126, 1985

Vive le pouvoir ! ou les Délices de la raison d'État
Seuil, 1985

La Victoire des vaincus
Oppression et résistance culturelle
Seuil, « L'Histoire immédiate », 1988
et « Points Actuels » n° 107, 1991

La Suisse lave plus blanc
Seuil, 1990

Le Bonheur d'être suisse
Seuil/Fayard, 1993
et « Points Actuels » n° 152, 1994

Il s'agit de ne pas se rendre
Conversations sur France Culture
(en collab. avec Régis Debray)
Arléa, 1994

L'Or du Maniema
roman
Seuil, 1996
et nouvelle édition, « Points » n° P2704, 2011

La Suisse, l'Or et les Morts
Seuil, 1997
et « Points Histoire » n° 405, 2008

Les Seigneurs du crime
Les nouvelles mafias contre la démocratie
(en collab. avec Uwe Mühlhoff)
Seuil, « L'Histoire immédiate », 1998,
« Points » n° P631, 1999
et « Points Essais » n° 559, 2006

La Faim dans le monde expliquée à mon fils
Seuil, 1999, 2011

Le Droit à l'alimentation
Précédé de
Le Droit du faible contre la raison du fort
(en collab. avec Sally-Anne Way
et Christophe Golay)
Mille et une nuits, 2003

L'Empire de la honte
Fayard, 2005
et « Le Livre de poche » n° 30907, 2007

La Haine de l'Occident
Albin Michel, 2008
et « Le Livre de poche » n° 31663, 2011

Destruction massive
Géopolitique de la faim
Seuil, 2011
et « Points » n° P2879, 2012

IMPRESSION : NORMANDIE ROTO IMPRESSION S.A.S À LONRAI
DÉPÔT LÉGAL : AOÛT 2015. N° 128040-3 (1504967)
IMPRIMÉ EN FRANCE

Éditions Points

Collection Points Essais

DERNIERS TITRES PARUS

640. Le Détour et l'Accès, *par François Jullien*
641. La Légitimité démocratique, *par Pierre Rosanvallon*
642. Tibet, *par Frédéric Lenoir*
643. Terre-Patrie, *par Edgar Morin*
644. Contre-prêches, *par Abdelwahab Meddeb*
645. L'Éros et la Loi, *par Stéphane Mosès*
646. Le Commencement d'un monde, *par Jean-Claude Guillebaud*
647. Les Stratégies absurdes, *par Maya Beauvallet*
648. Jésus sans Jésus, *par Gérard Mordillat et Jérôme Prieur*
649. Barthes, *textes choisis et présentés par Claude Coste*
650. Une société à la dérive, *par Cornelius Castoriadis*
651. Philosophes dans la tourmente, *par Élisabeth Roudinesco*
652. Où est passé l'avenir ?, *par Marc Augé*
653. L'Autre Société, *par Jacques Généreux*
654. Petit Traité d'histoire des religions, *par Frédéric Lenoir*
655. La Profondeur des sexes, *par Fabrice Hadjadj*
656. Les Sources de la honte, *par Vincent de Gaulejac*
657. L'Avenir d'une illusion, *par Sigmund Freud*
658. Un souvenir d'enfance de Léonard de Vinci
par Sigmund Freud
659. Comprendre la géopolitique, *par Frédéric Encel*
660. Philosophie arabe
textes choisis et présentés par Pauline Koetschet
661. Nouvelles Mythologies, *sous la direction de Jérôme Garcin*
662. L'Écran global, *par Gilles Lipovetsky et Jean Serroy*
663. De l'universel, *par François Jullien*
664. L'Âme insurgée, *par Armel Guerne*
665. La Raison dans l'histoire, *par Friedrich Hegel*
666. Hegel, *textes choisis et présentés par Olivier Tinland*

667. La Grande Conversion numérique, *par Milad Doueihi*
668. La Grande Régression, *par Jacques Généreux*
669. Faut-il pendre les architectes ?, *par Philippe Trétiack*
670. Pour sauver la planète, sortez du capitalisme, *par Hervé Kempf*
671. Mon chemin, *par Edgar Morin*
672. Bardadrac, *par Gérard Genette*
673. Sur le rêve, *par Sigmund Freud*
674. Claude Lévi-Strauss et l'anthropologie structurale *par Marcel Hénaff*
675. L'Expérience totalitaire. La signature humaine 1 *par Tzvetan Todorov*
676. Manuel de survie des dîners en ville *par Sven Ortoli et Michel Eltchaninoff*
677. Casanova, l'homme qui aimait vraiment les femmes *par Lydia Flem*
678. Journal de deuil, *par Roland Barthes*
679. La Sainte Ignorance, *par Olivier Roy*
680. La Construction de soi *par Alexandre Jollien*
681. Tableaux de famille, *par Bernard Lahire*
682. Tibet, une autre modernité *par Jean-Pierre Barou et Sylvie Crossman*
683. D'après Foucault *par Philippe Artières et Mathieu Potte-Bonneville*
684. Vivre seuls ensemble. La signature humaine 2 *par Tzvetan Todorov*
685. L'Homme Moïse et la Religion monothéiste *par Sigmund Freud*
686. Trois Essais sur la théorie de la sexualité *par Sigmund Freud*
687. Pourquoi le christianisme fait scandale, *par Jean-Pierre Denis*
688. Dictionnaire des mots français d'origine arabe *par Salah Guemriche*
689. Oublier le temps, *par Peter Brook*
690. Art et figures de la réussite, *par Baltasar Gracián*
691. Des genres et des œuvres, *par Gérard Genette*
692. Figures de l'immanence, *par François Jullien*
693. Risquer la liberté, *par Fabrice Midal*
694. Le Pouvoir des commencements *par Myrian Revault d'Allonnes*
695. Le Monde moderne et la Condition juive, *par Edgar Morin*
696. Purifier et détruire, *par Jacques Semelin*
697. De l'éducation, *par Jean Jaurès*
698. Musicophilia, *par Oliver Sacks*
699. Cinq Conférences sur la psychanalyse, *par Sigmund Freud*

700. L'oligarchie ça suffit, vive la démocratie, *par Hervé Kempf*
701. Le Silence des bêtes, *par Elisabeth de Fontenay*
702. Injustices, *par François Dubet*
703. Le Déni des cultures, *par Hugues Lagrange*
704. Le Rabbin et le Cardinal
par Gilles Bernheim et Philippe Barbarin
705. Le Métier d'homme, *par Alexandre Jollien*
706. Le Conflit des interprétations, *par Paul Ricœur*
707. La Société des égaux, *par Pierre Rosanvallon*
708. Après la crise, *par Alain Touraine*
709. Zeugma, *par Marc-Alain Ouaknin*
710. L'Orientalisme, *par Edward W. Said*
711. Un sage est sans idée, *par François Jullien*
712. Fragments de vie, *par Germaine Tillion*
713. Le Délire et les Rêves dans la Gradiva de W. Jensen
par Sigmund Freud
714. La Montée des incertitudes, *par Robert Castel*
715. L'Art d'être heureux, *par Arthur Schopenhauer*
716. Une histoire de l'anthropologie, *par Robert Deliège*
717. L'Interprétation du rêve, *par Sigmund Freud*
718. D'un retournement l'autre, *par Frédéric Lordon*
719. Lost in management, *par François Dupuy*
720. 33 Newport Street, *par Richard Hoggart*
721. La Traversée des catastrophes, *par Pierre Zaoui*
722. Petit dictionnaire de droit constitutionnel
par Guy Carcassonne
723. La Tranquillité de l'âme, *par Sénèque*
724. Comprendre le débat européen, *par Michel Dévoluy*
725. Un monde de fous, *par Patrick Coupechoux*
726. Comment réussir à échouer, *par Paul Watzlawick*
727. L'Œil de l'esprit, *par Oliver Sacks*
728. Des yeux pour guérir, *par Francine Shapiro*
et Margot Silk Forrest
729. Simone Weil, le courage de l'impossible, *par Christiane Rancé*
730. Le Philosophe nu, *par Alexandre Jollien*
731. Le Paradis à la porte, *par Fabrice Hadjadj*
732. Emmanuel Mounier, *par Jean-Marie Domenach*
733. L'Expérience concentrationnaire, *par Michael Pollak*
734. Agir dans un monde incertain, *par Michel Callon,*
Pierre Lascoumes, Yannick Barthe
735. Le Travail créateur, *par Pierre-Michel Menger*
736. Comment survivre à sa propre famille, *par Mony Elkaïm*
737. Repenser la pauvreté, *par Abhijit V. Banerjee et Esther Duflo*
738. Faites vous-même votre malheur, *par Paul Watzlawick*
739. Au-delà du principe de plaisir, *par Sigmund Freud*

740. Psychologie de masse et analyse du Moi, *par Sigmund Freud*
741. Lacan, envers et contre tout, *par Élisabeth Roudinesco*
742. Les Structures sociales de l'économie, *par Pierre Bourdieu*
743. La Double Absence, *par Abdelmalek Sayad*
744. Pourquoi l'amour fait mal, *par Eva Illouz*
745. Fin de l'Occident, naissance du monde, *par Hervé Kempf*
746. Vers un nouvel ordre du monde *par Gérard Chaliand, Michel Jan*
747. Les Mots de l'histoire, *par Jacques Rancière*
748. À la recherche de l'école de Palo Alto *par Jean-Jacques Wittezaele, Teresa García-Rivera*
749. L'Art de l'insulte, *par Arthur Schopenhauer*
750. Mythe et religion en Grèce ancienne, *par Jean-Pierre Vernant*
751. L'Art ou la Vie !, *par Tzvetan Todorov*
752. Sur l'État, *par Pierre Bourdieu*
753. La Force de l'ordre, *par Didier Fassin*
754. Tolstoï, *par Christiane Rancé*
755. Petit traité de l'abandon, *par Alexandre Jollien*
756. Nourrir sa vie à l'écart du bonheur, *par François Jullien*
757. Stratégie de la thérapie brève *par Paul Watzlawick, Giorgio Nardone*
758. La Dictature, *par Carl Schmitt*
759. Petite Métaphysique des tsunamis, *par Jean-Pierre Dupuy*
760. Penser/Classer, *par Georges Perec*
761 Les Sept Savoirs nécessaires à l'éducation du futur *par Edgar Morin*
762 La Fin des sociétés, *par Alain Touraine*
763 L'Échec de l'islam politique, *par Olivier Roy*
764 Mozart, *par Norbert Elias*
765 La Guerre civile, *par Giorgio Agamben*
766 Cioran, *par Stéphane Barsacq*
767 Les Banlieues de l'islam, *par Gilles Kepel*
768 Sortir de la malédiction, *par Abdelwahab Meddeb*
769. Les animaux aussi ont des droits, *par Boris Cyrulnik, Elisabeth de Fontenay, Peter Singer*
770. Le Savant et le Populaire, *par Claude Grignon, Jean-Claude Passeron*
771. Comment Woody Allen peut changer votre vie *par Eric Vartzbed*
772. La Musique et l'Ineffable, *par Vladimir Jankélévitch*
773. Les Termes clés de l'analyse du théâtre, *par Anne Ubersfeld*
774. Les Sociétés et leur école, *par François Dubet, Marie Duru-Bellat et Antoine Vérétout*
775. Le Moi et le Ça, *par Sigmund Freud*
776. La Société des affects, *par Frédéric Lordon*
777. La Vie au guichet, *par Vincent Dubois*